コロナ禍で障害のある子をもつ親たちが体験していること

増補新版

児玉真美

［編著］

増補新版　コロナ禍で障害のある子をもつ親たちが体験していること　目次

はじめに　児玉真美　11

第1章　「ほなって、しょうがないでぇなぁ」で、本当にいいの？
――地方で知的障害のある子とコロナ禍を生きる私たち

福井公子

もう二年　29／自由になれない　32／始まり　33／アンケートから　35　マスクがつけられない　36／不要不急ってなんだろう　38／行政への要望　40／「読者の手紙」への投稿　56／パイオニア世代　61／ついに来たか！　63／見えない存在　65

第2章 医療的ケアとともにある生活を脅かすコロナ禍

根本希美子

コロナ禍になって　68／侑弥の誕生――医療的ケアとともにある生活のはじまり　72／できないことを支える医療的ケア　74／ＮＩＣＵから親子で過ごすおうちへ　76／かけはしねっとの立ち上げ　79／医療的ケア児と家族を支援する法律ができました　82／おわりに　86

第3章 コロナも予測不能！　重度自閉症のたっくんも予測不能!!

たっくんママ

きょうだいはヤングケアラー？　90／自閉症と診断　92／希望が見えない日々　94／新型コロナで生活はめちゃくちゃに　96／新生活がスタート　100

コラム　オミクロン株でまた生活は大混乱　103

第4章　障がいも性格もさまざま　三きょうだいの母は黙っていられない

浅野美子

わが家の状況　106／コロナ禍と三きょうだい　109／平時でも厳しい緊急時の支援　112／コロナ禍という特殊な状況の中で　114／親子三人での感染　117／よかネットあいちアンケート・交流会で出た声　120／障害児者の感染者数はカウントがされていない！　123

第5章　コロナ禍で娘の入院に付き添って

madoka

はじめに　126／娘のこと――コロナ以前　128／コロナ禍での手術　129／病室での付き添

い　131／付き添い入院の現状その背景　135／付き添う親への支援に望むこと　137
コラム　コロナ禍のきょうだい児　140

第6章　家族依存の福祉とコロナ禍——仲間と親たちの体験と運動から

新井たかね

コロナ禍で緊急入院した娘の体験から　143／コロナ病棟に入院した二人の女性の体験から　146／「コロナ禍による障害者と家族への影響調査」（二〇二〇年七月～一一月）から　150／「入所施設を削減し地域移行を進める」という国の方針のなかで　152／「だれと、どこでくらすのか」を選択できる多様な暮らしの場を求めて　156／かけがえのない人生を応援する福祉労働の地位の向上を——障害者・家族の切実な願い　158／おわりに　160

第7章 コロナ禍に炙り出されてきたもの

児玉真美

「こんな時だから仕方がない」という思考停止 162
医療と福祉の家族依存 165
コロナ禍以前から追い詰められていた親たち 167
「迷惑な患者」問題 170
英国メンキャップのキャンペーン 172
もし海が感染したら…… 173
英国では知的障害のある人たちの死亡率は一般の四倍 178
必要なのは「合理的配慮」 180
現場の看護師の声 182
人権の問題としての外出禁止と面会制限 185
なぜ親だけがゼロリスクを求められるの……? 189
守る会のアンケートから 191
全国遷延性意識障害者・家族の会のアンケートから 193
重症児者施設へのアンケートから 195
家族はケアにおける不可欠なパートナー 196
「命を守るために」と心が殺されていく…… 198
家族への真逆の扱いが意味するもの 201
障害のある人と家族から関係性を剥奪する無関心 203

見捨てられた体験を未来に差し出す――本書に寄せて　猪瀬浩平　206

おわりに　児玉真美　224

増補

コロナ過が障害者家族の心を壊す

平尾直政

着けられないマスクと冷たい視線　228／長男の障害と家族のストレス　229／新型コロナか？　知的障害のある長男が発熱　231／診察が受けられない！　知的障害者にはだかる受診の壁　233／唾液が採取できない！　ＰＣＲ検査　234／私も感染　家族を残して入院へ　237／ひとりっきりで支えていた妻も発症　238／新型コロナは治ったけれど……　ケアラーのメンタルは限界　241／ケアラーはスーパーマンじゃない　242

息子のグループホーム生活で体験したこと
――コロナ禍の前・コロナ禍で

沖田友子

コロナ禍前のグループホーム生活　245／国の制度設計の問題点　246／陽性者が出たら「全員帰ってください」　247／家族の負担軽減を　249

自立生活をしている重度身体障害者がコロナに感染したら

中野まこ

コロナ禍に振り回されて　252／介助がストップするってどういうこと？　254／コロナ病棟での入院生活　256／一緒に考えていきたいこと　257

座談会 七人の母〝その後〟を語り合う

児玉真美×福井公子×根本希美子×たっくんママ×新井たかね×mdoka×浅野美子

著者それぞれの感想 261／マスクのこと 263／付き添い入院 264／「親心の搾取」とジェンダー 267／刊行後の反響 270／自宅療養の過酷 276／医療的ケア児のこと 281／PCR検査のこと 282／オミクロン株で起こっていること 284／福祉現場の苦境 288／「行動制限のない夏」 293／パラレルワールドに置き去りにされていく 296／その後の活動 298

増補新版へのあとがき　児玉真美 309

巻末資料

『このままではいけない——みんなで「助けて!」と言おう!! 「愛知県 新型コロナ禍での障がいのある人の生活実態調査」報告集』　よかネットあいち 1(368)

はじめに

児玉真美

二〇二〇年の初頭に海外のできごととして報じられた新型コロナウイルス感染拡大は、またたく間にパンデミックとなり、日本でも学校は三月二日から一斉に臨時休校。四月七日に七都道府県に、一六日には全国に緊急事態宣言が出される事態に至りました。町から人の姿が消え、テレビはワイドショーもニュースも新型コロナ一色となりました。テレビ画面に映し出される無人の銀座や渋谷の街の、シュールな不気味さは、今も忘れられません。

なんだか、なぁ……

都会ではただならぬ事態となっている、そして、まもなく地方にもやってくる……。重い障害があって重症児者施設で暮らす娘を持つ身には、人類が初めて体験する未知のウイルスはただ恐ろしく、不安でいっぱいでした。重症児者施設には、人工呼吸器をつけている人を含め、不安定になりがちな命を大切に守られて暮らしている人たちがいます。娘は医療的ケアまでは必要としませんが、それでも日ごろから、風邪を引いただけで酸素マスクが必要になったりします。万が一にも感染したら、みんなひとたまりもないだろうと思うと気が気ではなく、どうぞ娘の施設にウイルスが入りませんように……と祈る思い。テレビから大量に流れてくる新型コロナ関連情報を追いかけながら、毎日の感染者数と死者数の推移を、固唾をのんで見守る日々でした。

そして、しばらくした頃、私はテレビの前で時折「なんだか、なぁ……」とつぶやくようになりました。思いもよらない重大な事態の不意打ちと娘の命への不安とで思考停止していた頭が、少しずつ動き始めたのかもしれません。

一斉臨時休校による子育て家庭の負担増は連日のように報じられている一方で、特別支援学校の休校により障害のある子どもたちのケア負担が急増している家庭には、メディアの目はまったく向いていませんでした。日ごろから高齢者や障害のある人のケアがあり、一斉休校で日中の子どもたちの世話がそこに追加された家庭にも、目が向けられることはありませんでした。医療崩壊の懸念が連日のようにテレビで取り上げられ、やがて介護崩壊も話題に上るようになりましたが、その多くは事業所における介護崩壊の議論でした。医療と介護の専門職の苦境は社会問題として連日大きく扱われる一方で、在宅で介護を担う家族がコロナ禍でどんな状況に置かれているかには、社会はまったく関心を持っていないように見えました。

けれど、いかに社会の目が向いていなくても、現実に障害のある多くの子どもがいて、彼らを育てている親たちがいて、また障害のある成人した我が子とともに暮らしている親たちもたくさんいて、今この時にも日々を暮らしているのです。障害のある人や家族は、今コロナ禍の制約だらけの生活でどんな体験をしているのだろうと、とても気になりました。

緊急ケアラー・アンケート

私が理事に名前を連ねている一般社団法人日本ケアラー連盟は、二〇二〇年三月二一日から三〇日まで、ウェブ上で緊急ケアラー・アンケートを実施しました。結果の詳細は連盟のＨＰ（https://carersjapan.jimdofree.com/）でご覧いただけますが、アンケートからは、新型コロナウイルス感染拡大の影響で多くのケアラーの生活が変わり、介護負担の急増とともに疲労とストレスが増している実態が明らかになりました。

広く様々な立場のケアラー（家族など無償の介護者）を対象にしたアンケートですが、有効回答数三七八のうち、半数以上（五四・五％）が我が子をケアしているケアラーからの回答でした。またケアラーの特徴（複数回答）でも、「障害のある子どものケア」をしている人の四六・四％が最も多く、次いで「医療的ケアが必要な人のケア」をしている人三五・六％、「病気・難病の人のケア」をしている人二五・一％、「障害のある人のケア」をしている人二四・八％と、障害のある子どもをケアしている親や、障害や難病のある成人のケアしている人からの回答が多くなっています。おそらく、高齢者のケアラーに比べて障害児者のケアラーでは、親の会などのネットワークを通じてアンケートが拡散されやすかったのでしょう。

ちなみに回答者の八五・二％が女性。八〇・二％が介護している人と同居でした。

介護時間が増加しケアラーの健康は悪化

「臨時休校や介護・支援サービスの休止や利用自粛により、介護時間が長くなった」と回答した人は全体では約四割でしたが、臨時休校の直接的な影響が大きい障害のある子のケアラーでは五二・八％と、半数を超えていました。また全体として七割以上で介護状況が変化し、そのため六割強のケアラーが心身の健康に影響を受けていました。

・リハビリ、就労支援がすべてキャンセルになった。
・ショートステイやデイサービスが利用できず、要介護者が家にいるので、白分自身のことや家事ができなくなった。
・在宅で長男を介護しながら小学生二人の世話に追われる毎日で、自分の用事は一切できずにいます。手が足りなくなることも多く、自分のご飯はスキを見つけて摘みながらしのぐ日もあります。介護と子育てのダブルでとてもしんどいです。
・不安で眠れない日が増えた。
・私自身四か所の医院に通っていますが、自分のをキャンセルすることも。

介護状況の変化の要因の一つとして、生活の変化が要介護者の心身のストレスとなり、それぞれの障害特性により介護が複雑化するため、ケアラーへの負担が増えるという状況がありました。

・知的障害のある伯父は手洗いや、顔を触らないなどの感染防止行動が取れない。もし感染(感染疑い)してしまった場合、自室にじっとしていることができないので自宅隔離は無理。ハイリスクの高齢者と同居しているので、とても心配。

・移動支援での行き先や、公共交通機関の制限なども出てきて困っている。子ども自身が理解できないため、自傷行為を起こしている。不安で仕方ない様子。見通しが立たない不安からイライラしている。

・暴言や暴力が出現しやすい障害や病気を持つ人を含む家族が、どのようにして家の中で過ごしているのか知りたい。

当時は、マスクやアルコール消毒液その他、ケアに必要な医療資材、衛生資材が不足しており、それがケアラーにとって大きな不安要因、ストレスとなっていました。

・胃瘻ケア用のガーゼが不足してきており市販での入手が困難です。

・マスクや消毒液を購入するために障害児を連れて並ぶことが難しく、今の在庫がなくなってしまったら、と考えると不安しかない。

サービス利用への不安や、この先さらに医療や福祉のサービスがこれまで通りに受けられなくなっていくのではないかという不安を感じている人も少なくありませんでした。

・福祉作業所に子が通っています。密集した場所で過ごしていることが心配です。作業所を休みにしてほしいのですが、自宅でずっと一緒も負担が多く悩ましい所です。

・子どもの一人は重度自閉症で、変化を恐れる。万が一通所先が閉鎖になったら預けるところはなく、すべての負担が家族にかかってくる。

・二四時間三六五日、呼吸器をつけた全介助が必要な息子を介護しています。数時間の通所や訪問看護やヘルパーさんなどの医療、福祉サービスが利用できなくなると、たちまち在宅生活がひっ迫してきます。

また、アンケートで再認識させられたのは、多重介護家庭の多さでした。複数の人をケアしている人は約六人に一人。その「多重」の内実も多様で複雑でした。

・重度自閉症の子どもの他、もう一人の子は軽度発達障害とうつを併発していて、知的な遅れがないぶん事情が分かってしまうので一人で我慢しようとし、情緒不安定が強く出ている。夫にも発達障害の傾向があるためサポートは期待できず、家の中を「普通」の状態につなぎとめるのがだんだん厳しくなってきた。

・寝たきりで終末期の母と自閉症の息子のダブルケアをしています。さいわいたくさんの支援に助けてもらっています。でも、ケアする私のことも誰か助けてほしい。

ケアラー感染時への不安

このような過酷な介護生活を送る多くのケアラーにとって、最も大きな不安は、自分自身が感染したり濃厚接触者となったりした際に、介護している相手はどうなるのか、という問題でした。

・当事者の妻は精神障害と身体障害をあわせもっており……ケアラーである私の方が寝込むだけでも、ましてや隔離・入院となると、彼女の生活がたちまち立ちゆかなくなるので、心配。

・三歳の医療的ケア児を育てています。自分がコロナに罹患して入院した場合、子どものケアができる人が周りにいないので不安です。

・母子家庭で障害児を育てています。もし家族の誰かが感染して隔離になった場合は残っている子どもの面倒はどうするか？　障害がある子が残っている場合は？　濃厚接触者になるとショートステイ、デイサービスの利用も制限されると思うと不安で仕方ない。自分も乳がんなので感染した場合のリスクは高く、もし死亡した場合は子ども達はどうなるのかと考えだしたらキリがない。

一方、自分が感染した時の代替策が「ある」と回答した人は、わずか八・九％。代替え策を考えているかを複数回答で問うたところ、「まだ考えていない・どうしたらよいのか分からない」と答えた人が五〇・八％でした。

・要介護者が入院した際、通常の入院で求められる家族や施設職員の付き添いはどうなるのか？　意思疎通が大変難しい息子に治療を理解させて実行するための支援はできるのか？　自閉症の困難な現状を理解し、またその治療や看護をできる医療従事者はいるのか？　また介護者が入院したさい、濃厚接触者の息子や娘は誰が介護するのか？　ショートステイも利用不可能になることが想定され、どうすればよいのか全く分からない。

こんなふうに、二〇二〇年三月末の新型コロナウイルス感染の第一波の当時、多くのケアラーが、急変した不自由な生活の中で多大な負担を抱え、心身のストレスに押しつぶされそうになりながら、万が一への不安に脅かされて暮らしていました。

緊急時のケアは家族に丸投げ？

それから一年後の二〇二一年三月二七日、日本ケアラー連盟はオンライン・フォーラム「コロナ禍でのケアラー支援を考える」を開催しました。緊急アンケートから一年が経ち、高齢者や障害のある人とそのケアラーの生活はどう変化しているのか――。高齢の母親を介護する娘ケアラーの方と、知的／発達障害のある成人した子どもさん三人をお持ちの母親ケアラーの方から、お話を伺いました。二人とも日ごろから様々なサービスを上手に組み合わせて駆使してこられたベテランのケアラーですが、どちらの方のお話も「介護は家族がやって当たり前」という社会通念の根深さを痛感させられるものでした。

前者の方からは、ある日、利用しているデイサービスの事業所でクラスターが発生したと知らせる電話がかかってくるや、その瞬間から一切のサービスを使うことができなくなった悲痛な体験が語られました。家族三人で力を合わせて乗り切るしかなかったけれど、ずっと家に閉じこもったまま、ヘルパーの手も借りることができず、とりわけ入浴が大変だったそうです。娘さんはご自身に持病もあり、疲労困憊して体調が悪化したといいます。「ケアラーも自分に病気があったり仕事をもって働いていたり、その生活状況は様々です。独居の人であれば支援が入るはずなのに、家族がいたら家族で何とかしてね、と家族に丸投げになるのは、あまりにひどい」という言葉は痛切でした。

後者の親ケアラーの方は、今回この本に執筆してくださっている浅野美子さんです。フォーラムの時間内では浅野さんのインタビュー動画のごく一部しか紹介できなかったのですが、インタビューをしながら、この内容はぜひ多くの人に知ってもらいたいと強く感じたので、このたびご無理をお願いしました。詳しくは、第4章を読んでいただければと思いますが、「家族だけでできること、できないことがある」「家族任せにしないでね」とおっしゃっていたのが印象的でした。

その後、二〇二一年一一月一〇日に琉球放送のニュース特集「コロナ禍の医療的ケア児・家族の不安」で、衝撃的な事例が紹介されました。医療的ケアの必要な三歳の息子を自宅で介護している女性が、第五波で新型コロナウイルスに感染。幸い子どもの方は陰性だったので、せめて子どもだけでも病院かどこかに避難させてほしいと願いましたが、受け入れ先が見つからず、主治医から「とりあえずは自宅で、親子で療養だね」と言い渡されてしまいます。四〇度の熱を出したコロナ患者の母親が一か月間、息子の介護を続けるしかなかったといいます。

そんな状況を「自宅療養」と呼べるのでしょうか。自分が我が子に感染させるかもしれないという恐怖の中、本来なら自分の方が介護されるべき病身のつらさに耐えながら、来る日も来る日も医療的ケアを含めた介護を続けなければならない――。その心身の苦痛には、想像を絶するものがあります。

なぜ、感染した人にこんな介護生活が強いられてしまうの？　なぜ……？　インターネットで動画を見て以来、私の頭の中では「なぜ?」がぐるぐると回りつづけています。

このまま「見えない存在」にされないために

コロナ禍が私たちの生活に及ぼす影響が長引くにつれ、コロナ禍で炙りだされているのは、それ以前から私たちの社会にあった矛盾や分断だと指摘されるようになりました。詳しくは第7章で書いていますが、この二年間、身体的にも知的にも重い障害のある娘を持つ六五歳の私にとっても、いくつもの「コロナ以前から私たちの社会にあった矛盾」について、歯ぎしりをする思いで考え続けざるを得ない日々でした。

二〇二〇年の新型コロナ第一波のさなかで、私は「なんだか、なぁ……」とつぶやきました。あの時にモヤモヤと感じていたものを、その後の二年を経た今の私の言葉に翻訳してみると、「コロナ禍の前から障害のある人とその家族は社会から見えにくい存在だった。コロナ禍がやってきて、私たちはさらに社会から見えない存在にされていく……!」といった不穏な予感だったような気がします。

その後もうち続くコロナ禍で、経済的な困窮や孤独、孤立、自殺や介護殺人の増加など、ケアラーの抱える問題に関連する気掛かりなニュースが増えています。けれど、社会の関心が向いているのは高齢者とそのケアラーまでで、障害のある人たちとそのケアラーのことは語られなくなってしまいました。このままでは、感染が終息しても「after コロナ」の社会は、障害のある人も家族も置き去りにしていくのではないか――。そんな懸念すら感じています。

思いもよらない事態に誰もが翻弄され続けたこの二年間、同じ立場の友人とも会えなくなりましたが、それでも近況を伝え合ったり情報交換をしたり、ともに仕事をしたり、また新たに出会ったりしてきました。そのことに、どんなに励まされ、勇気をもらったか分かりません。そんな大切なつながりの中から、このささやかな本が生まれました。

第1章を書いていただいた阿波市手をつなぐ育成会会長の福井公子さんには、障害のある子の親の複雑な気持ちを率直に書かれた著書『障害のある子の親である私たち――その解き放ちのために』（生活書院　2013）があります。共感をもって拝読して以来、私にはとても気になる方でした。福井さんが地元で長年やってこられた「おしゃべり会」はケアラー・カフェそのものですから、その後、日本ケアラー連盟とのご縁ができて、様々に情報交換をするようになったのも自然なことでした。私にはずっと親しい先輩のように感じられる方です。

第2章の著者、根本希美子さんとは共通の知人の紹介で知り合いましたが、やはり日本ケアラー連盟とご縁の深い方です。医療的ケアが必要な息子の侑弥さんを自宅でケアしながら、同じような障害のある子どもと家族のために、特定非営利活動法人かけはしねっとを立ち上げ、代表理事として精力的に活動をしておられます。二〇二一年にかけはしねっとで作られた『医療的ケアと一緒におうちに帰るママやパパ、そして子どもたちへ』という冊子は、後輩ママ・パパたちへの温かいエールに満ちています。

第3章の著者たっくんママさんは、育児ブログで人気を博しているブロガーです。最重度の知的障害を伴う自閉症のたっくんを含め、三人の子どもの子育ての日々を　ありのままにブログに綴られています。私は初めて読んだ時、頻繁に母親の心身の限界を超える育児の過酷さにも、息子の他害に傷ついた母の身体の傷の生々しさにも、息を飲みました。とりわけコロナ禍になってからの生活は厳しく、お願いだから死なないでね、なんとか生き延びてね……と念じる思いで読むほどでした。

第4章はよかネットあいち（愛知県障害児の地域生活を保障する連絡会）の会長など幅広い活動をしておられる浅野美子さん。日本ケアラー連盟のコロナ禍でのケアラー緊急アンケートに協力いただいたのを機に情報交換をするようになり、先に触れたように二〇二一年三月の日本ケアラー連盟のオンライン・フォーラムで発言していただきました。鋭い分析と歯切れのよい語り口がとても印象的でした。

本書の共著者の中で第5章の著者、madokaさんお一人とは児玉はまだ面識がありません。子どもが病気で入院した際の付き添いがどんなにたいへんなものかは、障害のある子をもつ親の多くは骨身に沁みて知っているので、コロナ禍での制約だらけの付き添いの苦しさは本書にどうしても盛り込みたい問題でした。しかし身近にそういう体験をした人が見つからず、著者探しは難航。諦めるしかないと思いかけていた時に目に飛び込んできたのが、Yahoo!ニュースの記事でした。取材を受けた匿名女性の発言の鋭さに、この人に書いてもらいたい！と思い、伝手をたどると、なんとかご本人にたどり着くことができました。そうして執筆を快諾してもらえたのは、多くの人のご助力のおかげ、幸運だったとしか思えません。madokaさんには先天性心疾患のある娘さんの上に、発達障害のある息子さんがあり、付き添い入院の問題の他にきょうだい児をめぐる問題についても書いていただくことができました。

第6章の著者の新井たかねさんのお名前は、二〇一六年の津久井やまゆり園事件の直後に新聞記事等で知りました。障害者の生活と権利を守る全国連絡協議会（障全協、という大きな運動体のリーダーとして、親の立場からは言いにくいことを柔らかな口調と言葉で、けれど敢然と発言をしてくださる姿を、いつも感謝の念で見上げる思いでした。あるシンポで見かけた際に厚かましく声をかけて無理やり知り合って以来、温かいお人柄に甘えてお世話になっています。新井さんとお仲間がともに作りあげてこられたみぬま福祉会にも見学につれて行ってもらい、その奥深い理念と実践に感銘を受けました。私自身は運動とは無縁な親でしたが、多くのことを教えていただき、仕事でもいつも助けてもらっています。二〇二一年元旦に障全協の前会長が急逝されたのを受けて新井さんが会長に就任され、繁忙を極めておられる中での無理を押してのお願いとなりましたが、いつものように懐深くお引き受けくださいました。

コロナ禍で障害のある子を持つ親たちが何を体験し、何を思い、何を感じてきたかを、一人でも多くの人に知ってもらえればと思います。

第１章

「ほなって、しょうがないでぇなぁ」で、本当にいいの？

――地方で知的障害のある子とコロナ禍を生きる私たち

福井公子

もう二年

「私たちって、がまん強すぎるんかな？　そこがあかんとこやな」

がまん強すぎるどころか、いつも歯に衣着せぬ発言をしてみんなを驚かす彼女が、そんなことを言い出すのでみんな大笑い。でも、私たちはすぐに「そうかもなぁ」としんみりしてしまいました。

徳島県で「手をつなぐ育成会」という親の会をやっている私たち。市町村の代表が二か月に一回集まり情報交換をしている、その席でのことでした。二〇二一年一二月上旬、新型コロナウイルス感染拡大の第五波は落ち着き、県内の感染者数も連日「〇」が続いていました。感染対策のため、距離を空けていた席も少し近づけ、そのためなのか私たちの話し合いは久しぶりに盛り上がりました。

新型コロナウイルス感染拡大から二年あまり、在宅で障害のある人をケアしてきた私たち。思い返してみれば、まずショートステイなどの在宅支援のサービスが止められ、ヘルパーさんの外出支援なども控えるようになっていました。親と暮らしている人は大丈夫、そう思われているのか代替のサービスもないままです。

コロナワクチンの二回の接種についても、入所者には施設内で職員の支援のもと行われたのに対し、通所している人には「家族が予約して地域の病院に行ってください」という対応のところが多かったのです。加えて、その日いちばん話題になったのは、事業所から通達される、利用者や家族に対しての過剰ともいえる行動制限についてでした。例えば、大型ショッピングセンターへ行ってはいけないとか、家族が県外に行った場合は一週間休むようにとか、緊急事態宣言が出ていた頃と同じような行動制限が、その後もずっと続いているという話が出ました。特に入所施設に併設されている通所部でその傾向が強く、「入所を守るために通所に負担を強いている」と発言する人もいました。ちなみに、私の住む徳島県は、まだまだ入所支援が中心で、障害が重い人が通う生活介護事業も入所施設に併設されているところが多いのです。

日中は集団生活を余儀なくされている障害のある人たち。一緒に暮らしている家族も、コロナを持ち込んではいけないという緊張感にずっと縛られていて、その疲れもストレスもマックスでした。

マスクさえなくて、みんな右往左往していた頃はともかく、あれから十分な時間があったはず。ショートステイにしても、例えば入所者とエリアを分けての受け入れなどが検討されてもよいのではないでしょうか。そもそも外部向けサービスの中止や再開などをホームページで公開している事業所もありません。行政もそれらについては知らん顔です。ヘルパーさんの外出支援にしても、コロナ禍の特例として自宅や事業所内でもOKにしてもよいのではないでしょうか。

もう、二年も経つのだから「そろそろ、私たちも声を上げていいんじゃないの」。がまん強すぎる私たちも、そう思い始めていました。

自由になれない

朝七時。息子の部屋に入ると、まだ寝ぼけている息子のわきの下に体温計を差し込みます。四六歳になる息子は重い知的障害のある自閉症。手帳は最重度、環境や支援の仕方によっては激しいパニックになってしまうこともあります。身長約一七〇センチ、均整のとれた身体と美しい筋肉のついた健脚の持ち主でもあります。日中は生活介護に通い、月に何度かはヘルパーさんとプールや山歩きに出かけています。二〇二一年の暮れに夫が亡くなり、現在は七二歳の私との二人暮らしになりました。

体温計がピピっと鳴るのももどかしく液晶の数字を確かめると、まずはほっとして私自身の一日が始まります。三七度を超えると、そのまま通所施設には送り出せないし、万が一のことを考えると安易にヘルパーさんにも頼めません。家族は私一人しかいないので、その日どんな大切な予定があろうとも、私は息子に束縛されることになります。そう、その「息子に縛られる」という感覚が私はいちばん苦手なのです。

息子に少しでも体調の変化があれば、「私は自由になれない」という妄想に近い恐怖感がずっと続き、最近では「大切な約束」や「責任のある仕事」を引き受けること自体にストレスを感じるようになりました。

新型コロナウイルス感染症が拡大してからの二年あまり、「私」と「私たち」に起きたこと、そして親の会で取り組んだことなどを時系列で思い出してみようと思います。

始まり

二〇二〇年三月、小中高校が一斉に臨時休校になった頃でした。親の会では、三月末にみんなが楽しみにしているバス遠足を計画していましたが、さすがに今回だけは中止にせざるを得ないだろう。そんな相談をするために役員が集まっていた時でした。

「よわったよ！（困ったよ！）この日曜日に日中一時支援を頼んでいたのに、ダメになった。『今日の会議で決まりました。すみません』って○○さんから電話があったんよ……」

「○○さん」というのは、私たちの地域にある入所施設です。ショートステイなどでよ

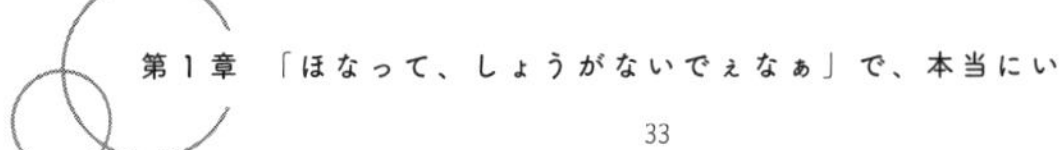

く利用するので、私たちは親しみを込めて「〇〇さん」と呼んでいます。彼女は日曜に法事を予定していて、日中だけ預かってもらおうと、かなり前から予約していたのです。

地域生活を支えている親にとって、日中一時支援やショートステイは、まさに命綱のようなもの。たとえ月に一度、年に一度の利用でも、「その日は絶対預かってもらえる」という安心感があるからこそ、その他の不自由な日々を暮らしていけるのです。

「『今日決まりました』って言われてもなぁ」

「『すいません』って言われてもなぁ」

「よわったよなぁ～」

みんなで、そんな言葉を繰り返すほかはありませんでした。

私はこの日のことを今もはっきりと覚えています。私たち地域の利用者はウイルスを持ち込む存在と見られ、命綱である在宅支援サービスを真っ先に切られるのか……。私たちにとっては、この日がコロナによる「禍」の始まりでした。

アンケートから

二〇二〇年四月に緊急事態宣言が出たこともあって、私たちが活動の拠点として使っている市の福祉センターも使用を控えるよう通達がありました。各種団体の集まり、ヨガ教室、料理講習などでにぎやかだったセンターは静まりかえっていました。

集まっての活動ができないなら、この機会に会員へのアンケートをとってみよう。それも障害のある本人ではなく、「ケアを担う家族」に焦点を当てたものにしたい。そして、そのなかにコロナについての項目も加えようということになりました。二〇二〇年五月に実施した「障害のある人のケアを担う家族の暮らし」実態調査では、約一〇〇名から回答を得ることができました。

「新型コロナウイルス感染拡大により、あなたの生活に変化がありましたか」の問いには、「学校が休みになりケアの時間が増えた」「マスクや消毒液を確保するのに苦労している」「感染防止に当事者の理解が難しいので、神経を使うようになった」などの回答がありました。そして、いちばん多かったのが、「自分が感染した場合、当事者のケアがどうなるか不安」という回答でした。

また、自由筆記のなかには「家族間の怒りの沸点が低くなった」というのがありました。私たちの地域では二世帯・三世帯で同居している人も多くいます。例えば、おばあちゃんがデイサービスに行かずに毎日家にいる、お父さんも在宅勤務、小学生の孫を預かる、お母さんは家事負担が増える……。そんな状況で障害のある人がいると、ちょっとしたことで家族がイライラしてしまうというのは、容易に想像ができます。しかし、この状態が二年も続くとは、当時はだれも予想していませんでした。

マスクがつけられない

何人かでアンケートを集計している時、ある人が言いました。

「うちの子はマスクができなくて、買い物に連れて行くのも気が引けるんよな」

ならば、「啓発のためにTシャツをつくろう!」。話はとんとん進み、誰かがホワイドボードにイラストを描き始めました。

「どんなワードを入れる？」
「『マスクができません』はどう？」
「いや、それじゃケンカ売ってるみたい（笑）」

ひとしきりみんなで盛り上がった結果、結局、『マスク練習中』の文字を入れることになりました。実際、うちの息子も含め、無理だと思っていた人たちも、練習しているうちに少しずつマスクをつけられるようになってきました。それでも、やはり障害特性として

マスクがつけられない人もいることを知ってもらいたい。Tシャツの印刷は就労支援事業所に依頼することにしました。

後になって、マスクをつけられないことを理由に、テーマパークの入場を断られた事例や、施設からの外出も、マスクをつけられない人がいることで自粛している事例があったことが分かりました。

Tシャツは地元の新聞でも取り上げられ、発達障害の人の感覚過敏について専門家のコメントも盛り込まれたので、啓発に一役買うことができました。当事者だけでなく、ヘルパーさんや支援者さんが、積極的に「マスク練習中Tシャツ」を着てくれたのは、コロナ禍においてもうれしい出来事でした。

不要不急ってなんだろう

私たちの会で、月一回開いてきた「おしゃべり&相談会」。これまで休んだことがないのが自慢でしたが、緊急事態宣言が出ていた数か月は中止にせざるを得ませんでした。しかし、それ以降は感染対策をしながら続けています。

おしゃべり会は、車座で語り合うのがウリでしたが、距離を空けて座るとなんだかとてもやりにくくなりました。毎回スイーツを用意し、リラックスして話し合うのも楽しみでしたが、マスクを外せないためにそれも止めました。

「不要不急の外出は控えて」というフレーズが繰り返し発せられるなか、「おしゃべり会」はどうなんだろうと何度も自分自身に問いかけました。感染リスクだけを考えれば、中止にするのがいちばん安心でした。でも、実際に開いてみると、コロナ禍でも極端に参加者が減ることはありませんでした。月に一回、気持ちを吐き出せる場所があるからこそ、なんとかやっていけるという人もいました。

「どんな気持ちもあっていい！」が「おしゃべり会」の合言葉。障害のある人をケアしている親たちが、「自分語りのできる場所」として、もう一五年近く続けてきたものです。私たちは、誰かのアドバイスが欲しいわけでも、慰めてもらいたいわけでもない。でも、なにかもやもやすることを言葉にすることで、感情が整理されることもある。「分かるわ～」と聴いてもらうことで、救われることもある。「おしゃべり会」は私たちにとって必要なものと判断したのですが、それでも感染リスクとのバランスをどうとっていくか、決断を迫られる毎日でした。

それにしても、繰り返される「不要不急の外出は控えましょう」「ステイホームを」の呼びかけのなかで、どれだけの大切なものが失われたのでしょう。例えば入所している人との面会、例えば障害のある人の社会参加、例えば親たちのつながり。どれもこれもかけがえのないものだったはずなのに……。

行政への要望

この二年、私たちは何度か行政に要望書を出したり、個人的に地元の新聞に投稿したりしてきました。

まず二〇二〇年六月、地元の市長あてに要望書を出しました。この頃は緊急事態宣言も解除され、第一波が落ち着いた頃でしたが、来るべき第二波三波に備えてほしいという思いで、以下のような内容をお願いしました。

①家族が感染した場合の当事者のケアについて
②福祉サービスの変更についてホームページなどでの迅速な情報提供

③代替サービスの開発について
④マスクや医療的ケアが必要な人への衛生資材の確保について

この件に関しては、半年後の二〇二一年一月に回答があり、唯一具体的な対応として、市内の障害手帳を持つ人などにマスクが一〇枚ずつ配布されました。

また、二〇二〇年八月には、徳島県知事あてに「新型コロナウイルス感染拡大に伴う障がい者とその家族への支援についての緊急要望」として、当事者が罹患した場合の医療体制の整備と、家族が感染した場合の当事者への支援体制の整備について要望書を出しました。これについては翌年二〇二一年三月まで回答がないままでした。他県で公表されているフローチャートなどを参考に直接お話にも伺いましたが、あくまでも「ケース・バイ・ケース」で考えますとのことでした。

この間、私たちは現状を知ってもらおうと「おしゃべり会」ふうにまとめた文書「コロナ禍・私たちに起こったこと～障害のある人と家族の暮らし～」を、自立支援協議会を通して各所に配ってもらいました。

令和二年八月

コロナ禍・私たちに起こったこと〜障害がある人と家族の暮らし〜

阿波市手をつなぐ育成会・吉野川市手をつなぐ育成会

Aさん：今日は県下から各市町村育成会の代表の方に集まっていただきました。新型コロナウイルスの感染拡大が始まって約半年。この間、障害がある人とケアする家族の周りには何が起こったのでしょう。各市町村の育成会の会長さんにはどんな声が届いていますか？

Eさん：昨日も重度のダウン症の人のお母さんからお電話を頂きました。コロナが不安で毎日眠れないと……。基礎疾患がある人は心配ですよね。四〇分くらい話をして少し落ち着かれたようでした。

Bさん：会員さんからよく質問されるのは、本人が感染して入院となった場合、だれが付き添うのか？　家族が罹患した場合、本人のケアをだれがするのか？　ということです。五月に会員さんにアンケートを取った時にも約半数の人が、そのことが不安だと挙げていました。

Aさん：厚生労働省は、障害がある人が罹患した場合に備えて、特性に配慮した医療体制を整えるよう自治体に文書を出していますが、徳島県は八月現在、まだ検討中ということでした。

Bさん：入所施設で発生した場合のことは想定されてるけど、在宅の障害者、それもケアしている家族のことは後回しって感じね。

Dさん：この前、テレビで飼い主がコロナにかかった時ペットをどうするか……みたいなことが話題になっていたけど、障害のある人はペット以下ってこと？（怒）

■えっ！明日から学校が休み？

Aさん：まあまあ冷静に！　それぞれの場所でどんなことが起こったか聞いてみましょう？　支援学校はどうでしたか？

Cさん：三月の始め、急に県立学校が休みになるという話が出ました。明日からなのか、来週からなのか、直前にならないと決まらず、本人も親もハラハラしました。幸い、すぐに放課後デイが、長期休暇中と同じ体制で開いてくれたので大きな混乱はなかったです。ただ、普段から放課後デイを使いにくい重症心身障害の方や、医療的ケアの必要な方は困ったと思います。しばらくして、家でみるのが困難な人は学校でもみてくれるようになりましたが、そういう情報を知らない人や、なかなかみてほしいと言い出せない人もいたようです。

■ショート断られた！　どうしよう！

Aさん：在宅生活でのサービス提供はどうでしたか？

Bさん：三月の中頃、「ショート断られた！」という話を聞きました。親の法事のために、かなり前から予約してあったそうですが。事業所の職員からは「すみません、今日の会議で決まったことなんで」って謝られたけど、法事は迫ってるし頭が真っ白になったと……。緊急事態宣言が出る前でしたが、入所施設を抱える法人はかなりナーバスになってるなと感じました。入所者のことを考えると仕方ないことかもしれないけど……。

ただ、三月の時点ではまだ検温などの条件付きで預かってくれる事業所もあったようで、助かったと言ってました。事業所の考え方次第かな。どっちが良い事業所なんだろう？　その後、四月に緊急事態宣言が出てからは、ほとんどのところでダメになったみたいだけど。

■えっ！　移動支援もまずいの？

Bさん：緊急事態宣言が出た頃だったかな、「外出支援どうしてる？」という電話が何人かからありました。「公共交通を利用して出かけるのはまずいから止めましょう！」とヘルパーさんに言われて、それもそうだなと思ったけど、本人はストレス溜るしと……。ただ事業所によっては、必要なサービスなので感染症対策はしっかりした上で、希望さえあれば続けますよと言ってくれるところもありました。出かける場所はかなり気をつかったみたいですが……。

Aさん：それも事業所次第ってことですね。

Fさん：周りの雰囲気でなんとなく諦めてる人も多いかな？　こんな時期だからショートも移動支援も使えないのはしょうがないって。でも、こう長引くと家族にも負担がかかってると思う。

Bさん：県のホームページを調べたら「福祉サービスは欠かせないものであり、十分な感染症対策をした上で継続されることが重要です」って書いてあったよ。

Fさん：でも、それは事業所向けの文書で私たちには伝わってないし、事業所が消極的だとこっちも「しょうがない」と思ってしまうのよね。

■必要な情報が届いていたか？

Aさん：実は行動援護もコロナの特例で家の中で支援してもいいらしいね。

Bさん：そんなの知らなかった。

Cさん：緊急事態宣言の頃だけど、通所施設からも「自粛が可能ですか？」ってアンケートが来たって聞いたよ。

Dさん：え～っ！　急に家でみれますかって聞かれてもねぇ。私は絶対ムリです！　って

言うタイプ（笑）

Aさん：通所を自粛した場合にも、必要であれば代替えの支援をしてもらえるのだけど、そこまでの説明はなかったようですね。ショートステイの事業停止も契約者にお知らせがあったところや、全くないところもあったようですね。全体的に在宅の福祉サービス利用者に必要な情報が届いてなかったって感じです。でも、それって事業者と行政、どっちが伝えることなんでしょう？

Cさん：わからないけど、行政からはコロナ時の福祉サービスに関しての情報はなかったなぁ～。

■どうして？　どうして？

Aさん：コロナのことを本人さんにどう理解してもらうかも大変でしたね。

Bさん：そもそも、重度知的障害の人はマスクが難しいし、手洗いも丁寧にしてもらうのは本当に大変。本人がマスクや手洗いの意味を理解するのが難しいし……。マスクもうがいも無理なんで、がんばって高い消毒液を買うしかないって言う人もいました。

Cさん：とにかく、いろんな予定が変わるし、先の見通しの説明もできないので「どうして？どうして？」って毎日聞かれる。しまいに「お母さんにも分からんのじゃ～～～！」って叫びたくなる。通所施設でも外部講師やお出かけ行事もすべてストップ。夜寝つきも悪くなるし……。本人のストレスを調整して情緒を安定していくのもみんな家族にかかってくるし……。親自身のイライラがマックスです！

Aさん：アンケートでも一番大変なのは、本人の情緒のケアって多くの人が上げていましたね。この大変さは、いわゆる身体介護や医療的ケアに比べて、わかってもらいにくいんですよね。

Cさん：そんな時、全日本育成会連合会では、イラスト入りの本人に理解しやすいパンフレットや、家で楽しく過ごす方法「みんなの笑顔を増やすプロジェクト」なんかを発信してくれたのはよかったね。あと、特別給付金の申請の仕方なども、知的障害のある本人に分かりやすく発信してくれていた。うまくいかないこともあるけど、みんな同じことで苦労してるんだな、一人じゃないんだなって思えるよね。

Aさん：全育連のホームページやフェイスブックなどは多くの人に見てもらいたいですね。

■日頃からの信頼関係

Aさん：六月にはやや落ち着いたかに見えた感染者数ですが、七月に入って徳島県でも毎日のように感染者が発表されるようになりました。八月には高齢者施設や病院でクラスターが発生して、再び緊張が走りましたね。

Fさん：ショートステイも、もう何度も中止になってきたので、「ショートステイ再開します」というお知らせがきても、素直に喜べなくて、どうせ一週間もしないうちにまた中止になるんだろうな、と考えてしまう。ショートステイや日中一時支援を複数の施設で契約してる人が言っていたけど、とにかく、やってるかやってないか分からない。いちいち施設に電話して聞かないと分からないから疲れ果てたって言ってた。

Bさん：八月に入ってからは、事業所から「ドキッとする文書」が来たという人も複数いました。

Aさん：ドキッとするって？

Bさん：高齢者の入所施設でクラスターが出たことで、特に入所施設に併設の通所施設はナーバスになってしまうのかな？　利用者にかなり行動制限を強いるような、例えば、ショッピングや外食はダメとか、もし違反すれば預かれない場合もあるとか、そんな文書が来るとドキッてするでしょ。もちろん法人によって文書の書き方はいろいろだけど。入所者を抱える法人も本当に大変だなとは思う。でも在宅の場合、家族も行動制限しなければならないわけで、かなり神経質になっている人もいます。うちが原因で施設でクラスターになったらと考えるだけで胸が苦しくなってくると……。

Dさん：ほんと、それが一番プレッシャー！

Fさん：ＮＰＯなどのいわゆる小規模な事業所はどうだったんだろう？　検温の回数が

増えたくらいで、ぜんぜん普通だったたって話も聞きます。事業所によってかなり差があったかも……。

Aさん：しかし、それにしても日頃から通所で利用している施設との信頼関係があるかどうかってことですよね。コロナの件に関しても、公的な文書や施設の取り組みなどを日頃から丁寧に説明されてると、利用者家族としても協力して一緒に乗り越えよう！　みたいな気持ちになるけど。そういうところは少なかったみたいですね。

Cさん：いきなり「ドキッとする文書」が来るんじゃぁね。（笑）

■「つながり」をどう維持するか

Aさん：育成会として何かできたことはあったでしょうか？

Bさん：とりあえず会員さんの声を聞けたのはよかったかな。もちろん問題解決できることは少なかったけど、少人数でのおしゃべり会は感染症対策をしながら続けてきたし、グループラインがあったのもよかった。

Fさん：それも、普段からつながりができていたからですよね。

Cさん：アンケートもこの時期だからできたことですよね。コロナで施設の家族会もできない、育成会も集まれないって話を聞くけど、こんな時こそ必要だと思う。いろいろ工夫すればできないことはないはず。

Dさん：こんな時こそ、つながりが大事だし、情報発信も大事だよね。やっぱ私たちもオンラインを使いこなさないと。入所や入院の方も家族が会えないという問題が出てますけど、なんとか工夫してほしいですよね。

Aさん：国には七月に全国手をつなぐ育成会連合会が、県には八月に県手をつなぐ育成会が、それぞれ要望書を出しました。また、市町村で独自に要望書を出した育成会もあるようです。やっぱり声を集めて社会に発信していくのが育成会の役割ですね。

■コロナ禍で見えてきたこと、これからのこと

Aさん：この半年で気づいたこととか、これから心配なことはありますか。

Bさん：日本ケアラー連盟の児玉真美さんがウェブ上で「コロナ禍が焙り出す障害者福祉の家族依存」という文章を書いていて、ほんとその通りだと思いました。そもそも日本の障害者福祉は家族依存なんだけれど、コロナでそれが顕著化したというか、問題がなにもかも家族のところに集まってきた。医療や事業所のことは話題になるし、助成金などそれなりの支援策も出てきたけど家族への支援は何もない。

Dさん：慰労金とか欲しいの？（笑）

Bさん：そういうわけじゃないけど（笑）。なんかこんな時だからしょうがないでしょみたいな……。在宅の福祉が後回しされてるような……。なんかもやもやします。「障害者の地域生活を推進します」って言うのはスローガンだけなのか！（怒）結局、家族の無償労働で支えてる。

Cさん：社会は経済との両立という方向で動き出したけど、福祉の世界はまだまだ慎重。もちろん障害がある人のリスクを考えると当然とは思うけど、このままずるずるショートステイなどのサービスが切り捨てられていくのではないかと心配。

特別支援学校でも本来なら就労体験や施設見学など進めていく時期なのに、どうなるんだろう？

Bさん：あと、内部、外部という言葉をよく聞くようになったよね。同じ法人（内部）の人ならショートステイも日中一時もOK、でも法人外（外部）や新規の人はお断りされる。いわゆる法人の利用者抱え込みはこれまでもあったけど、コロナを理由にあからさまになった気がします。

Dさん：やっぱり法人への評価が必要なんじゃないかな？　慎重になるだけでなく、感染症対策はしっかりしながら必要なサービスは続けていこうとしているところが評価されるべき。利用者や家族にも必要な説明は誠実にやる。内部も外部も公平に。コロナ対策の助成金も入所者と別棟でショート受け入れるとか、そんな使い方してほしい。つまり、努力している法人が評価されるような仕組みが必要！

一同：賛成！　賛成！

Bさん：ショートの契約ができるかなと思って見学に行こうとしたら、向こうからはコロナ治まったらね、みたいな言い方されている。でも、どんな状態になったらOKなのか、やっぱり行政がGOサイン出してほしい。事業所の自己責任だけじゃ慎重になってしまうから。

Eさん：これから寒くなって鼻水やセキなんかが出やすくなるけど、そんな症状で通所させるのはまずい雰囲気だよね。

Bさん：そうそう、はっきり「休ませてください」と言われるところもあるらしい。子育てのように病児保育があるわけでないし、結局は親がみるのかな？

Aさん：心配は尽きないですね。今日話し合ったのは、ほんの一部のことで地域によっての違いや、通所だけのところと、入所を併設しているところでは事情が違ったかもしれません。ただ、私たちの周りに起こったことを少しでも知ってもらって、障害のある人とケアしている家族が支えられる社会になればいいなと思います。

この文書にはどこからも反応はありませんでした。

「おしゃべり会」ではいろんな事業所を利用している人が集まるので、当然事業所ごとの差が見えてきます。実施主体である行政は、そこのところをちゃんと把握しているのか、地域向けのサービスは公平に行われているのか、ちゃんとチェックしてほしいということが伝えたかったのですが、私たちの生の声は届かず、とても残念でした。

「読者の手紙」への投稿

二〇二一年三月、県に要望したことに返事がないことに業を煮やして、私は地元新聞の「読者の手紙」に投稿することにしました。できれば、このようなかたちで行政に詰め寄るのは避けたいと思っていました。しかし、前日に「保護者が感染した場合の子どもの対応について」が新聞紙上に発表されているのを読んで、がまんしきれなくなりました。子どもについては体制を整えているのに、もっと深刻な状況にある障害のある人たちについては（しかも何度も要望しているのに）なぜ回答がないままなのか？　という怒りを止めることができなかったのです。

「在宅障害者支援なぜ後手に」

（阿波市　福井公子　七〇歳・主婦）

知的障害のある人やその家族の会の代表をしています。「もし、ケアしている私が感染したら障害のある本人はどうなるの」。新型コロナウイルス感染拡大以降、家族から心配の声が寄せられます。早速、県や市に問い合わせ、要望書などを出しました。しかし、いまだに「ケース・バイ・ケース」というお返事しかありません。

一日付け本紙に、子どもについての対応が掲載されていました。障害のある人は高齢の親がケアしている場合が多く、親戚を頼るのも難しい状況です。会員の九割が日中は学校や事業所に通い、その他の時間は親がケアしている人たちです。しかし、ここ一年ショートステイはほぼ中止状態、ヘルパーさんも事業所の方から利用の自粛を求められる場合もあります。ケアしている家族の疲弊は日々大きくなっています。ショートステイがストップするたびに「入所施設は守られてるな」と感じてしまいます。しかし、在宅の障害者もクラスターのリスクは同じようにあり、家族もずっと行動を制限してきました。ワクチンの接種も視野に入ってはきましたが、私はこの機会に県に問いたいと思います。なぜ、人数としては圧倒的に多いにもかかわらず、在宅の障害者や家族支援が後手後手になるのか。コロナはそれまで水面下にあった問題を表面化したともいわれています。ぜひ、ご回答をお願いします。

（二〇二一年三月六日　徳島新聞・読者の手紙より）

この件に関しては、まもなく県障がい福祉課より新聞紙上で回答があり、障害のある人が感染した場合の「医療体制の整備」と「支援者が確保できない場合の受け入れ施設の整備」が整ったという報告がありました。また、「在宅の障がい児者及び家族等が新型コロナウイルスに感染した場合について」のフロー図も公表されました。

八月に要望した回答が、やっと翌年三月に出たということになります。ただ、後になって当事者や家族が感染した事例がたくさん出ましたが、この体制が十分機能したのかどうかは、私たちには知らされていません。

ワクチン接種については、二〇二一年二月に全国手をつなぐ育成会が、厚生労働大臣あてに以下のような要望書を出しています。

①重症化リスクのある基礎疾患を有する人などへの確実な優先接種
②障害福祉サービス事業所などにおける集団接種の実施
③接種に関する本人意思確認の支援

①については三月一八日に、精神疾患や知的障害のある人も優先接種の対象に追加されることが決まりました。

②についても当然の要望でした。知的障害の重い人のなかには、病院に行くこと自体が大変な人や、注射そのものを拒否してしまう人もいます。家族への負担や合理的配慮の観点からも、まずは通いなれた施設で嘱託医や協力医が接種できるよう体制を整えてほしかったと思います。

しかし、私たちの県では、なかなかスムーズにいきませんでした。通所施設は市町村の枠を超えて利用している人も多く、ワクチンの実施主体が市町村であったため、考え方もまちまちで連携が取れなかったのがネックでした。結局、県がガイドラインを出すことで調整を図ったのですが、接種に前向きな事業所や、親が要望したところ以外は、「家族にお任せ」になったところが多かったようです。そもそも、入所者のことは考えても、在宅の人や通所の人のことには、だれも考えが及ばなかったのかもしれません。

この件に関しても、各市町村に親の会があることを活かして私たちが水面下で動いたり、投稿することで声を上げてきました。全国的には、支援の必要な人を対象に特別な接種会場を設けたり、家庭に医師を派遣したりしたところもあったようですが、私たちの地域ではとても無理だろうと思ってしまいました。

新型コロナウイルス感染拡大から二年、私たちは、このようなかたちで行政に要望をしてきましたが、それで何かが変わったこともあったし、「暖簾に腕押し」ということもありました。正直、長く親の会をやっていると、要望書を出す前から「たぶん徳島では無理だろう」と思うこともあります。けれども、地域福祉とは名ばかりの旧態依然とした福祉が幅を利かしている私たちの地域で、それでも声を上げることは在宅で暮らす者のささやかな抵抗であると思っています。

パイオニア世代

息子は、毎朝一時間以上送迎車に乗って通所しています。緊急事態宣言が出た頃でしょうか、その送迎車が「密」になるということで、「出来る範囲での送迎協力を」と、施設から求められました。正直、負担が大きすぎると思いましたが、「そんなのムリ！」とは言えませんでした。

今の通所施設には、息子が高等部を卒業してからずっと通っています。その頃、重度の人は施設入所が当たり前の時代でした。でも私は、時代は変わるはず、いや変えなければと思っていました。そんな時、開所したのが今の施設。重度の人を地域で支えようと家の近くまで送迎を始めた、県内では画期的な通所事業でした。入所施設を併設していないのも私にとっては魅力でした。当時は措置の時代でしたが、「絶対ここしか行きません！」と行政の人を困らせたのを覚えています。

サービス提供者と利用者という立場であっても、「地域で重い障害の人を支える」通所施設は、同じ方向を目指す、いわば同志のようなもの。「そんなのムリ！」と言えなかったのは、それだけ「事業所にとっては有事」なんだろう、ならばできるだけ協力しようと思ったからです。

ヘルパー事業所にしても同じです。「施設で一生暮らす人を見て、疑問を感じて起業した」と聞けば、私にとっては同志。サービスを消費するだけでなく、ついつい応援したくなります。

そんな同志である通所施設やヘルパー事業所が、コロナ禍で打撃を受けていないかも心配です。もし、そうなら国による支援は十分だったのでしょうか？　高齢者施設や入所施設ほどではなかったとしたら、「地域共生」はただの謳い文句になってしまいます。

私たちの世代は「パイオニア世代」と呼ばれるのだそうです。まったくサービスのない時代を経て、行政と掛け合ったり、なかには作業所を立ち上げたりして、時代を開拓してきた世代と言われています。でも、それだけに、ついつい頑張りすぎることになってしまうのかもしれません。「そんなのムリ！」と無邪気に言える、今の「サービス消費世代」の親たちが、ちょっとまぶしかったりするのです。

ついに来たか！

二〇二二年一月末。感染力の強いオミクロン株の感染者が都会を中心に急増し、それは少し遅れて私たちの地方にもやってきました。

「利用者さん一名の陽性が確認されました」

県内の感染者数も過去最多を更新されていたある日、息子が通う施設から連絡が来ました。その日は日曜日、ヘルパーさんは予約が取れず、私は息子とドライブをしている最中でした。「ついに来たか！」というのが正直なところでした。息子は感染していないだろうか。急に不安が襲ってきました。

それにしても、なぜうちの通所施設なのだ。職員さんたちがあれほど感染対策をしていたのに。いったい誰がコロナを持ち込んだんだろう。いやいや、そんなふうに考えてはいけない。いろんな感情を、どこに着地させていいか分からないままでした。しかし、電話

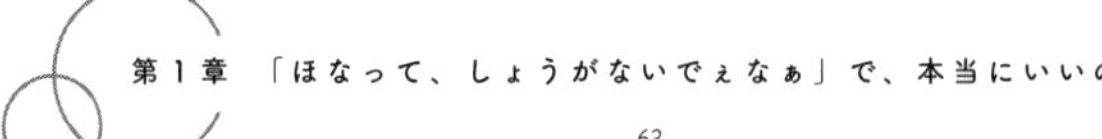

をくれた職員さんが、とても落ち着いていて的確で、しかも丁寧だったので、私も冷静になろうと努めました。

翌日に利用者・職員の全員がPCR検査を受け、息子は陰性が出たものの濃厚接触者にあたるので一〇日間の自宅での健康観察となりました。同じ利用者でありながら濃厚接触者には該当しない人、濃厚接触者とされる人、そして陽性の結果の出る人。それまで穏やかな関係だった家族同士にも複雑な感情がわいてきました。コロナは人と人とを分断させると言われていますが、まさにその通りでした。そして、私たちが障害のある人となんとか暮らせていたのは、事業所への信頼と親同士の何気ない会話、そんなさりげないものの力だったのだということに改めて気づいたのです。

オミクロン株の感染力はすさまじく、陽性者の家族は次々に感染していきました。無症状・軽症（実際には重い症状が出た人もいて、軽症と決めつけることには抵抗がありますが）の人が多いとして、ほとんどの人が家庭療養とされていましたが、それが逆に家庭内感染を広げる結果となったようです。

当初は、「私が感染したらわが子はどうなるの？」という心配に捉われていたのですが、現実としては、陽性になった子を陽性になった親（もちろん高齢の親もいます）が、家庭内で介護するという、違った意味で過酷な状況になりました。

通所施設は一〇日以上休所となり、私も息子と二人で過ごすことになりました。毎日ドライブ、人のいない公園を見つけては散歩、七〇歳が四〇歳の体力に付き合いきれるわけもなく……。

しかし、不思議なことにあれほど嫌だった「息子から自由になれない」という感覚はわいてきませんでした。「息子に縛られたくない」という私のプライドは、「子どもが健康でいてくれる」それだけで、こんなにも簡単に崩壊してしまったのです。

見えない存在

送迎をしていると、道沿いで私と同じような年齢の親子を見かけます。息子より自立度が高いようなので、たぶん就労系の事業所に通っているのでしょう。それでも、送迎車が来るまでは見守りが必要なのか、毎日お母さんが付き添っています。

徳島県は、就労継続B型の平均工賃が全国一位なのだそうです。そのことが、毎年のように県のホームページに公表されています。しかし、彼らの生活を支えるグループホームやヘルパーさんの整備状況はどうなのでしょう。きっと工賃のように自慢できる状況ではないと思います。もし、道路沿いで見守るお母さんがいなくなれば、彼らの生活そのものが破綻してしまうのです。でも、そのことにだれも気が付いてはいません。

自粛期間中の、もてあますほどの息子との時間、テレビをつければ国会中継が……。立憲民主党の議員が口角泡を飛ばして（もちろんマスクはしていましたが）質問していました。

「保育園が次々休園に追い込まれ働く親たちが困っている、どうするんだ」
「学校休業等助成金の周知がされていないのではないか」
「子育て世帯への臨時特別給付金はどうなっているんだ」

ああ、どれもこれも私たちには関係ない。私たちのことなんて誰も気づいてくれないんだ。だれにも会えない自粛生活は、ついついネガティブな気分にもなります。

二〇二二年二月、息子が通う通所施設は無事に再開に至ったけれど、これで安心というわけではありません。県内の感染者数は高止まりが続いていて、まだまだ収束は見えません。特別支援学校も休校を繰り返し、家族も明日の予定が全く立たない状況です。

「ほなって、しょうがないでぇなぁ」

私たちは何度この言葉を繰り返してきたでしょう。ショートステイが止まるのも、親子で自宅待機せざるを得ないのも、感染覚悟で高齢の親が陽性の子をケアするのも、「ほなって、しょうがないでぇなぁ」で乗り越えてきたこの二年あまり。

私たちがコロナ禍で経験してきたことは、ほんとに、ほんとに「しょうがないこと」だったのでしょうか。「私たちって、がまん強すぎるんかな？　そこがあかんとこなんか」。

私は今も分からないままでいます。

第２章

医療的ケアとともにある生活を脅かすコロナ禍

根本希美子

コロナ禍になって

二〇二〇年の年明けから新型コロナウイルスが国内にも流行し、学校は三月二日から全国一斉休校となりました。私の住む茨城県でも三月一七日に初めての感染者の報道がされ、私は徐々にコロナが身近に迫ってくる脅威と不安を感じていました。

私には特別支援学校高等部二年生のひとり息子がいます。侑弥といい、現在一六歳。身体的にも知的にも重度の障害があり、日常的に医療的なケアが必要です。普通の風邪でも、回復するまでは普段から使用している酸素の流量を増やし、昼夜を問わず人工呼吸器が頼みの綱となります。ＲＳウイルスに感染したりインフルエンザに罹った時には、生死のはざまをさまようような重篤な状態となりました。完全看護のＩＣＵで、口から挿管して人工呼吸器につながれ、治療を受けながらウイルスと闘いました。ドクターからは挿管に伴うリスク、ウイルスによって起こされた肺炎での命の危機、回復しても抜管ができるかどうかわからないこと、その場合のリスクなどについて何度も緊張しながら説明を受け、その都度、息子の命にかかわる親としての判断を求められてきました。

そんな息子が新型コロナにかかってしまったらと考えるだけで、不安でなりませんでした。この未知のウイルスには流行当初まだワクチンも治療薬もなく、基礎疾患や呼吸器系の障害があると重症化しやすいと言われていました。怖くて、家から出る時にはマスクはもちろん、自分用の手指消毒用アルコールや除菌シートを持ち歩くようになりました。密集する場所には行かないし、買い物に出る時にも空いている時間を狙い、手短に済ませました。絶対に息子に感染させてはいけない。感染したら、きっとまた命にかかわるような状況になってしまう……と、胸の内は危機感と不安でいっぱい。そのためには夫も私もコロナにかかるわけにはいかない。重圧の中、その一心でした。

感染拡大の第一波で緊急事態宣言が出されたころ、街中のドラッグストアでは開店前から行列ができ、売り場からは消毒用アルコールもマスクもなくなりました。コロナ禍以前から日常的に使っていた消毒用アルコールは、息子のケアの前に自分の手指を消毒したり、カテーテルなどの機材の消毒に使ったりする必需品でした。家族だけでなく、学校の看護師さんやデイサービスのスタッフさんなど息子にかかわる人たちみんなが、日々の医療的なケア、それに伴う衛生管理を適切に行ってくれているからこそ、息子は元気に過ごすことができ、学校生活やデイサービスなどでも活動を楽しむことができます。命にかかわる感染症は新型コロナウイルスだけではないのです。衛生管理に手を抜くことは体調を脅かしかねません。

幸いにも、わが家では消毒用アルコールもマスクも日ごろから多めにストックをしていたので、すぐに底をつくことはありませんでした。ただ、いつまでこの状況が続くのか、今あるストックで乗り切れるのか、不安は拭いきれませんでした。こうした衛生用品の入手が難しい状況は全国的な問題となり、医療的ケア児のいる家族が困っている現状を訴えました。この声は国へと届き、物資支援の動きにつながったのはうれしい出来事でした。

緊急事態宣言下での休校措置は、鶴の一声で明日からの予定変更を余儀なくされるものでした。仕事をしている親や、ひとり親で子育てされている方にとっては、仕事を休むことは家計に直結する死活問題です。主婦である私でさえ、これまで子どもが学校に行っている間にできていた買い物や所用、自分のことに使える時間がなくなり、二四時間ずっと子どもの介護、看護、家事等に向き合うのは、肉体的にも精神的にも疲弊する日々でした。

これまでにも子どもが体調を崩すたびに、昨日までできていた日々の流れは、変してきました。ただ、今回のステイホームでは、息子自身は元気なのです。自分の体調が悪い訳でもないのに家にいなくてはいけません。抱っこをすると、私の胸に「ねぇねぇ、なんで～?」という感じで頭を寄せてきたり、のけぞって「あっちへ行きたい」と伝えたりします。言葉で言えるわけではないですが、侑弥なりに理解のできない状況の変化に、「(元気なのに)どうして家にいるんだ? 学校へ行かないの?」「なんでいつもテレビなの? お出かけしたいのにな」などの疑問や不満を訴えていました。

親の方の気持ちも、これまでの体調不良からくるステイホームとは違い、ひたすら息子に申し訳なく「ごめんね」「今はがまんしてね」「仕方ないの」と繰り返すしかありません。子ども自身は元気なのだから、いつもなら、ちょっとした買い物には連れて行くのに、今は感染の不安から連れては出かけられません。私たち夫婦も重圧に耐える生活でしたが、もしかすると侑弥が一番窮屈な思いをしていたのかもしれません。

宣言解除により休校措置は解けました。それでも、登校に不安を感じる場合には、自主休校をしてもよいとされ、それに対する親の反応もさまざまでした。ある保護者は「重症化リスクを考えると子どもを家から出すのが怖い」。また別の保護者は「きっとうちの子どもは感染したら助からないと思う。だったら家の中で制限してストレスを与えてしまうより、リスクはあっても学校で先生やお友達と活動をして楽しく過ごしてほしい」。どちらの気持ちもよく分かります。子どもを想う親の気持は複雑です。どちらの考えも間違いじゃない。どちらも大切な親の気持ちなのです。

侑弥の誕生――医療的ケアとともにある生活のはじまり

私は息子を出産する前までは、福祉施設の相談員として、利用者さんやご家族からの相談を受ける仕事をしていました。施設利用に関することや車いすなどの装具のこと、医療費のこと、時には直接、介助等に携わることもありました。ゆっくり子育てをしたかったので、出産を機に退職し、時機を見て再就職するつもりでしたが、待っていたのはそうはいかない現実でした。

　私のおなかの中にいた息子は、すくすく順調に成長し、四〇週を越えて通常分娩で問題なく生まれてきました。「ピッカピカの赤ちゃんですね」。助産スタッフさんからのその一言は、今でもよく覚えています。無事に終わった早朝の出産、立ち会った夫といっしょに安堵していました。

　その時は突然に訪れました。ただ眠ってしまったのだと思ったくらいでした。眠ってしまったことを知らせるナースコールに呼ばれてきた看護スタッフが息子を抱えたとたん、状況は一変。スタッフのあわてた様子に、何が起こったのか私はまったく分かりませんでした。心肺停止。隣の部屋から聞こえるのは異常を知らせるアラームの音とあわただしい人の気配。ただただ祈るばかりの時間が流れました。

　懸命な心肺蘇生により一命をとりとめた息子は、ＮＩＣＵ（新生児集中治療室）のある一番近くの病院に搬送され、必要な治療を受けることができました。が、診断は新生児突然死症候群による無酸素性脳損傷。受傷後の検査でも病気は見つかりませんでした。脳に酸素がいかなかったことにより脳のダメージは大きく、自分で身体を動かすこともできず、声を出すことも、ゴックンやゴッホンもできない、できないことばかり。それでも助かった命に、感謝しかありませんでした。

状態が安定し、初めておうちに帰ることができたのは生後四か月のときでした。看護師さんから息子に必要なケアの手技や機材の消毒方法などを教わり、退院に向けての準備を進めていきました。何の医療的な資格も持たない、まだ「親」になったばかりの私たち夫婦の手に、侑弥の命をつなぐ医療的ケアのバトンが病院の医師・看護師から渡されたのです。

できないことを支える医療的ケア

近年、「医療的ケア児」と呼ばれ、日常的に「医療的ケア」を必要とする子どもたちが増えています。新生児医療の進歩などで救命率が上がり、過去一〇年で倍増しました。二〇二〇年には全国に約二万人いるとの推計もあります。「医療的ケア児」の中には、身体的にも知的にも重度の障害が重複している子もいれば、肢体不自由や知的な障害を伴わない子もいます。歩けるけれど医療的なケアが必要な子や、知的発達に遅れがなく自分でケアができる子もいます。

医師や医師の指示を受けた看護師などの医療従事者にしか行うことが認められていない医療行為の中に、「医療的ケア」も位置付けられます。日常的に行う医療的な生活援助行為のことです。その中には、特定の研修を受け一定の条件の下で介護職員や教員にも認められている行為もあります。

主なものとして、食べる機能が弱く誤嚥の恐れがある人に、チューブを鼻から胃まで入れたり胃に穴をあけて直接栄養を送り込む胃ろうなどの「経管栄養」、唾液の飲み込みや痰を吐き出す力が弱いと分泌物が喉にたまって息苦しくなってしまうため、機械を使って痰を吸引する喀痰吸引、マスクやチューブや人工呼吸器などを通して酸素を吸入する「（在宅）酸素療法」などがあります。

喀痰吸引も酸素療法も、息子のように慢性的な呼吸器障害のある医療的ケア児には、日常生活に無くてはならないものです。喀痰吸引は子どもによっては一日に何回も何十回も必要となります。息子の場合には、熱が高くなると唾液などの分泌が増え、吸引回数も多くなります。昼夜を問わず必要なタイミングで適切に吸引しないと呼吸困難や窒息に陥る恐れがあるので、医療的ケアの中でも難しく、負担の大きなケアの一つと言えるでしょう。

自分だけの力では難しいゴックンを補ってくれるのが「経管栄養」、ゴッホンで出せないものは「吸引」、呼吸のスーハァを助けてくれるのが酸素であり人工呼吸器なのです。これらの医療的ケアのおかげで、以前は病院でしか暮らせなかった、人工呼吸器を常時使用する子どもたちも、近年では家族がケアを行い、家庭で生活するようになりました。

NICUから親子で過ごすおうちへ

息子の命のバトンを渡され、病院からおうちに帰れることになった時は、とてもうれしい気持ちでいっぱいでした。面会の時のように帰る時間を気にしなくてもいいし、これからはずっと一緒にいられます。でも、実際の生活はそんなに甘いものではありませんでした。

部屋にはオムツや粉ミルクなどの赤ちゃん用品とともに、息子に必要な医療機材が置かれました。家でも病院と同じように、パルスオキシメーターで常に血中の酸素濃度を確認しては体調の変化に気を配り、ミルクは口から胃まで入れたチューブで注入しました。胃食道逆流症のために吐きもどしが多く、そのたびにモニターのアラームはけたたましく鳴ります。アラームが鳴ると何をしていても息子の元へかけつけ、カテーテルを口や鼻に差し入れて吸引器を使って吸引をします。カテーテルをどこまで差し入れていけばすっきりと吸引してあげられるのか、苦しくないようにと祈りながら目では見えないところを探っていきます。

落ち着いた後は吐しゃ物を片付け、着替えをさせる。おむつ交換をする。体の向きを変える。吐きもどす。吸引する。片づける。抱っこをする。吐く。吸引する。片づける。昼夜を問わず、一日のうちに何度もこのようなことを繰り返す日もありました。日が離せず、部屋から離れることもままなりませんでした。子どもが生まれる前には想像もできなかった、以前とはかけ離れた生活で、自分の自由がまったくなくなりました。

夫も普段は仕事をしつつ、帰宅後や休日にはパパとして息子のケアに積極的にかかわってくれていました。二三時からの栄養注入はパパの担当ですし、「今日はごはんをパパが作ろう」とか「今日は仕事が休みだから一日侑弥のことを引き受けるから、ママはゆっくり出かけて来ていいよ」と気を遣ってもくれます。それでも、私には精神的な余裕は全くなく、息子のことを一番に分かっているのは私しかいない、私じゃなきゃダメなんだと思い込んでいました。せっかくの気遣いで息子から離れる時間をもらっても、夫には任せきれずに、五分と経たずに電話で様子を確認し、必要な用事だけを済ませるとすぐに帰宅する状態でした。

そんな精神的に張りつめた日々の中で、町の保健師さんが新生児訪問にやってきました。身長体重を計測し、あとはただただ話を聞いてくれました。そして「お母さん、とっても頑張ってる」「すごいよ」と声をかけてくれました。なんだか自然と涙が溢れ、その一言のおかげで肩の力が抜けたように思いました。

それからパパにはすべてを任せることができるようになり、私も気分転換の時間を安心して過ごせるようになりました。私自身の精神的なバランスをとることも大切だと感じています。余裕があれば「二三時からの栄養注入、今夜は私が入れるからパパは早く寝ていいよ」と交替することもできるようになりました。

こうして夫婦で協力して息子のケアを担っていますが、家族の中でやりくりができてうまく回せていればそれでいいのかな、と疑問にも思い始めました。役割を交替して助け合っても、家族だけで頑張っていたのでは解決できない問題もあるような気がするからです。私が保健師さんに話を聞いてもらった時に自分の存在を受け入れてもらえたように感じ、それで初めて自分の状況に気づけたように、家族以外の第三者に関わってもらうことが、私たちのような家族には大切なことなのでは、と思いました。

かけはしねっとの立ち上げ

その後、侑弥は二歳で胃ろうを造設し、吐きもどしはなくなり体調も安定してきました。小学校は特別支援学校に就学し、自宅に先生が来る訪問学級ではなく、学校の教室でお友達や先生と活動をすることができるようになりました。学校での保護者付き添いの待機期間を経て、学校の看護師さんにケアを任せることができ、私は息子を学校に送って行った後には手が離れる時間を持てるようになりました。

そこで二〇一六年に始めたのが、医療的ケアを必要とする子どもの親の会かけはしねっとの活動です。全国で災害級の天候異常が続いており、前年の常総水害は日ごろからの「繋がり」の大切さを再認識させられる出来事でした。普段から知っているからこそ、いざという時にも声がかけ合えます。障害があるからとか医療的ケアが必要だからということを抜きに、そんな関係が大切なんだと痛感しました。それなら、医療的ケアを必要とする子どもがいたからこそ知り合うことができた家族同士で、そんな子どもがいたからこそ

支援にかかわってくれる各機関も巻き込んで、地域の中で繋がりづくりをしたい。そんな想いから立ち上げました。

身体障害者手帳の取得から、使える補装具やサービス・支援・お金のことなど、かつて相談員をしていた私にとっては知ってて当たり前だったことが、他のママたちには案外に知られていないんだなと気づき、それなら伝えていこうとも思いました。子どもたち・家族の余暇支援や啓発活動、Facebookやホームページなどによる情報発信等を続けています。

二〇二一年には、病院からはじめておうちにかえるお子さんの家族向け冊子『医療的ケアと一緒におうちに帰るママやパパ、そして子どもたちへ』を発行しました。私たち自身がこんなのあったら良かった、もっと早く知りたかったと思ったことや、「あなたはひとりじゃないよ」の想いを込めた先輩ママ・パパからのメッセージを形にしました。

新型コロナウイルス流行により、これまでのように家族同士が対面で集まるような活動は難しくなりました。でも、ただ何もせずに立ち止まってはいられません。オンライン・ツールを導入し、懇談会や勉強会などを続けてきました。オンラインでの活動は、ちょっとした立ち話や気兼ねのないおしゃべりの替わりにはなりませんが、何気ない対面での交流の大切さを痛感させられる一方で、体調を崩しやすい子どもをもち、ドタキャンや急な予定変更を余儀なくされる親の立場としては、家にいながら研修やおしゃべり、興味ある話を聞くことができるオンライン・ツールは画期的でもあります。

コロナ禍以前から行ってきた交流会や鑑賞会など、みんなで集まるイベントでは、他人の目を気にすることもなく、医療機材から出る音もみんなにとっての日常だから遠慮することもなしに楽しむことができます。私たち医療的ケアを必要とする子どもの親にとっては、日常生活から離れてくつろげる時間なので、今後もオンラインも併用しながら、対面での活動にも取り組んでいきたいと考えています。

今、侑弥は高等部二年生。発語もなく表情も乏しいままですが、本人なりの意思の表出もできるようになり、放課後はデイサービスへ行くようになって、親や学校の先生以外とのかかわりも増えました。他の学年のお友達やスタッフさんとの活動も楽しんでいるようです。

一方、親の方は、今でも学校への朝の送りは変わりません。少しの体調の変化でも電話でお迎えをお願いされることも多く、息子とは離れても、スマホからは目が離せません。ずっと自宅待機をしているような状態が続いています。

これからは、親への支援についても、考えていきたいと思っています。

医療的ケア児と家族を支援する法律ができました

新型コロナウイルスの大変な災難が続く中、それでもうれしい変化もありました。二〇二一年六月に「医療的ケア児及びその家族に対する支援に関する法律」（通称：医療的ケア児支援法）が成立し、九月に施行されたのです。私たち当事者にとっては喜ばしいニュースでした。

この法律では、まず「医療的ケア」「医療的ケア児」の定義が明記されました。基本理念では、医療的ケア児が他の児童とともに教育を受けられるよう最大限に配慮すること、そのための支援等が個々の状況に応じ切れ目なく行われること、また居住する地域にかかわらず、等しく適切な支援をうけられるようにすることなどが掲げられました。具体的に国や地方公共団体の責務、保育所の設置者・学校設置者等の責務として支援措置が明記されたことも、大きな一歩でした。

これまで、保育所や幼稚園、学校へ行かせたい、児童発達支援事業所やデイサービス事業所などの福祉施設を利用したいと思っても、医療的ケア児であるために実現が難しい状況が続いてきました。この法律ができたことで、そうした問題が解消されていくなら、親としてうれしいことです。

しかし、現実問題として、医療的ケア児やその家族にかかわる医療、保健、福祉、教育等多角的な支援や施策には、地域により大きな格差が存在しています。先進的な取り組みや支援サービス等が報道やＳＮＳで話題にあがる都市部がある一方で、必要なサービスや支援が全くなかったり、不足している地域もたくさんあります。私は整備が遅れている地域で暮らす親として、支援法でどこまで実際のサービスや支援が整備されていくのか、不安も抱えています。

地域でのサービスや支援の整備だけでなく、行政の職員の知識や意識にも、ばらつきや地域による格差があります。親たちの中には、行政の窓口に相談に行ったら担当者から

「自分は医療的ケア児を担当したことがないから、何も分からない」と言われたり、「その医療的ケアさえ必要でなければ、サービスを利用できるのに……」と、暴言に等しい言葉を浴びせられたりした人もいます。救いを求めて相談に行ったのに、そんな冷淡な対応に傷つけられた親たちは、わが子との生活に希望を見出すことができず苦しみます。この支援法により、都道府県の責務として医療的ケア児支援センターが設置されるとのことですが、相談を受ける窓口ができても、利用できるサービスや緊急時などの子どもの受け皿が整い、しっかりした知識と意識をもった職員がいなければ、何の解決にもつながりません。

医療的ケア児の場合、ケアしている家族の負担の大きさも課題の一つです。複数のケアが必要な子どもや、人工呼吸器を常用しているような医療依存度が高い子どものいる家庭では、ケアを担う親（たいていは母親）は夜間の睡眠時間も十分に確保できなかったり、寝たり起きたりを繰り返し、断続的な睡眠となっています。そんな日々の連続では、身体的にも精神的にも健康を害することになりますし、最悪の場合それが虐待につながる恐れもあります。そんな一線を越えるか越えないかのギリギリの精神状態で親がケアを担い続けることは、子どもの成長や発達にとっても良いはずがありません。

また地域に医療的ケアを必要とする子どもの受け皿がなければ、親が産休や育休の後に復職を考えていたとしても叶いません。先の見えない状況では、離職せざるをえない場合もあるかもしれません。それは家庭の経済的な問題にもかかわってきます。

「医療的ケア児支援法」が成立して半年後の二〇二一年一二月、「茨城県ケアラー・ヤングケアラーを支援し、共に生きやすい社会を実現するための条例」ができました。「ケアラー」とは、心身の機能の低下や負傷、病気、障害その他の理由で援助を必要とする家族や身近な人に対して、無償で介護や看護、日常生活上の世話その他の援助をする人のこと。「ヤングケアラー」は、家族にケアを要する人がいる場合に、大人が担うようなケア責任を引き受け、家事や家族の世話、介護、感情面のサポートなどを行っている、一八歳未満の子どものことです。

条例の冒頭部分には「全てのケアラーとケアを受ける人が、誰一人取り残されず、共に安心できる生活を送り、自分らしい人生を歩んでいくことができるよう、ケアを家族等だけの問題にとどまらない世代を超えた社会問題として認識し、ケアラーを社会全体で支えていく必要がある」と書かれています。

ケアラーもひとりの人間として、その人らしい人生を送れるよう、社会全体で支援していこうと、こうした条例がほかの自治体でも作られ始めています。ケアラーを孤立させないためには、社会全体として必要な支援や施策、体制を整えていかなくてはなりません。それは、私自身が実体験を通じて感じてきたことでもあります。

おわりに

新型コロナウイルスとの戦いも二年を越え、未知のウイルスに対して各方面の研究もワクチンの接種も進んできました。治療薬が開発されつつあるとか、ウイルス自体も弱毒化してきているとか、子どもは軽症で済むとか、変異株は基礎疾患がある場合を除いてはみんな症状が軽いとか、事態を前向きにとらえられる情報もニュースで耳にするようになりました。その一方で、流行の初めの頃に呼びかけられていたステイホームや自粛はあまり言われなくなり、今は「経済との両立」が言われ、街にも人の流れが戻っている様子。侑弥を抱えたわが家の心配は尽きません。私たちも規定の回数のワクチン接種を済ませましたが、打ったからといって感染しないという保証はありません。ワクチンの効果も永久的なものでもなく、打ったから安心とは全く思えません。

これまで、息子が体調を崩して入院する時には、いつも私が付き添って母子入院をしていました。一人で入院したのは、手厚い看護体制が整っているＩＣＵに入院した時だけ。もしもそんな息子が感染してしまったら、感染症に対する治療に加えて適切なケアまで行ってもらえるのか。その時、私は濃厚接触者になりますが、私が付き添って同室での入院が可能なのか。また、もしも私や夫が感染して入院するような事態になってしまったら、侑弥は誰がみてくれるのか。息子には、平時から利用できるレスパイトや短期入所の施設はありません。

侑弥のような、基礎疾患があって普段から医療的なケアが必要で、加えてまだワクチンが接種できていない子どもたちは、いつ以前のような生活に戻れるのでしょうか。季節性の感染症だけでなく、この先ずっと一年中感染におびえながら生活していかなければいけないのでしょうか。

新型コロナウイルスによるこの非常時、家族の誰が感染してもおかしくない現状では、介護やケアの継続に対する不安はとても大きく、介護者の精神的な負担は増すばかりです。家族一緒に自由にどこでも歩ける日々はいつ戻ってくるのでしょうか。家族同士、仲間同士で、「ひとりじゃないよ」と励まし合っていますが、コロナ禍が過去のことになり「がんばったね」と肩を抱き合える日々は、いつやってくるのでしょうか。コロナ禍の一日も早い収束を願っています。

そして、「障害のある子だから」、「医療的ケアが必要だから」と希望が制限されることなく、一人ひとりに合った適切な支援を受けられる社会が当たり前になってほしいと、切に願っています。

第3章

コロナも予測不能！　重度自閉症のたっくんも予測不能!!

たっくんママ

わが家には、たっくんという重度知的障害を伴う自閉症の男の子がいます。特別支援学校に通う一年生です。七歳になった今でも発語は無く、意思疎通が難しいため、自らの要求は手を引っ張るなどのクレーン動作（他人の手を使って自分の要求を満たそうとする行動）や「イーーー！」「アーーー！」など声を上げて訴えてきます。

たっくんは幼い頃から衝動性が強く、多動・他害・自傷が見られました。こだわりや偏食もあり、野菜・肉・魚・卵は一切口にしません。白米を手づかみで食べ、療育園の給食は、おかずを食べないまま卒園しました。とても頑固でこだわりも多く、言葉を持たない代わりに他者へ要求を伝えるパワーはすさまじいです。

例えば、冷蔵庫の物が欲しいと、ジーっと私を見つめアピールをしてきます。しかし吐くまで飲み食いをするので、私が要求に応じないでいると、たっくんはキッチンカウンターを登り越え、自力で冷蔵庫をこじ開けようとします。自宅を建てる時にリビングとキッチンの間に鍵付きの引き戸を付けてもらったのですが、高さ一メートル一〇センチもあるキッチンカウンターをまさか正面から突破してくるとは……。

きょうだいはヤングケアラー？

そんなたっくんには、きょうだいが二人います。二歳上のお兄ちゃん（小学校三年生）と二歳下の妹（五歳：保育園年中）です。

たっくんの多動が開花し始めたのは、二歳になる前。お兄ちゃんが四歳の頃でした。その頃、私は娘を妊娠しており、動き回るたっくんを大きなお腹で追いかけるのは危ないため、外出は控えていました。

ある日、お友達が「あーそーぼ！」とお兄ちゃんを誘いに来てくれました。私が窓を開け「ありがとう。でも遊べないんだ……」と言っていると、お兄ちゃんは「遊びたい！

遊びたい！」と大泣き。そんなお兄ちゃんを見ていると胸も痛み、お兄ちゃんとたっくんを連れて外遊びをすることにしました。外へ出るとお兄ちゃんも楽しそうで、私もママ友の顔を見るだけで心が和みました。

しかし外に出ると、たっくんは走り回り、石を拾って口に入れ、時には犬の糞を触ろうとしたりもするので、やっぱりたっくんの見守りが中心となってしまいます。お兄ちゃんの笑顔を見ていると外遊びをさせてあげたい。だけど、お兄ちゃんとたっくんの両方は見られない。三番目の子の妊娠時の夕方は、いつもこのジレンマを感じながら過ごしました。

娘を出産すると、さらに外に出られない生活になりました。自宅にいると、たっくんは、テレビのリモコンを何度も何度も持ってきます。私がたっくんの観たい所を再生できないでいると、かんしゃくを起こし、泣き叫びます。眠っていた妹はたっくんの泣き声で起きてしまい、ふたりの泣き声の連鎖です。家から出たい！　でもどこにも行けません。車でドライブをすれば、たっくんはチャイルドシートから抜け出して危ないし、赤信号で止まるとかんしゃくを起こすので、妹の身が危なくなります。

私は今もこの先も、きょうだいにたっくんのお世話の手伝いを頼むつもりはありません。でも、二人は幼いころから、たっくんのパニックやかんしゃくや、それに私が手を焼く姿を目の当たりにしてきました。たっくんに障害があることで絶対に影響を受けています。最近テレビなどメディアでヤングケアラーについて取り上げているのを見るたびに、この子たちもヤングケアラーなのかな、と感じています。

自閉症と診断

たっくんが自閉症と診断を受けたのは、二歳九か月の時でした。ずっと「気のせいかもしれない」と思い続けた私のかすかな希望は、診断という形で打ち消されました。でも心のモヤモヤは晴れました。これからは専門の方と相談をしながら、やれることをするしかない。

少しずつ前に進められたら……と思った私は、療育を受けられる通園施設に入園申し込みをしました。ところが、待機の子どもが多く、来年度に年少のクラスに入るのは無理、年中からの入園になると言われました。入園が再来年度⁉

でも、今のままでは生活が成り立ちません。ママ友から週二回・四時間の一時預かりを教えてもらい、たっくんを通わせることにしました。

ある朝のこと。お弁当・水筒・着替え・オムツをリュックに入れて、「さぁー！　出発しよう！」と隣の部屋にいたたっくんに声を掛けに行くと……。顔や髪、手足や服、カーテンが、うんちまみれでした。排便後のオムツに手を入れた後、感覚過敏のあるたっくんは、そこら中で手をふいていました。

「えっ……!?　ちょっと‼　何してるの‼」

急いで駆け寄り、手をつかみました。あとは家を出て車に乗るだけだったのに……。なんでこうなるの？　いつもそうだ。いつもあと少しの所で何かが起こる。上手くいくことの方が少ない。いつも、いつも、私のじゃまをする……。頑張っても頑張っても報われない！　私の中でプツンと何かが切れ、一気に涙が溢れてきました。そして感情のままに叩いて、叩いて、叩きまくりました。

叩いたのは、自分の手です。たっくんの顔の前でパンッ‼　と手を打ち鳴らし「ダメ‼‼なんで触るのよ！」。パンッ‼　「もう絶対にしないで‼」。たっくんの目を見て泣きながら、何度も、何度も、訴えました。でも、たっくんは……。まるで私が見えていないかのように、上の空。本気で私が叱っているのに笑っています。全然伝わっていないのです。

「ああ……、やっぱりこの子は、自閉症なんだ……」。そう思うと酷い絶望感に襲われ、逆に冷静にもなれました。妹を安全な場所に移し、無言でたっくんの服を脱がせ、髪、顔、手足を洗いました。私の涙は止まらないままですが、意地でも一時預かりの教室へ向かいました。

運転中にハンドルを握る手が痛いので、手の平を見ると、真っ赤にはれていました。よっぽど強く叩いていたんだ……。叩いたのが自分の手で良かったけど、たっくんを叩いていたら……。

伝えたい、伝えたいけど伝わらない。どうしていいのか分かりませんでした。

希望が見えない日々

一日の疲れを癒やしてくれるはずのお風呂は、たっくんにとって絶好の遊び場です。水を出しっぱなしにしたり、湯船の湯を飲んだり吐き出したりするのを阻止しながらのお風呂は、私にはよけいに疲れが増すだけです。たっくんに睡眠障害があった頃は、深夜に目を覚ますと、寝ている私の髪を鷲づかみにして、おんぶで寝たいと訴えました。私がおんぶをしたままソファーに座ると、かんしゃくをおこしてひっかいてきたり、泣き叫んだりするので、近所迷惑にならないように暑い時期でも窓を閉め、おんぶをしたまま膝をついて寝たこともありました。毎日がしんどくてたまりませんでした。

夜、子どもたちが寝た後は、疲れて眠ってしまいたいけど、でも自分一人の時間が欲しくて、ソファーに埋もれテレビをつけ、ボーッとして、特に飲みたくないコーヒーを飲み、しばらくしたら今度はメラトニン（睡眠を促すサプリ）を飲み……。自分が何をしたいのか分からなくなります。自分が頑張っているのか、いないのかも分からず、自分ではギリギリのところまで頑張っているつもりなのに問題は一向に解決できず積み重なっていくばかり。ちょっとバランスを崩すと一瞬で気持ちが落ちてしまいます。

運転中だけが、たっくんのクレーン要求に応えなくていい時間。一時預かりへの送り迎えの時には、泣きながらハンドルをにぎっていました。一時預かりの週二回・四時間だけが私の心の支えですが、たっくんが三歳になったらこの一時預かりは利用できなくなります。希望していた療育の通園施設に入園できるのは再来年だし、幼稚園や保育園に問い合わせをしても、「自閉症」という言葉を出したとたんに入園を断られてしまいます。希望なんてどこにもない。もう限界がきたら、このまま突っこもう。くねくねとした山道を走っていると、ついそんな気持ちになって、ガードレールの先の崖やその下の川に目が向きました。

ようやく希望が見えてきたのは、二〇一八年春でした。予定より一年早く通園施設に入園できることになったのです。波乱万丈な毎日には変わりませんが、毎日九時から一五時半まで母子分離で過ごせるようになり、私の心の安定は断然違いました。

お兄ちゃんに幼稚園を休ませ、たっくんがいると行けない遊園地などにもつれて行けるようになりました。回転寿司に行った時、お兄ちゃんはまるでテーマパークに来たかのようなはしゃぎようでした。「今まで連れてきてあげられなくて、ごめんね。」という気持ちになり、これからは少しずつきょうだいとたっくんの時間も作っていけたらいいなと思っていました。しかし、その時は長く続かず新型コロナウイルスが世界中を脅かすようになったのです。

新型コロナで生活はめちゃくちゃに

新型コロナウイルスによりわが家の生活は一変し、リズムはめちゃくちゃになりました。一斉休校でお兄ちゃんが家にいるため、毎朝パニックを起こすたっくん。スケジュールボードに家族五人の顔写真と予定を貼っても、納得しません。朝からぐずり、ただでさえ毎朝準備で大変なのに、悪循環の連続。

春休みが明けても、お兄ちゃんの小学校は休校のままです。お兄ちゃんが家にいるとたっくんが荒れるので、お兄ちゃんはしばらく実家へ避難させてもらいました。

このころ一番悩んだのは、マスク着用ができないたっくんとどう過ごしたらいいのか、ということでした。「マスク警察」という言葉が世間を騒がせていたので、「マスクが着けられないなら外に出すな！」と言われるんじゃないかと、休日は人がいない所にばかり行っていました。

ある日、人気のない所を求めて辿り着いたのは、夏場は海水浴場になる海でした。初めのうちは砂浜を歩いたり砂で遊んだりしていましたが、私が目を離した一瞬の隙に海へドボン！　泳げないたっくんは、自分の身長ぐらいの深さでおぼれ、沈んでいきます。私もあわててすぐに海へ飛び込みました。何とか引き上げましたが、たっくんは海水を飲みパニック状態。胸までずぶぬれの私もパニック状態。

いつも綱渡り状態だ……。コロナ禍で今まで当たり前にできていたことができなくなり、私一人で子どもを見る時間が増えました。その一方で心の癒やしだったママ友とのランチやお茶会もできず、孤独感は深まりました。気持ちにも体力にも余裕はなく、ギリギリの所で踏ん張っています。でも誰も助けてくれない。それどころか、気づいてもくれない……。こんな生活がいつまで続くのか……。

私はたっくんが三歳の頃、ストレスから過呼吸に陥ったことがあります。もともとその日は熱があり体調が悪かったのですが、元気なたっくんは私の手を何度も引っ張りました。安静にしていたい私の気持ちは伝わりません。延々と続く要求にイライラした私が「勘弁してよー！」と言ってソファーに倒れ込むと、たっくんはかんしゃくを起こしながら私の髪を引っ張ります。その手を振り払い「もう！　いい加減にして‼」と叫んだ時、目の前が真っ白になり、動けなくなりました。両手がみるみる硬直し、反り返っていきます。自分に何が起こっているのか分からず、呼吸は乱れ、気持ちばかりが焦りました。異変に気が付いたお兄ちゃんは泣きながら私をさすってくれているのですが、たっくんはあおむけに倒れている私の顔の上に乗ってきます。

その時は偶然夫が忘れ物を取りに帰ってきて、すぐ一一九番へ電話をしてくれたので、ことなきを得たのですが、コロナの自粛生活がこのまま続くと、またいつあの時のようなことが起こるか分かりません。緊急時に使える制度が何かあるのか知りたかったし、この限界を超えた生活に支援を受けたいとも思い、障害福祉課に相談の予約を入れました。

当日はママ友が付き添ってくれたので、ありのままの状況を見てもらおうと、たっくんを連れて行きました。でも、たっくんは正面玄関で寝ころび、大絶叫。とても障害福祉課までたどり着けそうにありません。受付から連絡して来てもらった障害福祉課の職員数名と一緒にたっくんを抱えて、個室まで運び入れました。個室に入ってもたっくんのパニックは収まりません。イレギュラーが苦手ですから、こうなることは分かっていました。ママ友が来てくれなかったら、相談に来ることもできなかったし、部屋でもママ友がたっくんを引き受けてくれなかったら、私は落ち着いて話をすることもできなかったと思います。

今の自粛生活でたっくんを見ることに限界を感じていると訴えると、まず服薬を提案されましたが、たっくんはすでに衝動性を抑える薬を毎日飲んでいます。短時間でも預けられる先がないか、職員の方も一緒に考えてくれましたが、支援資源に限りがあるなどさまざまな事情もあり、幼児であるたっくんが受けられる支援は見つかりませんでした。

これ以上の助けを得られないのなら、もう実家を頼るしかありません。実は、今後のことを考えて私の実家の近くに家を建てているところでした。三人の子どもたちに無理が来ないよう、準備を十分にしてからゆっくり引っ越しをする予定でしたが、コロナ禍の自粛生活にはもう限界だったため、すぐに引っ越すことにしました。

新生活がスタート

新居への引っ越しは二〇二〇年五月末でした。たっくんは家も通園施設も変わったため毎日大荒れです。実家の母が手伝いに来てくれても、たっくんはパニックになって追い返してしまいます。

そんな生活の転機となったのは、転居した地の相談支援専門員さんからのモニタリングでした。コロナ禍なので電話でのモニタリングでしたが、わが家の状況と自分の心情を率直に伝えると、「何らかの支援が必要だと思います」と言われ、ファミリーサポートや社会福祉協議会などを紹介してくれました。そのおかげで、ボランティアの方が毎週、きょうだいの支援に来てくれることになりました。相談支援専門員さんのおかげで、色んな方と繋がることができて生活も徐々に落ち着き、新生活はようやく軌道に乗ることができました。わが家を支えて下さる方がいてくれて、本当にありがたかったです。

そして、二〇二一年四月。たっくんは特別支援学校へ入学しました。入学してからも色々ありましたが、先生と相談しながら学校生活を送っています。マスクも一年かけて着けられるようになりました。コロナ流行初期は、アルコール消毒や手洗いもなかなかスムーズにはできませんでしたが、今では声掛けでできるようになりました。

最近こんな事もありました。小学校三年生のお兄ちゃんと、たっくんの事を話している時に、お兄ちゃんが「コロナのワクチンができたんだから、たっくんが話せるようになる薬もできるはず！　何年後かなー？　お母さん何年後だと思う？」と聞いてきました。そんな発想があるんだ⁉　私は本当はたっくんが話せるようになってほしいけれど、仕方ないことだと自分に言い聞かせてきたので、そんな風に考えられるお兄ちゃんにハッとさせられました。希望を持ち続けることで変わる事もあるのかもしれないということに気付かされました。

ずっと昔、私には「夢」がありました。本当なら今頃は夫の仕事の関係で東京に住んでいる予定でした。結婚前に夫と同棲をしていた中野区にあるアパートを訪れて、「お父さんとお母さんは、あそこに住んでいたんだよ！」と子どもたちの手を引きながら慣れ親しんだ商店街を歩いたり、ディズニーランドにも連れて行ってあげたかった。子どもたちが幼い頃にはキャンプやスキー、川遊びにも連れて行ってあげたかったし、子どもたちが大きくなったら、みんなが生まれる前に夫の仕事の都合で移り住んでいたドイツの町並みも見せてあげたかった。

私が抱いていた夢は、いったんは崩れましたが、状況に応じて変化させながら、またイチから積み上げ夢を持ちながら進んでいけるよう、家族みんなで頑張りたいと思います。

コラム

オミクロン株でまた生活は大混乱

この原稿は二〇二一年の年末にいったん書き終えていたのですが、オミクロン株の感染拡大で、わが家はまた大変な状況になりました。二〇二二年一月、たっくんの利用する事業所で陽性者が出たため、たっくんが自宅待機となったのです。

事業所からたっくんにPCR検査を受けさせるように指示され、市役所に検査キットをもらいに行くと、長蛇の列。受け取るのに一時間半かかりました。陽性か陰性かが分かるのは最短で四日後となります……。お兄ちゃんも妹も登園登校が自粛となるので、少なくとも四日間は三人の子どもたちと缶詰め状態となることが決定……。

なによりの気がかりは、市役所で検査キットを受け取る時に見かけた検体提出の列でした。PCR検査センターに電話をかけて、重度知的障害のある子どもときょうだいを連れて検体提出の列に並ぶことは難しいと相談しても、「列ができていたら並んで頂くことになります」と言われ、めまいがしました。

自宅待機二日目には、朝からルーティンが崩れたたっくんが荒れ、引っかくなどの他害行為へエスカレートしました。お兄ちゃんと妹には二人で別室にこもってもらいましたが、五歳の妹は不安から「ママ～」と部屋から出てきては、それがたっくんのかんしゃくの元にもなっていました。

そんな騒ぎの最中に、市の障害福祉課から電話がかかってきました。たっくんを連れて検体提出の列には並べないと相談していたことへの返事でした。検体は並ばずに提出できるようＰＣＲ検査センターに手配してもらえたのですが、私は電話中もきょうだいをたっくんの他害から守るために必死で自分の身体を盾にし続けています。部屋中にとどろく子どもの泣き声。母親が他害にあう所を目にするきょうだい。自宅待機が理解できずパニックし続けるたっくん。もう理性が吹き飛びそうになるなか、障害福祉課の人なのだからとすがる思いで状況を説明し、きょうだいの逃げ場を支援してもらえないか聞いてみました。

冷淡な声で言われたのは、「ご家族やご親戚は？」「別室に鍵を掛けて、開けなければ良いのでは？」「お父さんは帰ってこられませんか？」。そして最後には「私は、ＰＣＲ検査センターの方が言われた事を伝えるために連絡しただけなんですけど」。見捨てられた気持ちになりました。

幸い、数日後にたっくんは陰性と判明し、無事きょうだい三人は通学通園できるようになりましたが、またいつこんな事態になるか分かりません。たっくんの他害により一人のきょうだいがケガを負うことや不安になるのは、親として耐えられません。改めて障害福祉課に相談しても「きょうだいの逃げ場の提供はできない」という回答でしたが、児童相談所や市の子育て課に相談したところ、もしもの時には、退所児童アフターケア事業を担っている施設で受け入れてもらえることになりました。ふだんお兄ちゃんの学習支援でお世話になっている社会福祉協議会の方も、なんとかきょうだいを安全な場所に一時避難させられないかと親身に考えてくれて、感謝の気持ちでいっぱいになりました。

それでも、第六波はまだ猛威を振るい続けています。いつ何が起こるか分からない……。そんな不安の中、今も過ごしています。

第4章

障がいも性格もさまざま
三きょうだいの母は黙っていられない

浅野美子

わが家の状況

私の家族は、金属加工業を自営している夫（生年月日が私と同じで、冷静かつ辛辣なご意見番）と重度知的障害のある三人の子どもたち。たくさんの方に支援されて今に至っています。

長女は現在三〇歳。音は聞こえているし、やさしい日本語なら理解し伝えたいこともあるのですが、音を作る器官やその動きに問題があって発音がうまくできません。これまで私自身が、サイン言語、サインやシンボルを組み合わせて表現するマカトン法など学び、今では主に筆談やコミュニケーションメモで伝えることができています。目下のお気に入りはテレビ手話講座、ハングル語講座。手先が不器用なので書くのも苦手ですが、携帯電話のメール機能や手のひらに文字で書いて伝えてくれます。聴き取りも苦手なので、テレビは日本語字幕入りがお気に入り。会話ではＵＤトーク（音声認識・話した言葉を文字表記するアプリ）も活用。意思表示では頭を傾ける「わからない」ポーズ、頭をトントンつついて「考え中」ポーズ。選択に時間がかかっても、自分が好きなこと、相手に伝えようとする気持ちが大事だと彼女を見ていて感じます。

一番話が伝わりにくい長男（二八歳）は視覚優位なので、予定が目で見てわかるカレンダー、見通しメモ、コミュニケーションメモで現状を説明して、どうしたいのか年齢相応の選択肢を提示し、自分で決めてもらうことにしています。こうしたグッズの導入で、家庭内のもめごとは減りました。聞いたことをすぐ忘れる確認魔の二男（二六歳）は同じことを何度も聞いてくるので、「見て、わかる」を粘り強く続けてきました。

地域の小学校と中学校の特別支援学級、養護学校高等部、就労移行支援事業所を経て、三人とも就労継続支援Ｂ型事業所に通所、現在長男だけ生活介護事業所に通所しています。

外で頑張る三きょうだいは家ではみんなマイペースになります。きょうだい間でもめごとが多くなり、長女は二〇一八年からグループホームに入居し、週末に帰宅するようになりました。長男と二男は家で私たち夫婦と暮らしています。

三きょうだいを育てていると、私たち夫婦だけでは無理なことも多く、子どもたちが小さい頃は義父母にも協力してもらいましたが、それだけに頼らず利用できる制度を調べたり、制度が利用できない部分はボランティアの協力を得たり、制度自体の充実を求める、といったことが必要になりました。そうしたことから療育制度、学校制度、支援制度についての学びや交流の必要性を強く感じて、様々な学びの場や活動に参加してきました。日本福祉大学名誉教授、近藤直子先生の呼びかけで立ち上げられた「障がいのある子どもの父母のネットワーク愛知（父母ネット愛知）」（二〇二二年度いっぱいで活動終了）に一九九九年の設立時から参加し、きょうだい例会や本人たちに教えるための性の学び等に取り組んできました。

社会保障制度は時代とともに変化するため、常に情報更新が必要です。制度に関しての学びや運動のために、二〇〇三年設立の「愛知県障害児の地域生活を保障する連絡会（よかネットあいち）」にも参加しました。困っている私たちの声を届ける努力をしてもなかなか変わらない現状に抗いながら、今も会長を務めています。また、三きょうだいもいつか必要になるだろう成年後見制度について、障がいのある人とその家族の法人後見をしている特定非営利活動法人成年後見もやいで、二〇一九年から市民成年後見支援員になり、現場で学ばせてもらっています。子どもたちから必要な支援を学び、ライフステージに応じた現場の声を聴き、困っていることの改善に向けた声を出し続けることが私のスタンスになっています。

コロナ禍と三きょうだい

コロナ禍で一番苦慮したのは、三きょうだいにどうやって状況をわかってもらうか、どうやって納得してもらうか、彼らへの情報提供の方法でした。名古屋市内の私の住む近隣地域では、二〇二〇年三月に高齢者施設やスポーツクラブでクラスターが発生し、すぐにいろいろな制限が入るようになりました。クラスターが出ると二週間は事業所がお休みになります。そんな事態になった時、三きょうだいにどのように伝えたらよいのか。問題そのものは今に始まったことではありませんが、親や周りの大人たちも初めての体験にあわてふためいているのを見て、本人たちも戸惑っています。説明するための資料集めをしながら、親ですらわからない状況を彼らにどう伝えるのか、必死でした。

長女はマスクをするのが苦手でした。私もこれまでなら「本人が嫌だというなら、まぁそれでいいじゃない」と構えていたのですが、コロナ禍ではそうはいきません。あれこれ娘と話した末に「あなたの好きなピンクのマスクはどう？」と提案し、あちこちの店を一緒に探し回ると、なんとかピンクのマスクで手を打ってくれました。今はお気に入りのマスクがたくさんあります。

また、家族での定期的なお出かけが三きょうだいの息抜きになっていたのですが、一度や二度の延期ならなんとか説得できても、外出自粛が長くなると、「またね」「またね」だけでは本人たちのストレスが爆発しそうになってきました。感染者の数が少し減ってきたところで、思い切ってお出かけを強行してみると、三きょうだいも落ち着き、がんばればそのうちに行ける日が来ると思えるようになったようでした。そんなことを繰り返しながら、少しずつ、なんだかよくは分からないけど、どうも世の中はそういうことになったらしいと分かってくれたようです。

日割り単価報酬の現制度では事業所の運営も大変だったと思います。二男の通う就労継続B型事業所では、感染対策で食堂は衝立で個別に仕切られてみな同じ方向を向き、食事も交代制、黙食、手洗い、うがい、密になりがちな更衣室も順番制になりました。幸いなことに、長女が利用している事業所は病院の寝具等のクリーニング、二男の事業所はペットボトルのリサイクル業務など、エッセンシャルワークを担っていたので、サービスそのものが休止になることはありませんでした。しかし、利用者に持病のある人が多い事業所では、ゴールデンウイークなどは一〇日間まるまるお休みになったところもあったようでした。

親や本人が感染を恐れてサービス利用を控える人もあったようですが、私はそういうことはしませんでした。コロナ禍になりヘルパーさんが休んだり辞めたり、事業を休止する法人もあったので、事業所から言ってこられれば「わかりました」と従いましたが、平時から足りないサービスです。こちらからは自粛はせず、なるべく日頃の生活パターンは変えませんでした。本人を守るためにも事業所を守るためにも、サービス利用は続けるべきだと考えていたからです。通所している事業所からもサービス利用を自粛してほしいと言われましたが、うちは本人の障害特性から難しいとお願いして、利用を続けさせてもらっていました。

平時でも厳しい緊急時の支援

普段からサービス利用を切らさず続けておくことは、三きょうだいを育ててきた中で私が身に着けた知恵の一つでもあります。三きょうだいがいるといつ何が起こるかわからないので、学齢期から常に多くの事業所と契約を結んでいました。

例えば、二男が幼児期に大学病院障害者歯科で前歯の過剰歯二本抜歯のため二泊三日で手術入院しましたが、その際は長女と長男を短期入所にお願いする必要があります。そのため、手術の前に二人とも半年間定期的に慣らし利用をさせていただきました。そのおかげで無事に二男の手術入院が終わり、その後も短期入所事業所と複数契約し利用しました。

その障害者歯科への定期受診の時、三人が同じ学校（小学校二年間だけ）なら私が車で連れていけましたが、進学すると二か所（小・中）、三か所（小・中・高等部）と学校が分かれたので、それからはそれぞれにヘルパーさんをお願いしました。ヘルパーさんは診察室には入れないので（医療保険なので支援対象外になります）、私が診察室の中にいて、子どもたちが順番に入ってきては三〇分ずつ治療を受けます。その間ヘルパーさんは待合室で待っています。私は一時間半ずっと診察室にいるわけです。

私の実家は青森でしたが、両親に介護が必要になった時期には、神戸に住む弟家族と毎年交代で青森へ夏休み帰省していました。ここでもいつ何が起こるかわからない状況で、何かあった時に三人一緒に利用できるとは限らないので、慣れておいた方がお互いのためだと移動支援も複数事業所と契約し、サービスを継続利用してきました。

けれど実際には、平時ですら緊急時の支援は得られないのが現実でした。グループホームに入った年の夏、娘が猛暑のため体調をくずし肺炎で入院した際にも、メンズの契約している短期入所事業所すべてに連絡しましたが、緊急でも受け入れ先はありませんでした。平時のことですから、私は当然のように付き添い同意書にサインして、そのまま娘と入院となります。たまたま台風で暴風警報が出て、夫やメンズの予定がすべてキャンセルになり在宅だったので、夫が頑張って週末を乗り切ってくれました。

もともと国からは「家族でなんとかしてね」と言われ続けている気分でしたが、この体験から必要性を痛感し、よかネットあいちでは緊急時の短期入所受入れ先確保を要望してきました。緊急短期入所受け入れ先は登録に条件があったり事前登録が必要だったり、また送迎がないため利用をあきらめる保護者も多く、稼働率はあまりよくないと聞いています。しかし、平時から広い名古屋市で緊急受入れが二床という現状では、三きょうだいには足りません。二〇二一年から地域生活支援拠点事業も始まりましたが、まだ名古屋市は全区になく、今のところ居住区の施設への登録制とのこと。早く全区で稼働してほしいものだと思います。

平時でもそういう状況でした。残される子どもが一人であれば、祖父母など誰か面倒を見てくれる人も見つかるかもしれませんが、複数となると難しくなります。ましてコロナ禍となれば、重症化リスクの高い高齢の祖母を頼ることもできません。

広いスペースのある大きな法人では、ゾーニングをして緊急時の短期入所の受け入れを模索し始めていました。しかし、そうした短期入所は法人の利用者のための緊急時のサービスです。誰でも使えるわけではありません。また当時はそんな法人はまだ多くはありませんでした。

コロナ禍という特殊な状況の中で

コロナ禍の当初、感染者は宿泊療養や入院が必須とされていたので、もし本人が感染したら一人で宿泊療養や入院ができるのか、誰もが不安でした。平時には付き添い同意書が必要なのに、コロナ禍では付き添いが難しい。そんな矛盾は受け入れられないと思い、二〇二〇年四月によかネットあいちから愛知県と名古屋市に要望書を出しました。障がい者本人が感染した場合の支援付きの療養施設などの体制整備と、介護者が感染した場合の体制整備を要望しました。当時、少ないながら介護者感染時の受け皿整備に乗り出した自治体もあったのですが、愛知県・名古屋市は、どちらも「難しいが検討する」との回答でした。

感染は収まるどころか、ついに入院したり宿泊療養施設で療養したりすることができず自宅療養を迫られる人が多くなりました。家庭内感染で一か月近くも自宅待機になってしまった親もいたと聞きました。感染した親子が同室入院できたのは、一例しか知りません。要望していたことが現実に行われていないことに危惧を覚え、七月に改めて愛知県に要望書を提出しましたが、あまりに刻一刻と変わる状況に対応が難しいためか、愛知県から回答すらいただけませんでした。

そんな中、後見支援員交流会では気になる事例がいくつもありました。介護施設に入っている親と障がいのあるお子さんが面会できなくなったり、時間制限があるうえに慣れないフェースシールドを装着しての面会となったり。その親御さんが亡くなって、一緒にお見送りをするのはとても悲しく、コミュニケーションが必要な人たちにとってコロナ禍の制限は想像以上に過酷であると感じました。

また、持病で入院していた障がいのある人が、面会の制限等があるなかで急に亡くなったこともありました。完全看護といいながら病院のケアはそれほど手厚くはありません。だからこそ病院でのコミュニケーションの支援は認められてきたはずなのに、「いやいや今はコロナです、面会はできません」。その頃、高齢者施設ではタブレットなどを使用したデジタルの面会も始まっていたのですが、病院ではまだやっていないようでした。家族は本人の様子を職員からのまた聞きでしか知ることができず、どんなに心配だったことか。本人も、何をされているのか、何のためにされているのか分からなかっただろうし、不安でたまらなかったことでしょう。それを知りながら何もできないのは悲しい。そのあげく、会えないままお葬式を出すしかないなんて、悲しすぎました。

障がいの有無にかかわらず、病気療養中のすべての人とその家族には心のケアが必要なのに、態勢的に余裕がないコロナ禍独特の状況で、面会制限は過酷でした。入院していた叔父と、終末期ようやく面会許可が出て会うことができた叔母や、遠く離れて住んでいた持病のないきょうだいがコロナ感染で急に亡くなったという私と同世代の従兄もいます。その喪失感の深さは、想像するに余りあります。

また、歯科、小児科、内科、心療内科などの受診控えで状態が悪化してしまう患者さんが多くいるという話も聞きました。コロナ禍で何を優先するのか、緊急時の課題がたくさんあると感じます。障がいのある人たちを守るとは、どういうことなのだろう。ずっと考え続けています。

親子三人での感染

オミクロン株の感染急拡大が始まった二〇二二年一月下旬、長男の生活介護事業所でも陽性者が確認され休所となりました。連絡から二日後に検査キットが郵送で届き、四日後に唾液分泌の少ない長男は苦労しアワアワでしたが、なんとか採取できて投函。長男の陰性が確認されるまでは二男も自宅待機です。長女は緊急避難として週末もグループホームで過ごすことになりました。唾液の分泌量が多い、少ないは人によると歯科主治医に聞いて知り、検査方法も副鼻腔か唾液のどちらかを選べるといいと思いました。

その翌週、今度は長男が三日前に利用した短期入所事業所での濃厚接触者と認定され、二男ともども再び自宅待機。検査についてあちこち医療機関に問合せると、ＰＣＲ検査キットが不足している、初診は受けない、事業所単位でしか受けない等々、オミクロン株になって情報が錯綜する中、さらに二男の就労継続支援Ｂ型事業所でも陽性者が出ます。どこでもらっているかわからないオミクロンのコワさを思い知りました。

結局、二月はほとんど自宅待機だったメンズも私も感染しました。陽性確認翌日以降、保健センターから電話連絡をいただきましたが、私は喉の痛みと咳がひどく、担当者が変わるたびに同じことを何度も聞かれ、メール対応も検討してほしいと思いました。

親子で感染して親子同室の宿泊療養をされた方の話を聞いていたので、自宅での隔離療養は難しいメンズと感染していない自営業の夫を守るために、三人同室の宿泊療養を希望、心療内科主治医の許可を得て調整していただけることになりました。県内に三人同室の療養施設は少なく、調整しやすいツイン＋シングルもご提案いただきましたが、メンズが拒否。私も、部屋から出られないのにどう二部屋で見守ることができるのか疑問を感じました。

宿泊療養先への迎えのタクシーは、感染予防のため養生シートが張りつけてあり座席が動かず、三列シートの中列に三人座ってキッキッでしたが、久しぶりの外出にご機嫌なメンズでした。フルーツ、お菓子、カップ麺、納豆、キムチと好物をふんだんに用意し、日々のスケジュールを相談して立てたので、七泊八日の宿泊療養にもゴネることもパニックを起こすこともなく、ゴロゴロしながら淡々と過ごすことができました。

一方の長女は、その間ずっとグループホームで、帰宅できませんでした。それでもヘルパー事業所が緊急で追加依頼を受け入れしてくれたり、日中は世話人のいないグループホームですが管理者が日中の様子を見に行ってくれるなど、支えてもらいながら暮らした長女をたくましく感じました。ストレスからか、一人を満喫してか、おもちゃを買い物しまくっていたことも発覚しましたが、「そんなこともあるよね、頑張っていたんだから」と納得しました。

オミクロン株の流行で子どもの感染が増えたことから、親子が同室で宿泊療養できる体制ができたと、保健センターの保健師さんから聞きました。これまで要望してきたことが状況の変化で改善されていたのはうれしいことですが、実際に感染して子どもとともに療養生活を体験してみると、保健センター（担当者）間での情報更新や共有、障がいについての理解に疑問を感じました。私たちも、刻々と変わる状況の中、常に情報を収集し、更新し、共有しておくことが大切だと思います。

よかネットあいちアンケート・交流会で出た声

まだまだ感染がおさまらない現状に、よかネットあいちでは家族や支援者の声を集めるWebアンケートを二〇二二年二月一一日から二月二八日まで行い、二四四の回答がありました。結果として以下のことがわかりました。

・シングルのお宅も多い。
・きょうだいや祖父母と同居のダブルケア、トリプルケア、マルチケアの可能性もあるお宅も多い。きょうだいがヤングケアラーとなっている可能性もある。
・子どもが小さい、重度であるとの理由からコロナについて本人に説明していない（できていない）
・外出自粛や生活の変化で、本人の気持ちがケアできていない。
・障がいのある子どもの休校、事業所閉所により保護者が就労できなくなっている（所得

保障されていない）

・休校や事業所閉所により福祉サービス利用もストップし、家族のみでの支援になっている。

・休校や学級閉鎖で学びが止まる。

・障がいのある人への対応を保健師だけがするわけではないので、情報更新や共有できていない。

・障がい特性により支援は違うので、障がいのある人向けの保健師が対応する相談窓口や対応窓口がほしい。あまりにも担当者によって対応が違いすぎる。

・検査への合理的配慮（時間、場所、支援体制、検査方法選択等）をしてほしい。

・検査について本人にわかるよう説明できたり、サポートする要員が必要。

・家族の一人でも陽性になったら、家庭内感染が考えられるので様子見でなく早急に配食など支援体制を検討してほしい。特に子どもが先に陽性になった場合。

・自宅で隔離、療養が難しい人もいるので、宿泊療養等支援についても必ず説明してほしい。

・福祉サービスがストップすることで、ワンオペになりがち。

・連れていくことができないので買い物に行けない。

・施設入所や入院では、面会制限で本人の様子がわからない。
・親が高齢や自宅が遠いと、週末帰宅できず本人の様子がわからない。
・家族会や行事等、交流がなくなるので情報が入らない。

また、三月二〇日に開催したよかネットあいち交流会でも話題になったのは、保健センターのひっ迫でした。厚生労働省のデータで、都道府県別にみた人口一〇万対就業保健師等数が愛知県は全国四〇位という状況もあるからではないか。ひっ迫すれば、応援人員も必要だが、応援は十分あったのか。医療や制度に詳しい保健師が対応していれば、障がい児者やご家族に適正な支援がされたのではないか、などの指摘がありました。全国的に感染拡大しているところの多くが、保健師不足です。緊急時だから気づくこともあります。平時からすべてのエッセンシャルワーカーの処遇改善と適正な人員配置の見直しが必要だと思います。

障害児者の感染者数はカウントがされていない！

コロナ感染時の対応については、愛知県と名古屋市に継続的に要望は出し続けて来ました。学校と放課後等ディサービス事業所との連携も難しいことが多く、その都度教育委員会や子ども福祉課にも速やかに連携をとっていただけるよう要望を出してきたほか、通所と訪問系の介護職員のワクチン優先接種の要望も出しました。高齢者と障害者、介護施設、入所施設、グループホーム職員は優先接種対象になりましたが、障がいのある人たちを支援してくださる通所施設、訪問系職員がエッセンシャルワーカーとして対象に入っていなかったのです。苦しい中で頑張ってくださっている事業所を親も支えないといけません（これについては、その後、国からも優先接種対象にするよう通知が出ました）。

いろいろ要望する中で最も驚いたのは、障がい児者の感染者数とその療養体制内訳（在宅・宿泊・入院・その他）を質問した際の名古屋市からの回答でした。「障害児者の感染につきましては、個別に必要な対応をその都度しておりますが、現在、障がい児者の感染者に特化したデータの把握については、患者情報としてHER-SYS（新型コロナウィルス感染者等情報把握・管理システム）に入力する「重症化リスク因子となる疾患」の項目に無い等の理由から把握が困難であり、そのため感染者数・療養体制内訳の詳細は不明です。ご理解賜りたく存じます」（二〇二一年一一月二六日）。県からも実数不明とご回答いただいています。これでは実態がつかめないということではないでしょうか。「感染したら自治体それぞれが事業所と連携をとり対応する」というのが県からの回答でしたが、それは現実的に行われているのか？　疑問が膨らみます。実際、保健センターの担当者の対応にはばらつきがあり、全く支援を受けられなかった障がい児ご家族もいらっしゃいました。

子どもは障害の有無を問わず、県管轄の施設で預かりが行われ、障がい者は入所施設やグループホームや家庭で過ごすという方針が示され、クラスター発生の入所施設等にはDMAT（Disaster Medical Assistance Team ＝災害派遣医療チーム）が応援に入ったという報告がありましたが、県への質問への回答（二〇二一年一一月二六日）では「介護者が新型コロナウィルスに感染し、濃厚接触となった障害児を保護所で受け入れたのは三件、なお、一時受け入れ所で困難であった事例は二件で、いずれも福祉型障害児入所施設で受入れを行いました。」「コーディネート機能確保事業につきまして、今年度は二件の入所施設にて発生のクラスターへの対応のため福祉職員派遣を行っております」。実態として、障がいのある人やご家族への対応がどのくらい適切にできているのか、疑問が残ります。

みんなが困っている今だからこそ、声を上げるチャンスです。「『家族だけで何とかしてね』なんて、思わないでくださいね」と、今こそ声を大にしていきたいと思っています。同時に、頑張っている事業所を、親も支えないといけません。これからもしっかり行政に要望していきます。

第５章

コロナ禍で娘の入院に付き添って

madoka

はじめに

昨今、ネットニュースや新聞の紙面をにわかににぎわせ始めたのが「付き添い入院」の話題です。Twitterで関連のツイートや漫画などが多数リツイートされたほか、共同通信社取材のYahooニュース「子の看護　親は二四時間缶詰めに　交代禁止、コロナ禍で負担増す〝付き添い入院〟」（二〇二一年七月二六日付）には五〇〇件近くものコメントが寄せられました。また、二〇二一年一一月には聖路加病院等による付き添い入院に関する調査の結果が報道されるなど、付き添い入院での保護者の苦慮に世間の関心が集まってきています。

私は二一年の四月、新型コロナウイルスが蔓延する中で心疾患の娘の手術入院に約二週間付き添い、共同通信社の取材を受けた当事者です。コロナ以前に三泊の付き添いを経験した時から、付き添い入院において保護者が寝食にも事欠く状態に強い疑問を感じていました。付き添いをする者は、コロナ以降、交代の禁止や面会制限などさらなる悪条件を強いられながら、今も多くの病院で病をもつ子どもを支え続けています。

娘の手術入院は、兄である息子にも暗い影響を残すことになりました。きょうだい児の心理的負担については既に知られ始めていますが、息子はさらに発達障害当事者でもあります。息子のことは文末にコラムとして別途とりまとめていますが、妹の入院前後の私たち家族を取り巻く状況が息子の状態に影響を及ぼしたのは間違いありません。

娘の手術が終わっても、私たちにとって「あの日々」は終わることがありません。私たち家族の苦難の経験が、小さな子どもの入院に付き添う者への支援のあり方について、コロナ禍であっても実現可能な形で再考されるきっかけになればと願っています。

娘のこと――コロナ以前

二〇一七年冬にわが家の末っ子として生まれた娘には、心室中隔欠損症という病気があります。生まれた直後に診断を受けた際、「自然閉鎖は望めないので、一歳前後で手術。体重増加不良なら即手術」という厳しい予後を伝えられました。思いもよらない疾患の発覚に加えて、「今は大丈夫でも成長につれ症状が出るかもしれない」「風邪を引くと重症化し命に関わるので、人ごみにつれて行かないで」という医師の言葉が私たちに重くのしかかりました。さらに不運なことに、地方在住のため、小さな子どもの心臓手術ができる病院は居住地の四国全体では一箇所のみ。ほとんどは車で約二時間半かかる本州の大学病院で受けることになると聞かされ、これからの生活がどうなるのか、当時は全く想像もできませんでした。

周りの心配をよそに、娘は小さいなりにすくすくと成長し、危惧していた心不全の兆候も出ませんでした。最も注意を払ったのは感染症対策です。子育て広場も近所のショッピングセンターも避けて過ごし、兄の幼稚園行事にも娘をつれて行くことはありませんでした。それでも兄を通して、普通の風邪やインフルエンザなどあらゆる感染症が家庭に持ち込まれました。風邪の症状が出ると息子は別室に隔離し、隣町に住んでいる義母に看病を任せるのが恒例でした。まだ幼い発達障害の息子はなかなかこの状況を理解してくれず、私も息子のそばにいてやりたいという思いと、心疾患の子の命を守らなければという危機感のせめぎ合いに疲弊しました。

いよいよ根治術に向けて動くことになったのは二〇一九年秋でした。心エコーで看過できない肺動脈弁の変形が認められたのです。まずは地元の医療センターで心臓カテーテル検査を受けることが決まり、この時私は初めて三泊の付き添い入院を経験しました。入院先までは自宅から車で数十分の距離で、夫や隣県に住む私の両親が入れ替わりで面会に来てくれるという恵まれた条件でした（義理の両親は息子を見てくれました）が、この時感じた「付き添い入院」という制度への疑問は、翌々年の根治術入院においてより顕著な形で頭をもたげることになります。

コロナ禍での手術

二〇二〇年初頭から全世界を巻き込み、私たちの生活に多大な影響と不安をもたらした新型コロナウイルス感染症。重症化リスクの高い心疾患の子どもがいるわが家は、この全く未知のウイルスを特別に警戒し受け止めました。

子育て世代としても、私たちはことさら国の政策に振り回された立場でした。緊急事態宣言下での一斉休校が何度も延長を重ねたため、主に子どもを家でみることになった母親たちの苦悩は相当なものでした。私も例外ではなく、兄妹と夫が家にいるので家事は急増。その合間に二歳児のイヤイヤをなだめながら小学生の勉強を見て、さらに遊び相手や喧嘩の仲裁……。発達特性から「待つこと」「がまんすること」が苦手な息子はひとりで過ごすのが難しく、始終私にまとわりついて一方的な要求を続けてきます。心疾患の娘を感染から守ることは絶対的責務で、気晴らしに出掛けることもできない。娘が生まれてからある程度の外出自粛には慣れていたつもりでしたが、このたびの自由な時間が少しもない生活には耐えがたいものがありました。

娘が根治術のため入院することになったのは、コロナ禍が続く二〇二一年四月でした。もともとはカテーテル検査から一年程度で手術の予定を組んでもらっていたのですが、コロナ禍により二度の延期を経なければなりませんでした。

最初は二〇二〇年の暮れ。入院先の地域でコロナ感染が急増し、入院予定の大学病院でも院内感染が発生したためです。後に全国的な問題として報道される「不要不急の手術の延期」が、この頃すでに起こっていたのです。娘は確かに一刻を争うような病状ではありません。延期を受け入れるしかないと自分を納得させながらも、私は娘の命が後回しにされたようで、怒りの矛先をどこに向けていいのかわかりませんでした。先行きの見えない状況に、私以外の家族もみなストレスを募らせ、家庭内の衝突が増えました。特に、イレギュラーな事態が苦手な息子は、目に見えて不安定になっていきました。

二度目の延期は流行がいったん落ち着いた三月の初め。打診から約一週間後と急な話だったことと、前述の息子の不調のために、こちらから断るしかありませんでした。四月初旬の入院は、文字通り三度目の正直でした。

病室での付き添い

娘の手術は成功しました。入院期間は当初予想されていた最短の二週間きっかり。術後の回復も順調でした。生後すぐから予定していた大手術を乗り越え、問題なく自宅に帰ることができたのは最大の喜びで、執刀医を始め大学病院の方々には感謝しかありません。

ただ、この手術入院には感染対策のため様々な制限があり、私はコロナ以前に比べ膨大な負担を強いられたのです。

退院後にまとめた記録をたどってみると、付き添い時の環境は以下でした。入院したのは個室で、寝具の貸し出しもありましたが、夜泣きなどで娘から離れて寝ることは難しいと思い、添い寝を選択しました。

1 コロナ関連の制限

二四時間付き添いで、交代は原則不可。やむを得ない場合は、一週間など長期スパンでの交代のみ可。面会は父母のみ週一回一五分まで。手術当日の立ち会いは夫婦で可能。プレイルームと図書室は閉鎖中。病棟のランチルームでの飲食不可。売店の営業時間短縮。入院に際しては、本人のPCR検査（自費）必須、私と夫とを含め三人分の検温表（入院前二週間）提出義務あり。

2 付き添いが使える設備

付き添い食の提供なし。階下に売店、カフェ、レストラン。ランチルームに付き添い用の電子レンジ、給湯器、トースター、自販機。シャワーは使えるものの、予約制で人数に関わらず制限時間三〇分、夕方以降は付き添いのみでの利用不可。

入院前に「付き添いの交代はおろか、面会もほぼ望めない」と聞いた時点で、大変な厳しさを感じました。二〇一九年のカテーテル検査入院の三日間でさえ、温かい食事や睡眠時間の確保に苦心したからです。子ども用の柵付きハイベッドは添い寝するには狭く、とても熟睡できる環境ではありません。それでもコロナ以前だったため、家族の助けを得ることができました。夫がいる日中に院内コンビニへ買出しに行ったり、隣県の実の両親が見舞いに来た隙にシャワーを浴びることも可能でした。今回はそうした機会もなく、一人で対応しなければならない……。夫は交代するとも言ってくれましたが、最低でも一週間続けて仕事を休むのは負担が大きいと考え、付き添いは全日私が担当しました。

交代要員のいない付き添いで一番の課題となったのは、買出しやシャワーなど病室を離れる時間の確保です。カップ麺やパンなど常温で日持ちする食料を持ち込んではいましたが、どうしても階下の売店へ買出しに行く必要が生じてきます。ナースステーションに一声かけて行くのですが、忙しい看護師が部屋で娘を見ていてくれるわけではありません。

もう昼寝もしない歳なので、娘が起きている間にＤＶＤや持参したタブレット端末を与え、二日に一回売店に走るのがやっとでした。

シャワーも同様で、娘を病室で待たせなくてはなりません。先着順に名前を書いて予約する方式で、入院患者が多い時期だったためすぐに枠が一杯になり、タイミングを逃すと入れませんでした。

これらの厳しい制限はコロナ感染から病院と患者を守るためであり、病院側としても苦渋の選択だったことでしょう。未曾有の感染症に対する緊迫感に加え、コロナ関連の業務の増加などで、院内は混乱した状況だったと想像できます。

そうした事情もあったのかもしれませんが、孤立無援の付き添いで不自由していても、こちらから助けを求めづらい雰囲気がありました。ＩＣＵから病棟に戻ったばかりで、眠らない娘に手を焼き続けた明け方に、訪室した看護師から「ＩＣＵで離れていたんだから、そのぶん相手してもらわないと」と言われたのは忘れられません。せめて向こうから「お母さんは眠れていますか」「買い物に行けていますか」と聞いてくれる気遣いがあったら、少しは気持ちが楽だったように思います。

また、術後で起き上がれない娘の食事介助や入浴介助、体力が落ちて歩行もおぼつかない娘の車いすへの移乗から歩行訓練にいたるまで、手を貸してもらえることはなく、付き添いの私がやるしかありませんでした。分からないことを尋ねれば教えてはもらえましたが、私には初めての経験ばかりで、責任が重く、苦しかったです。このような介助や看護にあたることまで、すべてを付き添う親がやらなければならないものなのでしょうか。

幸い娘は退院後の療養生活でも問題がなく、元気な姿を見せるようになりました。その年の秋からは念願の幼稚園にも通い始め、娘の笑顔を守れたことの喜びをかみしめています。

一方で、子どものことが落ち着いてきた夏休み前後になって、母親の私の体に影響が出始めました。元々長年抱えていた胃の不調や片頭痛が悪化し、不眠の症状も出始めました。天候などによっては日常の家事育児をこなすのでやっとという日もあります。体重も数キロ落ちたまま戻りません。

付き添い入院の現状その背景

厚生労働省は「基本診療料の施設基準等及びその届出に関する手続きの取扱いについて」別添2「看護の実施」において、「患者の負担による付添看護」（＝従来行われていた、外部から付き添いを金銭で雇い入れる行為）を禁止し、医療機関が全面的に看護を提供すべきとしています。しかしその一方で、「患者の病状により、又は治療に対する理解が困難な小児患者又は知的障害を有する患者の場合は、医師の許可を得て家族等患者の負担によらない者が付き添うことは差し支えない」と定めています。入院に付き添う際、「家族付き添い許可申請書」のような書類を提出する必要があるのはそのためです。付き添いはあくまで家族の希望であり、病院側の「許可を得て」行っているという体裁なのです。この規定のために、病院側も付き添う家族の生活環境まで配慮することが難しくなっていると考えられます。

しかし、完全看護体制が整った一部の病院を除いては、家族による付き添い入院が当たり前のように求められています。小児の看護はどれをとっても大人より圧倒的に手がかかり、目を離せば命を守ることさえ難しいものと思いますが、現行の看護師の配置基準では一般病棟と小児病棟で人員に差がなく、どう考えても手が足りないのです。家族による付き添いは、この人手不足を埋める側面を持っています。私が体験したように、本来なら前述の文書で禁止されている「看護力の補充」まで期待されているのが現状なのです。

親であれば誰しもわが子は心配であり、病気をもつ子の見守りや精神安定のため付き添いを希望するのは自然なことでしょう。しかし付き添いにここまでの犠牲を強いることは、その親心の搾取であるとは言えないでしょうか。地域や施設によっても状況は様々だと思いますが、連日まともな休憩も睡眠もなく、医療機器に繋がれている子の横で縮こまりながら朝を迎え、何とか確保した弁当やカップ麺で食いつなぎ、部屋から自由には動けず、また夜が来れば夜泣きの番をしながら仮眠を取る……こんな生活まで「自らの希望」と切り捨てられたくはありません。

付き添う親への支援に望むこと

付き添い入院やきょうだい児の問題は、これまで家庭内で解決することが当然視され、支援の進んでこなかった分野だと思います。冒頭で述べたYahooニュース記事についたコメントは、大半が同じ経験をした保護者からの共感の声でしたが、中には「親なんだから頑張るのも辛抱するのも当たり前」「ぐちを言って何になる?」といったものもありました。「子どもの世話は母親がすべき」という社会通念は根深く、それが病気をもつ子や障害のある子であっても母親の役割として丸ごと期待されていることに、私は折りにふれ気付かされてきました。

その社会通念は、私たち母親自身をも縛っています。付き添い経験者からも「泣き言を言いづらい」という意見ばかりか「一番大変なのは子どもなのに自分のことばかり」「たった数週間で文句を言うなんて」など批判の声もありました。付き添いをする立場からさえ、病気をもつ子のための自己犠牲やがまんが当たり前と捉えられているのでしょう。

私は、決して「しんどいから付き添い自体したくない」と言いたいわけではありません。保護者の付き添いは病気をもつ子の精神的安定のために不可欠だと思いますし、よほど看護の手厚い施設でなければ、子どものみでの入院が難しいのは理解できます。ただ付き添いの処遇を全国一律で改善してもらいたいのです。付き添い食の提供や付き添いのケア専従の職員がいる病院もあると聞きますが、都市部のごく限られたものに過ぎず、地方も含め全国的な普及には程遠い状況です。

加えて、コロナ禍での制限が付き添いの負担をさらに大きくしています。数か月、中には年単位で、ほとんど交代を許されず一人で付き添っている保護者がいます。病気をもつ子にとっても、それは本当に理想的でしょうか。たとえ相手が愛するわが子であっても、休息や食事を満足にとれず自身の体調も崩しがちな状況下では、他人に優しく振る舞うことは難しくなります。親は聖人でも仙人でもありません。辛い、助けてほしいと声を上げてはいけないのでしょうか。

この原稿を執筆中の二〇二一年末、朗報が飛び込んで来ました。厚生労働省が付き添い入院に関し実態調査を行っているというものです。この調査をきっかけに法令の不備が見直され、付き添いをめぐる環境が一律的に改善されることを強く期待しています。

なお、私が実際に入院中、改善・支援して欲しいと感じたのは以下の点です。

1　家族間の付き添い交代制限の緩和。ＰＣＲ検査の陰性や体温表での体調チェックなどを条件に、一日単位での交代を許可して欲しい。

2　付き添い食の普及。病院食の注文や、例えば売店でも移動販売や電話で注文し出前してもらえる仕組みがあれば助かる。

3　病棟保育士の配置を小児病棟に浸透させて欲しい。一日三〇分でも親が病室から離れられる時間があれば、食事の確保やシャワー、洗濯などに充てられる。

コラム

コロナ禍のきょうだい児

娘の五歳上には兄がおり、七歳の時自閉スペクトラム症の診断を受けています。成長に伴い改善した面もありますが、九歳になる現在、感情のコントロールが苦手で怒りっぽい、コミュニケーションがやや自分本位、多動傾向、手先が不器用で運動が苦手といった問題を抱えています。

診断が下りた当初は定期的な通院や服薬はなく、多少の障害特性はうかがえるものの学校カウンセラーからSST（ソーシャルスキルトレーニング）を受けながら、普通級で楽しく過ごしているようでした。それが崩れ始めたのは小学二年の冬。コロナ禍で娘の手術が一度目の延期になった頃でした。

頭やお腹が痛いと登校を渋り、授業中にも突然大声で叫ぶ、床にうずくまる、席を離れるなどの問題行動が目立つようになりました。担任から電話があるたびに、私は心がすり切れるようでした。やがて担任からの勧めもあり、息子は支援級に移ることになりました。その決断までには親として様々な葛藤がありましたが、とりわけ娘の入院時期のことで気をもんでいる渦中で、突然勃発した息子の問題にも対応しなければならないのは、極限状態に近い苦しみでした。診断を受けた児童精神科に春休み中の受診を予約したのは　妹の手術入院が数週間後に迫るなかでのことでした。

児童精神科では、妹の手術の件が原因で不安が強くなり、それが聴覚過敏に現れていると医師から告げられました。思いもよらない症状でしたが合点が行きました。周りがうるさくて大声を出すのも、教室で座っていられなくなったのも、聴覚過敏のためだったのか。そしてその一番の原因が、妹のことだったとは……。

娘の入院中、手術当日までは息子を義母に預けていましたが、最近になって彼はこの時のことを「僕ひとりぼっちでとても寂しかった」と語っていました。新年度のスタートとも重なり、緊張する心境の時に父母ともにいなかったのは、負担が大きかったのでしょう。

私と娘が帰宅してからも、特に息子の障害特性が強く出る日が続き、落ち着くには娘よりも時間がかかりました。息子のきょうだい児としての心情がよく表れているのは、夫が語った二つのエピソードです。私たちが退院する直前に夫とのささいな行き違いから「僕のことわかってくれん」と癇癪を起こしたこと。そして、何かの折に「妹がいない方がよかった?」と聞くと「うん」と答えたこと。ある意味でそれは彼の本音だったことでしょう。妹のことは内心かわいく思い、妹のために「将来は医師になる」と言うほどに気にかけている。でも大好きなお母さんを一人占めされて寂しい。こんな複雑な心境を、今回の手術のずっと以前から抱えていた息子。これからも私たちは彼の心の声に耳を傾け続けなければと痛感しています。

息子には発達障害があるために、きょうだい児の問題がより複雑な形で露呈してしまいました。さらに今回の手術入院がコロナ禍中だったことが、息子一人をより一層蚊帳の外に置いてしまいました。付き添いを交代できれば、私は娘の入院中息子に会うことができ、彼の不安を減らせたかもしれません。息子もまた、コロナによる制限のために振り回された一人でした。

第6章

家族依存の福祉とコロナ禍
――仲間と親たちの体験と運動から

新井たかね

コロナ禍で緊急入院した娘の体験から

新型コロナウイルス感染拡大の第三波が収まりきらずに第四波が始まりかけていた、二〇二一年四月二二日のことでした。「吐き気が続いているので救急搬送します」と、娘の育代が暮らしている障害者支援施設「大地」（埼玉県蓮田市）の施設長から電話が入りました。

この春五〇歳の誕生日を迎えた娘は、生まれたとき呼吸も上手にできず、いまにも命が尽きてしまうのではないかと思いました。「育って欲しい」と願いを込めて「育代」と名前をつけたように、障害は重く、健康状態も不安定です。それでもここ五年半なかった救急搬送でした。

病院では点滴での処置を済ませ、ＣＴ等の検査結果では大きな問題はありませんでしたが、CO^2の数値が高いため入院して様子を見ることになりました。

これまでの入院では、私か「大地」の職員が食事介助に必ず入ってきました。娘はもう二〇年「大地」で暮らしており、「大地」の職員なら私の介助と同じように食べてくれますが、育代が慣れていない上に、入れ替わり立ち代わりの看護師さんの介助では、ほとんど食事を摂ることができません。しかしコロナ禍であることから、食事介助に入ることが叶いませんでした。

面会も付き添いも認められないなか、毎日電話をかけて様子を聞くのですが、食事が摂れていないと言われては、「食べさせるコツは？」と聞かれます。ご苦労をかけていることは手に取るようにわかるのですが、阿吽の呼吸は言葉で説明できることでもなく、「食事介助に入れるよう検討してほしい」と、その度にお願いしました。検討していただけないまま、一週間全く食事が摂れず、点滴のみとなっていることがわかり、これ以上放置するわけにはいかないとの思いで、とうとう相談室を訪ねました。

「食事介助に入らせてもらうか、それができなければ退院させて欲しい」とお願いし、言語聴覚士と話すことになりました。言語聴覚士の専門職としての責任感は伝わってくるのですが、食事介助が一朝一夕でできるようなものではないことの理解が難しいようでした。頭を下げ、粘りに粘ってお願いし続けました。

やっと病棟の看護師に繋がり、主治医との面談にこぎつけました。主治医は娘の暮らしの状況を聞いてくれましたが、「食事介助に入る必要性は認識するが、コロナ禍のなか病院としては許可できない状況」とのお返事でした。しかし、食事が長期にわたって摂れないことについての心配は当然のことであり、一旦退院して様子をみましょうという結論を出してくれました。

退院してまっすぐに「大地」に戻ると、早速職員さんに昼食のハヤシライスを食べさせてもらい、娘はペロリと平らげました。その後一週間を自宅で暮らし、見事な食べっぷりで体調も戻りました。

一緒に暮らす仲間たちからは「育代さんは食いしん坊だからね〜！　食欲が出れば復活だね！」と迎えてもらい、「大地」で通常の暮らしに戻ることができました。退院した日の翌日から五月の大型連休でしたから、あのまま入院を続けて全く食事が摂れない状態だったら、どうなっていたかわかりません。

コロナ病棟に入院した二人の女性の体験から

二〇二〇年七月、障害者支援施設「太陽の里」（埼玉県白岡市）で集団感染が起こりました。娘の暮らす「大地」と同じ社会福祉法人みぬま福祉会（一九八四年結成）が運営している施設です。

みぬま福祉会の理念（ホームページより）

1 県南各地にどんな障害をもっていても、希望すればいつでも入れる社会福祉施設づくりをめざします。

2 入所者は障害の種類や程度、発達段階等が充分考慮され、一人一人のニーズに応じた生活、労働、教育、医療が受けられ、ともに生きる「仲間」として、その自主性が尊重され、人権が最大限に守られるような社会福祉施設づくりをめざします。

3　社会福祉施設は、その地域の中に存在し、その地域とともによりよい社会づくりをめざし、入所者は地域の人々と助け合いながら、ともに生きることをめざします。

開所してから間もなく三〇年になりますが、日常的に地域の保健所・病院への働きかけに努力してきたことと、その頃は感染者がそう多くなかったことから、保健所の対応も早く、県のクラスター対策班コブマット（感染症に詳しい医師・看護師・県職員で構成されるチーム）の指導により、感染者は全員入院することができ、クラスターも最小限に抑えることができました。

ここでは、入院した二人の女性の経験を紹介したいと思います。

Aさん（当時五九歳）は、重度重複の障害があり、生活に必要なことはすべて介助が必要な方です。地元の総合病院で陽性反応が出たと診断され、保健所と施設で連携を取りながら入院先を探しましたが、なかなか見つからず、ようやく決まった入院先は車で一時間以上かかる病院でした。

入院はできたものの、病棟内も相当切迫していたようで、Aさんの様子を知ることも、必要な支援のしかたを伝えることも困難な状況でした。

Aさんが退院してきたのは一か月後でした。入院時三〇キロくらいあった体重が二〇キロを切り、変わり果てた状態でした。コロナ感染症の入院治療はできましたが、新たな困難を抱えての退院となりました。

この施設で二八年暮らしてきたAさんの生活は、「何を食べたいか」、「どのタイミングで水分を飲みたいのか」など、彼女のことを知っている職員が常にそばにいることで成り立っていました。しかし、退院後のAさんは食事を摂るときに以前のような反応がなく、固形物でなくペースト状のものにしてみても、なかなか飲み込むことができません。コロナ感染症は完治したものの、体がSOS信号を出していると捉えた施設は、直ちに地元の病院と相談し、胃ろうを造設して食べることを取り戻すための治療を始めることになりました。

「太陽の里」では、これまで胃ろうを必要とする方がいなかったことから、Aさんはその経験を持つ「大地」に、緊急に住まいを移すことになりました。今では、体重も笑顔も戻り、「言葉も出た！」と周囲の人たちを喜ばせてくれています。

Bさん（当時三二歳）は、青年期を精神病院で過ごした方です。ようやく病院ではない

「太陽の里」という「家」での暮らしを始め、服薬調整も暮らしも安定してきた矢先に感染してしまいました。

「太陽の里」から車で二時間かかる県立病院への入院となりました。環境の変化にとても敏感なBさんは、入院中にエタノールを飲んでしまったり、カテーテルを抜いて尿路感染を起こしてしまうなど、Bさんの障害に理解が持てない場所での入院は相当辛いものになりました。

コロナ感染症は完治し退院はしましたが、以前のような様子ではなく、精神科に四か月入院しての服薬調整が必要になりました。生活は一変してしまいました。

その後の報道では、コロナ病棟に入院している介護の必要な方に対し、防護服の着用など感染対策を万全にした上で介護に入る事例が紹介されるようになりましたが、娘にもAさんにもBさんにも、本人をよく知る家族や支援者の付き添いや介助が認められることはありませんでした。コミュニケーションが取りにくい人たちにとっての厳格な面会禁止、付き添い禁止は命に直結することであって、医療と介護の緊密な連携が必要であり、一歩も引くことのできない重要な課題であるとの思いを強くしました。

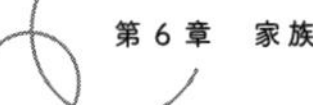

「コロナ禍による障害者と家族への影響調査」(二〇二〇年七月〜一一月)から

障全協(障害者の生活と権利を守る全国連絡協議会・一九六七年結成。国や自治体等に対して、公的責任による「権利としての福祉」の実現を求めている)が行った調査には一五〇二人の方から回答がありました。

「家庭で感染者が出た場合、障害者の介助を代わってくれる人はいるか」の問いに、「いる」と答えた人は三五一人(二四%)に対し、「いない」と答えた人は一一二三人(七六%)にのぼっています。代わってくれる介護者がいない場合の希望についての自由記述欄には、七七八人が切実な思いを書いています。

「介護者と障害者本人どちらが感染しても、一緒の病室に入院したい」
「母親以外の人の対応は難しいので、母親が入院するときは、一緒に受け入れてくれる病院・機関がないだろうか」
「介助を変わってくれる人はいない。家族で自宅隔離が現実的」

通常時のショートステイ、ヘルパー利用等も充分でないなか、感染症拡大という非常時に頼れるところを見いだせない苦悩が書き綴られています。

コロナ禍以前から、完全看護だから入院時の付き添いはいらないとされているのに、重症心身障害や強度行動障害など困難が大きい人の場合、付き添いがないと入院は無理と言われ、家族が二四時間付き添わなければならないことが通常でした。

医療現場における障害への理解と介助のあり方、医療現場と福祉現場の連携等が検討され深められてこなかったために、「子どもがコロナに感染したらどうしたら良いのか」「親が感染したら子どもはどうなるのか」と、圧倒的多数の障害者と家族が思い悩み、不安と恐怖のなかにいるのが今日の実態なのです。

テレビ報道では、子どもの通所施設でのクラスターにより、自宅待機となるなか親子で感染してしまい、二人で同室に入院したという事例もありました。その方は、入院当初は一緒に入院できて良かったと思ったものの、病状が悪化し自分の体が辛くなって、対応の難しい娘に対して、つい、われを忘れた行為をしてしまったと、切なく話されていました。

一方、アンケートには以下のような記述も見られました。

「迅速な公的機関からの介護要員の派遣を希望する」
「日頃から安心できる生活の場、支援してもらえる体制を整備する必要がある」
「障害の理解・知識のある人に安心して預けられる場所を切実に望む」

私たち障全協は、この間、国や自治体へ緊急要望を重ねてきましたが、障害者家族の苦悩と実態、願いを、医療・福祉現場ともしっかり共有し、制度の拡充・改革を更に求めていくことが必要だと思います。同時に、国が進める病床削減の方針のなかで、採算の取れない医療を担っている公的病院の民営化を進める動きについても、私たちの願いに逆行するものであり注視しなければならないと思います。

「入所施設を削減し地域移行を進める」という国の方針のなかで

国が入所施設の削減と地域移行の数値目標を掲げ、都道府県に計画目標を求めてきた結果、埼玉県では入所施設への入所待機者が一六〇〇人を超えるという状況です。そんななか、一か月に九か所もの施設を転々とさせられ命を落とした方や、「もうがんばれない」とメモを残して命を絶った親子がいます。家族での介護に限界を感じ、行政に相談すると「北海道の施設であればすぐに入れる」と言われ、あまりに遠い地に体が凍る思いだったと話す方もいます。

先日、三〇年以上も前に一緒にPTAの役員をした友人に訳あって電話をした際も、辛い会話となりました。「四五歳になる息子の入所施設への申請をしているが、見通しが持てない」「本人の状態も変わってケアに困難さが増し、入院している」「退院を迫られているが行き先として紹介された施設は他県で、会いに行くことが簡単ではない」といった近況が語られた後で、「もうお終いにしようと思う」。……八〇歳を目の前にした友人の言葉でした。

しばらく話して「今日は行けないけれど、近いうち必ず会いに行くから待っててね」と電話を切ったものの「お終いにしようと思う」の言葉を聞いてしまった以上、持ち越すわけにはいかないと思い、友人の家へと車を走らせました。

このように、障害のある子と出会い、障害を受け入れ、様々な出会いの中で、生まれてきてくれたことに喜びを抱き、夢や希望も語れるようになってきた母たちが、親子ともに高齢に伴う困難を抱えてきた今、個人の力ではどうすることもできない、そんな局面に立たされているのです。

他にも、一歩違ったらと心配になる友人・知人たちの顔が浮かびます。圧倒的に不足している「暮らしの場」の整備は緊急で重要な課題です。ぎりぎりの所に立たされている障害者と家族は、それに加えてコロナ禍の不安と恐怖のただ中におかれています。

障全協全国集会の「親家族の特別分科会」を重ねるなかで、二〇一六年に「全国障害児者の暮らしの場を考える会」を結成した私たちは、二〇一九年に障全協とともに「障害児者をもつ家族の暮らしと健康の実態調査」を行いました。

「全国障害児者の暮らしの場を考える会」は、次の四点を求め運動を進めています。

1、家族依存からの脱却へ政策的転換
2、選択できる多様な暮らしの場
3、暮らしの質を高めるための集団的な支援体制
4、公的責任の明確化

三六一二人の方から回答をいただき、「家族介護はもう限界と感じたことがありますか」という問いに対し、「常に思う」が二七％、「時々思う」が三四％、「思わない」が三九％でした。六割を超える方が限界を感じています。

「将来への心配はありますか」の問いには、「とても心配」が四九％、「時々心配」が四三％、「心配ない」が八％、ほとんどの人が将来への不安を抱えています。

家計における障害当事者の年金の位置づけについても聞きました。「世帯の生計に必要」が三〇％、「欠かせないわけではないが必要」が四七％、「なくても影響ない」が二三％でした。七割を超える人が、本人に経済的に依存しなければならない状況にあります。

「私の年金、子どもの年金より少ないのよ」

障害のある子と歩んできた多くの母たちの声です。

調査結果からは、年齢が高くなるにしたがって様々な健康問題を抱えながら、更に経済的不安も抱えていることが分かります。障害当事者の所得保障、福祉サービスの充実に加え、家族を含めた社会保障のあり方が問われています。

「暮らしの場の保障」は人権保障の原点ではないでしょうか。その意識の向上と社会保障として位置づくことを願っています。二〇一一年八月に障害者制度改革推進会議の総合福祉部会は「障害者総合福祉法の骨格に関する総合福祉部会の提言」（略称「骨格提言」）を発表しました。そこでも明確に述べている「家族依存からの脱却」へしっかり踏み出すことを求めていきたいと思います。

「だれと、どこでくらすのか」を選択できる多様な暮らしの場を求めて

「全国障害児者の暮らしの場を考える会」では、調査や学習を重ねるなかで、「親亡き後ではなく、親が元気なうちに、家族と離れた自立した暮らしの場を保障すること」の議論から、「青年期・成人期の大切な課題は、家族依存から自立した暮らしを築くこと」と位置づけてきました。さらに、自ら家族をつくることが難しい知的障害の重い人たちの「新しい家族」の姿も見すえ、多様な暮らしの場を求める議論と運動を進めています。

娘たちの暮らしの一端を紹介したいと思います。呼吸に困難を抱えてきた娘は、医師から呼吸補助装置を使って肺の中からのリハビリの提案を受けました。医師・看護師が常駐

していない施設では取り組まれていないなか「他の施設でできて私たちにできないのは悔しい」と、職員のみなさんが取り組む決断をしてくれました。

看護師から、一緒に暮らす仲間たち全員に、娘の状況と呼吸補助装置についての説明が行われている場に私も同席しましたが、意思表示することが困難な障害の重い仲間たちが大勢いる中で、その説明が当たり前のように行われていることに驚きました。

説明が終わってからのことです。一緒に暮らすミヤさんとマリコさんが車いすを懸命に動かして、娘の傍らにきて、娘の手を握って泣くのです。いかめしい装置に驚いたようですが、私が「心配してくれたのね。楽になるのだから安心して」と話すと、納得してくれました。「みんなで見守りますからね」と伝えてくれる人、私の手に「治るといいね」と書いてくれる人……私はこの時「娘の家族はここにいる」と思うことができました。「この価値観を社会の価値観に！」と思えた日でもありました。

障害者権利条約には「だれと、どこで暮らすのか」自分で決める権利があるとうたわれていますが、障害の重い人たちにとっては簡単なことではありません。苦しい時も楽しい時も一緒に暮らしてきた仲間たちや職員たちだからこそ、娘の気持ちを想像でき、代弁してくれることができます。娘の意思決定支援とは、ここにあるのではないでしょうか。

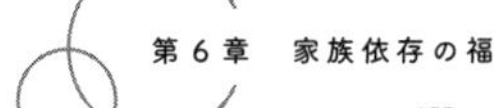

簡単ではない意思決定支援が、信頼関係の築けている支援者や家族などの多くの人によって行われ、すべての障害者が選択できる多様な暮らしの場が求められるよう願っています。

かけがえのない人生を応援する福祉労働の地位の向上を
――障害者・家族の切実な願い

娘の入院と退院について最初に述べましたが、病院から直行で「大地」に戻ると、五人もの職員が玄関に出迎えてくれました。

「おかえり！」の言葉と一緒に「育代さんが汚くなって帰ってきた‼」と言う職員。「お風呂入らなくっちゃね」と娘に声をかけ、さっさと準備を進めるその姿は、嬉しい驚きでした。信頼する職員のみなさんと時をかけて築いてきた、私たち親家族を超えた「娘の新しい家族」が存在していることを実感しました。

娘は三〇人の仲間と暮らしていますが、日常的に医療的ケアの必要な人も多く、コロナ感染症が広まりだした当初、往診に来ている医師から「感染者が出たら半数の人の命は危ないだろう」と言われました。日中は看護師がいるものの、医療の専門職でない職員にこの事態を担わせて良いのだろうかと、その思いを私はずっと重く抱えています。

発熱者が出た時、検査結果が出るまでの間、職員は防護服を着て各個室へ各人ごとの支援に入っていました。この時は、幸い検査結果は陰性でしたが、第六波と言われる現在の爆発的な感染状況のなか、恐怖が募ります。現場からは「国はネグレクトしているのではないかとさえ思う」との悲痛な訴えもあり、胸が痛みます。

二〇一九年の厚生労働省による「賃金構造基本統計調査」は、全産業平均賃金が月額平均三三・八〇万円に対し、福祉施設職員は平均二四・四五万円と報告しています。今回、九〇〇〇円の賃上げと言われていますが、一桁違うのではないかと言われるほど上げ幅が低すぎる上に、対象となる職種が限定されることから、「四〇〇〇円くらいにしかならない」「事業所の持ち出しが必要となる」「対象外とされるところもある」等、すべての福祉労働者への対応となっていません。その矛盾は現場に混乱をもたらしています。

障全協が行った厚労省との懇談のなかで、次のような発言をした職員がいます。

「障害のある仲間一人ひとりを深く理解し、言葉で伝えることが困難な仲間の声を聴くこと、様々な活動を通じて共感を重ね、信頼関係を育むことという、とても大切で、とても難しい専門性を、国は軽視して欲しくない」

「障害のある人が、当たり前の生活を送る一番は家族以外の頼れる人を一人でも多く増やすこと、だから私は頼れる存在になれるよう日々仕事をしています」

胸を打つ発言でした。

コロナ禍で、福祉現場を支える人たちはエッセンシャルワーカーだと強調されています。その呼び名に値するだけの福祉労働の地位の向上と労働環境の改善を早急にはかること、これは、障害者と家族の切実な願いでもあります。

おわりに

私たちは、阪神淡路大震災、東日本大震災、熊本地震、そして毎年のよう襲われる風雨災害の度に、「平時のゆとりこそが緊急時の対応力である」と政治と行政に訴え続けてきました。その指摘が生かされないまま、しかも国が自立自助の強要までするなかで、今回のパンデミックを迎えてしまいました。

命を守ること、生きることを励ますこと、そのことが国の施策の中心にしっかり据えられることを心から望んでいます。

コロナ禍に炙り出されてきたもの

児玉真美

「こんな時だから仕方がない」という思考停止

新型コロナウイルス感染拡大第一波の当初、私たち施設入所の子をもつ親たちは、「こんな時だから命を守るために仕方がない」と素直に思いました。未知のウイルスは恐ろしかったし、ここまで長引くとも思っていませんでした。「元気で変わりなく過ごしていますよ」と聞くと、うちの娘もみんなも案外に強いのかもしれない、と思いました。まるで親亡き後の予行演習みたいだ、と考えたこともありました。

でも、長引くにつれ、何もしてやれなくなったこと、わが子のことなのに何も分からなくなっていくことに、苦しみ始めました。療育園で様子を問うて「海さんですか？　元気で変わりないですよ」だけで済まされることにも、うっすらと苛立ちを感じるようになりました。

ある障害者施設の幹部職員とお話しする機会があったのはその頃でした。広島市では二〇二〇年四月に知的障害者施設でクラスターが発生した際、ウイルスを持ち込んだと報じられた若い女性職員へのバッシングが起こり、非難の電話が施設に殺到しました。その話題になり、その方が「職員が万が一ウイルスを持ち込んでも、家族には職員を責めないでほしいんだよね」と言われるお気持ちは、私にもよくわかりました。感染予防対策に「絶対」はありません。感染した職員を責めたり、クビにしろと電話までかけたりするのは論外の行動です。

「職員の方々が『持ち込まない』ために緊張した生活を送っておられるのは、どこの家族もよくわかっていますよ」と返し、ふと思いついて付け加えたのは「ただ、あの若い職員がこの状況で大学生との大人数のコンパに出かけたのは、やっぱり施設職員としては軽率だったとは思います」。それに返ってきた言葉は、「いや、それは言ってはいけませんよ。施設の職員にだって息抜きをする権利はあるんだから」でした。

は？　息抜きをする権利……ですか？　と思いました。では、仕事が終われば家族の元に帰れる職員どころか、もう二か月以上も家族にも会えず施設に閉じ込められている障害のある人たちの「息抜きをする権利」については、いったいどのようにお考えなのですか……？　家族の立場として口にはしませんでしたが、初めて疑問が頭に浮かびました。専門職の権利が意識されても、重い障害があってモノ言えぬ人たちの権利は意識されることはないの……？

そういえば、医療崩壊や介護崩壊を報じるメディアも、医療機関と介護施設で働く専門職の苦闘を取り上げては社会に感謝を呼びかけますが、閉じ込められている側の苦境に目を向けることはありません。高齢者や障害のある人たちは無期限に施設に閉じ込められて、このまま社会的に見えない存在にされていくのだろうか、と気にかかっていたところでした。「命を守るために仕方がない」と言って外出も面会も延々と禁じ続けることは、ある意味で拘束ではないのか、権利の侵害ではないのか、と考えてみる人は、どこにもいないの……？

「こんな時だから仕方がない」と思考停止していた頭の歯車が、少しずつ回転し始めるのを感じました。そして、頭の中が少しずつ疑問だらけになっていきました。

医療と福祉の家族依存

コロナ禍によって炙り出されてきた平時からの社会の矛盾は多々ありますが、重い障害のある子をもつ親である私にとって、最も切実に気にかかり続けているのは、①障害者医療と福祉の家族依存、②障害のある人が医療現場から疎外されがちな「迷惑な患者」問題、③病院と施設における面会制限の三つです。

最初の障害者福祉の家族依存については、「はじめに」でも触れているように、日本の社会には、介護を家族で何とかするべきプライベートな問題と捉える意識が根深く、社会福祉も家族介護を含み資産として織り込んだ制度設計となっています。

中でも私たち障害のある子をもつ親、とりわけ母親は、子どもの幼児期から医療や福祉の専門職からも行政職からも、障害のある子に漏れなくくっついてくる「療育・介護機能」と見なされてきたように思います。いつも子どもに付き添って世話をしながら、子どもについて問われれば必要な情報を提供し、子どものためになすべきことを指示されれば忠実に実践する存在――。専門家からは「育児と療育の機能をきちんと果たしているか」

と評価のまなざしを向けられました。また周囲から「いつも元気なオカーチャン」と呼ばれ、そう持ち上げられることによって弱音を吐く声を封じられてもきたともいえるかもしれません。

もちろん私たち自身、自分が頑張れば少しでもわが子の障害を軽くしてやれるのではないか、少しでも豊かな生活を送らせてやれるものならと願い、できる限りを尽くしました。どんなに愛情の深い親とて生身ですから、疲れもすれば病みもするのですが、私たち自身の心身の健康状態や、日々の生活状況に目を向けてもらえることは稀でした。私は娘の海の幼児期に、私はもう「ひとりの人」としては誰の目にも映らなくなってしまったのだろうか、もうこの子の「療育機能」「介護役割」でしかなくなってしまったのだろうか……と、わびしい気持ちになったことを覚えています。

最近は日本でも「ケアラー」という言葉や「ケアラー支援」について少しずつ知られるようになっていますが、そこでも私たち障害のある子どもをもつ親は取り残されているように思われてなりません。親によるわが子のケアには、子どもが何歳になっても「子育て」のイメージが付きまとうからでしょうか。「親なら、わが子の世話は当たり前」という無意識の思い込みがベールとなるのでしょうか。私たち障害のある子をもつ親もまた、疲れもすれば病みもする、老いれば衰えもする生身の人であるという生物学的事実は、多くの人の目には見えないもののようです。

コロナ禍以前から追い詰められていた親たち

そんな問題意識から、二〇一九年に重い障害のある子をもつ高齢期の母たち約四〇人にインタビューをしました。知りたかったのは主として三つ。一人ひとりの「これまで」の人生について。「今」の生活状況について。「これから」に思うことについて――。

母でもある一人の女性がそれぞれに生きてきた人生の物語を聞きたいと思いました。そんな小さな物語を拾い集めて、重い障害のある子をもつ母親もまた固有の人生を精一杯に生きてきた一人の人であることを、社会に向けて一枚のモザイク画のように提示したかったのです。

詳細は『私たちはふつうに老いることができない』（大月書店　二〇二〇年）に取りまとめているので、そちらで読んでいただきたいのですが、インタビューで多くの親たちから口々に語られたのは、負担の大きな子育て期に、心身の限界を超えても独りで耐えるしかなかった辛さでした。「母の愛さえあれば、どんな過酷な介護だって苦にならないはず」という世間の母性神話や、「母親は子どもの療育を最優先にして暮らすもの」と疑うことのない専門職の規範意識を、私たち自身いつの間にか内面化し、どんなに辛い時でも自ら助けを求めることは難しく、また当時は助けを求めていける場もありませんでした。

そんな私たちの育児期から三〇年が経ち、当時では考えられなかったほど支援制度が整ってきた面は確かにあるのでしょう。が、インタビューで語られた地域の実情は、むしろ深刻でした。「地域移行」「共生社会」「ノーマライゼーション」といった美名のもとに、国の方針で施設は増えません。では地域生活を支える支援は十分なのかといえば、むしろ支援制度は空洞化し始めています。「地域移行」の受け皿として期待されていたはずのグループホーム（GH）も、増えたのは軽度者向けのGHだけ。重度者を受け入れるGHはほとんどありません。しかも人手不足のため、多くが週末の帰省も通院や入院時の付き添いも家族に義務付けられるなど、家族依存のGH生活となっています。

重い障害のあるわが子を託せる暮らしの場が見つからないまま、年齢相応に不調を抱えた高齢の家族が介護を担い続けざるを得ないのが現状です。老親や配偶者とわが子との多重介護生活となっている人も少なくありません。そんな中、多くの親たちが家族介護の限界を感じながら、親亡き後への不安に押しつぶされそうになっています。

「はじめに」で紹介したように、日本ケアラー連盟のアンケートで、緊急時の代替え策について回答者の半数が「まだ考えていない・どうしたらいいか分からない」と答えました。その言葉は私のインタビューで高齢期の親たちが親亡き後について問われた時に、押し出すようにつぶやいた「考えられない」「どうしたらいいか分からない」という言葉にそっくり重なります。考えなければいけないと頭ではわかっているけど、今を生き延びるだけで精一杯。今でも緊急時の受け皿が見当たらないために、老いても老いていないフリ、病んでも病んでいないフリで介護を担い続けるしかないのに、親亡き後なんて一体どうしたらいいのか考えられない……と。

私は二〇一九年に出した本に『殺す親　殺させられる親』という、えげつないタイトルをつけました。障害のある人が医療と福祉をじわじわと奪われ、その一方で介護が家族の自己責任とされ、さらに「共生社会」という美名のもとに地域の自己責任とされていくなら、それは障害のある人を家族と地域の中に廃棄し、家族と専門職に「殺させ」ようとする社会ではないのか、との問いをそのタイトルに込めてみたものです。

すでにそこまで追い詰められていた障害のある人たちと家族を、コロナ禍が見舞いました。私たち親が個々にどんな体験をしているかは、本書に描かれているとおりです。

「迷惑な患者」問題

次に「迷惑な患者」問題ですが、パンデミック第一波のはじめに「なんだか、なぁ……」とつぶやいた頃からずっと、障害のある人と家族がこのコロナ禍の医療現場でどんな体験をしているのか、気になっています。医療現場には、コロナ禍以前から私が「迷惑な患者」問題と呼んでいる問題があったからです。

私には、海が中学生時代に総合病院に転院して腸ねん転の手術を受けた際、痛みのケアを十分してもらえなかったトラウマ体験があります。背景にあったのは、どうせ痛みなど分からないという偏見と、何が起こるかわからない重症児になるべく余計なことをしたくない医師の保身だったように思います。親が付き添って、痛み止めの座薬を求め続け、障害への配慮を訴え続けてなお、現場スタッフの障害への無知と無理解はことごとく無用な苦痛や不快となって海に降りかかりました。そして重い障害のために必要な配慮をお願いするたびに、「手のかかる患者を受け入れてやっているのに、要求の多い迷惑な親だ」と白眼視を受けました。

障害領域の医療現場でこそ温かく受け入れられていても、それ以外の医療が必要になったとたんに、一般の医療現場では障害のある患者は「余計な手間がかかってリスクが大きい迷惑な患者」とみなされるのです。とりわけ近年では、医療制度に導入された効率化と成果主義により、これまで成人した後も継続して受け皿になってくれていた大きな病院の小児科病棟が障害「者」を受け入れなくなりました。その他の病棟、医院なども「こういう人はうちでは診られません」とあからさまに拒否されることが増えていると聞いています。

このように障害のある人が医療現場で疎外されがちである問題を、私は個人的に「迷惑な患者」問題と名付けて、英国の関連情報を紹介しながら様々に書いてきました。

英国メンキャップのキャンペーン

日本ではまだ十分に認識されていませんが、英国では二〇〇〇年代から知的障害のある人たちの権利擁護団体メンキャップが、医療現場に障害への無理解と偏見があるために障害のある人たちが適切な医療を受けられない現状や、時に死ななくてもよいはずの人が命を落としている実態を指摘し、キャンペーンを続けてきました。

大きな転機となったのは二〇〇七年でした。メンキャップが、医療現場の知的障害への無理解や偏見のために命を落とすことになった六人の事例を、『無関心による死』という報告書に取りまとめたのです。この報告書をもとに苦情申し立てを受けた医療オンブズマンは、六人のうちの二人について、適切な医療が行われなかったことを認定しました。

そのうちの一人は、知的障害のある成人男性のマーク・キャノンさん。骨折で受診したものの、痛みを言葉で訴えることができないマークさんが悲鳴を上げたり壁に頭を打ち付けたりする行動を、医療職は理解しませんでした。そればかりか、家族が懸命に代弁しても相手にしませんでした。そのため痛み止めが使われなかったり退院調整が不備だったりして、適切な医療が受けられないまま、マークさんは食事がとれなくなって衰弱し、感染症にかかって死んでしまったのです。

メンキャップはマークさんの事例について「医療職の多くには、知的障害のある人たちの痛みの閾値は他の人とは異なっているとの誤った認識がある。治療に当たった医療スタッフがマークの激痛を把握せず、痛みに苦しんでいると訴える家族の声に耳を傾けなかったのは、おそらくはそのためだろう」とＨＰでコメントしています。この記述を読んだとき、海の腸ねん転手術後の外科病棟スタッフの対応の問題点がズバリと指摘されていることに、私は大きな衝撃を受けました。日本ではこの問題には誰の目も向いていないのに、英国では障害のある患者で医療のスタンダードが守られていない実態が、鮮明に言語化されていたのです。

もし海が感染したら……

この問題がいまだ指摘すらされていない日本のコロナ禍で、障害のある人たちが医療をめぐってどのような体験をしているのかを想像すると、それだけで心がざわめいて収まりません。

重い障害のある子が発熱したのでお母さんが病院に電話で相談したところ、電話の向こうで医師が「このクソ忙しい時に障害児なんか診ていられるか！」と怒鳴るのが聞こえてきたという話を人づてに聞いたのは、ずっと後の第五波のさなかでしたが、私はこの話を聞いた時に、医療現場のホンネを聞いたな、社会のホンネを聞いたなと思いました。その空気は、第一波の時からすでに漂い始めていたものでした。

第一波の当初、日本ではまだ医療が逼迫する状況になっていない内から、メディアは海外の医療逼迫で高齢の感染者が治療を受けられない事態を連日報道し続け、社会全体に「こんな時だから高齢者や障害者は後回しでも仕方がない」という空気が醸し出されていくように思えました。二〇二〇年三月末から四月にかけて、医師や倫理学者らからも、命の選別を促すような提言が様々な形で出され始めました。第一波の終わりの頃には、私の身の周りでも、知的障害のある人が感染したが病院に受け入れを拒まれたとか、持病で入院したが付き添いを認められず、治療に協力できない患者だと医師から苦情を言われて退院せざるを得なかったといった話が、ぽつり、ぽつりと耳に入ってくるようにもなりました。

「海が感染したら……」という不安が頭を離れない私自身にとっても、それはほとんど恐怖に近い懸念でした。いざという時、新型コロナ指定病院は受け入れてくれるのか……。とはいえ、かつての腸ねん転の際の体験を思うと、受け入れてもらえたとしても、重度重複障害については何も知らない感染症専門職の中で、娘が適切なケアを受けられるとも思えません。まして付き添いどころか面会すら許されないコロナ禍で、言葉を持たず、自分で苦痛や不快を訴えることができないこの子は、いったいどんな目に遭うのか……。その果てに、よもや会えないまま別れることになるのか……。見ず知らずの他人の中で、たった一人で死なせることになるというのか……。そんなこと、できない！　そんなのゼッタイに受け入れられない‼　思いが切迫し、気持ちのやり場がなくなります。

第一波の間、私はその恐怖から目をそらせることができませんでした。そればかりを思い詰めたあげく、第二波さなかの夏、ついに思い切って療育園の上層部に向けて手紙を書きました。

園長・副園長への手紙（二〇二〇年八月二一日付）

いつもお世話になっております。また、新型コロナウイルス感染拡大の第二波が広島にも及ぶ中、緊張を強いられる状況で子どもたちを守っていただき、ありがとうございます。……中略……通信に「意見を寄せてください」と書かれていた一行に背中を押され、以前よりお願いしておきたかったことを書かせていただこうと思います。

重症心身障害のある子どもをもつ多くの親がそうだろうと推測しますが、重症化するリスクが高いわが子と、高齢の親である自分、それぞれの感染を現実のリスクとして想定せざるを得ず、わが子との別れがこれまでになくリアルな目の前の問題となりました。そして、コロナ禍においては最悪「会えないままの別れ」になることは、私たち親にとって、この上ない恐怖です。

これまで人生の時間や思いの多くをわが子のために費やしてきた、重い障害のある子をもつ親たちには、通常の親子・家族関係とはまた違う、子どもとの密接な関係性があり、深い思いがあります。万が一にも、感染したわが子に会えないままに別れなければならない場合、心に負う傷はとうてい耐えられるものではありません。それ以後を生きていくことができなくなってしまいそうです。

この度のコロナ禍で初めて、私は自分の命よりも大切なものがある、ということを実感しました。私はどうしても、海を独りで死なせるわけにはいきません。もちろん療育園の皆さんが懸命に治療・看護・介護してくださることを疑うものではありません。療育園においていただける限りにおいては、なにより死なせないために、そして少しでも苦しまずにいられるように、力を尽くしてもらえると信頼しております。けれど、それを前提してなお、親には「一人で死なせるわけにはいかない」という強い思いが残るのです。

万が一にも園内で感染が発生した場合、感染者に家族が面会できるよう、さらに万が一にも重症化してしまった人には家族が希望すれば付き添えるように、親に防護服を準備するなど、あらかじめ家族対応の態勢を検討しておいていただけないでしょうか。

……以下略……

園長からは、「自分も岡江久美子さんや志村けんさんの死で家族が死に目に会えないことは何と寂しいことかと感じていた。未曽有の事態とて実際にその状況にならないと分からないことが多いが、児玉さんの思いは真摯に受け止め、これからの『宿題』としてスタッフのみんなとできることを考えたい」という趣旨の、丁寧なお返事がありました。副園長からも海の主治医からも、心のこもったお返事をもらいました。

とにもかくにも自分の思いを伝えられたこと、それを受け止めてもらえたことは、ざわめき続けた心にようやく落ち着きをもたらしてくれました。平常心を取り戻した私は少しずつ、コロナ禍における知的障害のある人たちの医療体験について調べ始めました。

英国では知的障害のある人たちの死亡率は一般の四倍

日本では実態は見えにくいままですが、英国では前述のメンキャップが知的障害看護師（英国では資格化されて病院にも地域にも配置されています）にアンケート調査を行い、二〇二〇年七月にＨＰで結果を公開していました。さらに同年一二月には、当事者と家族の体験談をもとに報告書「私の健康、私の命　パンデミックにおける知的障害のある人たちの医療への障壁」（二〇二〇年一二月）を刊行。

また、その直前一一月には、LeDeR（知的障害死亡調査）プログラムからも「知的障害のある人々のCOVID-19による死」と題した報告書が出ていました。新型コロナウイルス感染で亡くなった知的障害のある人たちの第一波のデータが一般の人と比較検証され、改善に向けた提言が七六も挙げられています。LeDeRは、先に紹介した二〇〇七年の『無関心の死』からの経緯の中で二〇一五年に立ち上げられたプログラムです。毎年、知的障害のある人の死亡事例に関するデータを取りまとめて発表しています。

これら三つの文書から見えてくる、知的障害のある人たちのコロナ禍での医療の課題について、以下に簡単にまとめてみたいと思います。

第一波では、知的障害のある人が新型コロナで死亡する確率は一般の人の約四倍。年齢や性別や民族など属性の絞り方によっては六倍にも上りました。また新型コロナで死亡した一般の人では四七％が八五歳以上だったのに対して、知的障害のある人では八五歳以上は四％に過ぎませんでした。衝撃的な違いです。

その背景を考えさせる指摘は、LeDeRの報告書に多数見られます。例えば、グッド・プラクティス（優れた取り組み）かそれ以上と評価された医療を受けることができていた

のは、新型コロナで死亡した知的障害のある人の五六％。また、新型コロナで死亡した知的障害のある人では、フレイル（心身が脆弱となった状態）または知的障害を理由としてＤＮＡＲ（蘇生不要：心肺停止となったとしても、その患者には蘇生を試みてはならないとする医師の指示）が決定されていました。しかし、本来それらは蘇生不要を決める正当な理由ではありません。

必要なのは「合理的配慮」

さらに重大な LeDeR 報告書の指摘は、知的障害があるために合理的配慮が必要だとされた事例のうち二一％で、そうした配慮が行われていなかった事実でしょう。メンキャップのアンケートでは、回答した知的障害看護師のうち、コロナ禍の医療現場で常に合理的配慮を見ると回答したのはわずか一九％でした。

メンキャップは「合理的配慮のためには感染予防の厳格な方針の変更が必要となることもある」「医療現場で知的障害のある人に付き添いを認めることは、とりわけ病院においては、命に係わるほど重要な合理的配慮である」と書いています。なお、提供されるべきだったのにされなかった合理的配慮として LeDeR が挙げているのは、①病院における知的障害の専門サービス、②個別ニーズに応じたケア提供の工夫、③慣れない環境で本人を知っている人たちから支援を受けることの保証。

英国のＮＨＳ（英国保健サービス）のコロナ禍での医療ガイドラインは、二〇二〇年四月九日の改定で知的 and/or 発達障害のある人たちの不穏回避のための例外を認めました。五月の改定ではさらに、身体障害のある人も含め、患者のニーズを支援するために必要な場合は付き添いが認められました。

日本でも二〇二〇年六月一九日には厚生労働省新型コロナウイルス感染症対策推進本部から、都道府県に対して「コミュニケーション支援をはじめ、入院中における障害特性についての配慮も検討」するよう、その一例として「家族等の付き添い」を「院内感染対策に十分留意しつつ積極的に検討するよう医療機関に促」すよう通達が出ています。しかし現場にどこまで浸透していたのか、耳に入ってくるのは付き添いどころか面会すら認められないという話ばかりでした。

現場の看護師の声

海に会えない辛さに耐えながら家に引きこもり、様々な資料を読んでいた頃、私が大きな救いを見出したのは、『看護管理』（医学書院）二〇二一年二月号の特集「『面会制限』が患者の意思決定にもたらした倫理的課題　コロナ禍で患者・家族を支援した看護師の経験から」でした。様々な現場の看護師の目から、コロナ禍による面会制限が患者や家族にどのような影響を及ぼしているかが詳細に語られています。なにより、現場の専門職も面会制限にこんなにも苦しんでいる、その中で事態を変えようと模索していると知ることは、大きな慰めとなりました。

その特集で指摘されている面会制限の問題点を簡単に整理してみると、次のようになります。

①病状の悪化

認知症の人では症状が悪化。発達障害のある人では自傷行為が増加。家族に会えないことで闘病の気力を失い、透析を拒否して亡くなった人もいました。

②在宅療養希望の増加

家族に会えないことを危惧して入院や施設入所をためらい、その間に症状が悪化するケースもありました。

③家族の病状理解の困難

直接会っていない家族には患者の状態を正確に理解することは困難です。関西医科大学総合医療センター看護部長の谷田由紀子氏は「重要な意思決定の場面においても、面会ができないことで患者と家族の間で思うように会話ができず、本心を語り合えていないように感じる。そのため、患者の病状把握を行い、面会が必要なタイミングを適切に捉える必要がある。そのうえで、面会が必要な患者に対しては、感染予防策を万全にした上で、面会制限を部分的に解除することが必要である」（p. 128）と書いています。

④スタッフの働き方の変化

家族が来れば一緒に処置やケアをしていた病院では、家族が来なくなるとともに、スタッフ自身のペースで動くことが増えたのではないか、との問題提起がされています。

（私の知人の中にも、「家族の姿が消えた病棟では、拘束がとても簡単に行われ始めている」と

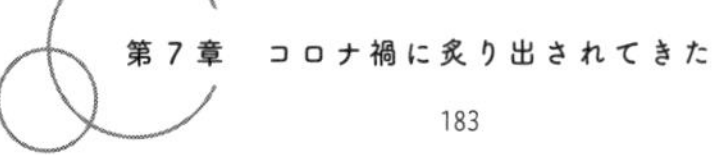

危惧する医師や、「家族がいないと、どうしても入所者への声掛けが減ってしまう」と嘆く障害者施設の職員がいました）。

⑤終末期の患者と家族の苦しみ

終末期だと分かっているのに家族と会えないまま過ごしている患者と家族それぞれが、苦しんでいます。北須磨訪問看護・リハビリセンターの藤田愛氏は、「特に『家につれて帰りたい』と望む人生最終段階の方については、長期には無理でも一度だけでも家に帰れることを目標に、挑戦していただきたいと願う」（p.118）と書いています。

これらの他にも、面会制限がケア現場に及ぼす影響として、家族ケアラーの負担増、退院調整の不十分、現場と管理者の軋轢、看護師の不全感と無力感などが指摘されています。

この特集でとりわけ強く私の胸に響いたのは、京都大学大学院の緩和ケア・老年看護学教授の田村恵子氏の言葉でした。「ナースたちはおそらく、面会制限に起因して生じた患者さんの権利が守られない状況に対して、倫理的なジレンマを感じていると思います（p.104）」と、看護師のジレンマに理解を示しつつ、しかし田村氏は最後に次のように話を転じます。

「私たちが感じたジレンマの向こう側にあるのは、患者さんの権利が守られていないという事実です」

「真に患者さんの側に立った時に見えるのは人権なんですよね。『看護師のジレンマ』という切り口や論点を変えないといけないと思っています」(p.107)

コロナ禍が終息した後、この数年間に障害のある人たちと家族が医療をめぐってどのような体験をしていたのか、日本でもきちんと調査が行われるべきだと思います。

人権の問題としての外出禁止と面会制限

コロナ禍での面会制限は二つの形で人権を侵害していると私は考えています。ひとつは、これまで述べてきたように、もともと「迷惑な患者」問題により障害のある人たちが疎外されがちだった医療現場で、面会制限により適切な医療を受ける権利がさらに侵害されている、その結果、命まで脅かされかねない、という問題です。もう一つは、病院と施設で

「こんな時だから仕方がない」と続けられる外出禁止と面会制限は、患者／入所者と家族の関係性を損ない、ＱＯＬを著しく低下させて、人権を侵害しているのではないか、という疑問です。

二〇二〇年の最初の緊急事態宣言が解除されると、地域の子どもたちはマスクをして学校に通い始めました。地域では障害のある人たちも、制限付きながら元の生活を取り戻していきました。障害者施設は複合的なセンターであることが多く、どこでも外来部門は対策をして通常通りに戻りました。通所部門もショートステイも再開されました。

アクリル板越し面会が可能な時期、私たち夫婦は毎週、多くの患者さんが診察を待っている外来ホールを通過し、患者さんと立ち話をしている職員に挨拶し、小児訓練室の前の椅子で順番を待っている親子に会釈をし、療育園の職員とばったり出会えば娘の様子を聞かせてもらったりしながら、入り組んだ建物群の一番奥の療育園に向かいます。そして玄関ドアの前の「御用の方は押してください」と書かれたボタンを押し、消毒液を手に擦り込みながら、担当職員を待ちます。その間に、釈然としない気分が胸に蠢き始めます。自動ドアですから入ろうと思えば入れるし、職員は私たちと言葉を交わしながら出入りしています。が、私たちは入ることを許されません。

担当職員が来ると中に入って検温をし、体調などのチェック表に記入して、すぐそばのカーテン内のスペースに入ります。そして、天井まであるアクリル板のこちらのイスに座り、娘を待ちます。海はみなさんが日中活動等で楽しい時間を工夫して下さるおかげで、顔色もよく元気です。なんだかんだと夫婦で話しかけ、海がレスポンスを返しているうち一五分はあっという間。気の毒そうに、お迎えが来ます。戸惑う表情になりつつ、海はいつも勢いよく腕を挙げて手をぶんぶん振り回します。後ろ向きに連れ去られながら、盛大なバイバイで気持ちを吹っ切ろうとするわが子に、私たち夫婦は胸が引き裂かれそうな切なさを味わいます。

連絡事項や相談があれば、面会の前後に職員が娘の車イスのそばに立って私たちと話をします。そんな時、タオルでよだれを拭いたり、何気なく海の肩に手を置いたりされます。手が、ごく自然な動作で、当たり前のことのように海に触れます。そのたびに私は、アクリル板のこちらから、その手をつい凝視しそうになる自分を意識します。嫉妬に近い心のざわめきを覚えます。すぐ目の前にいるわが子に、私は手を触れることを許されないのはなぜ……?

夫以外の誰とも会うことのない毎日を送っているのに、多くの人と接しながら働く目の前のこの人より、私の方が海に感染させるリスクが高いのでしょうか。園内に新型コロナを持ち込むリスクが高いのでしょうか。私は面会の間ずっと、娘との間を隔てるアクリル板から「あなたは、海さんに近づけてはならない危険な存在」「あなたは信頼できない部外者」と言われ続けているように感じます。

海との面会中に、カーテンの向こうの玄関に短期入所の親子がやってくることがあります。子どもはそのまま中へ入っていきます。納得できない気分が胸にうごめきます。外からやってきた今の子どもは中に入れて私たち夫婦は入れないことに、どんな合理的な説明があるのでしょうか。

もちろん、地域で暮らしている当事者や家族にとって、外来もショートステイなどの支援サービスも命綱です。やめろと言いたいわけではありません。なぜ入所の親だけが締め出されなければならないのかが、理解できないのです。ある施設の幹部職員にその疑問をぶつけてみたら、「外来やショートはやらないと経営が成り立たない」と返されたことがあります。でもそれなら、その感染予防対策はダブルスタンダードになっている、科学的に一貫しているとは言えない、ということにならないでしょうか。

なぜ親だけがゼロリスクを求められるの……？

さまざまな入所施設の家族や現場職員に話を聞いてきました。幼児期のわが子がハイハイできるようになった、立った、しゃべった、という発達の伸びを、若い親たちは職員の報告とＬＩＮＥの画面でしか知ることができないと、心を痛めている専門職もいました。特別支援学校の先生は中に入りベッドサイドで授業をしているのに、母親の自分は会うことすらできないと嘆く人もいました。外部の専門職、理髪や装具などの業者も入っているし、実習生を受け入れている施設もありましたが、親は入ることを許されません。まるで家族に会わせないこと自体が目的化したような面会禁止に、なぜ親だけがゼロリスクを求められなければならないのか……と、ずっとやりきれなさを感じ続けています。

もちろん施設職員が、パンデミックのさなかにも変わらず入所者の命を守りケアする、まさにエッセンシャルな存在だということは分かっています。ウイルスを持ち込むリスクも、自分が感染するリスクも共に背負いながら働いてくださる方々の心身の負担を思うと、感謝しかありません。ただ、入所者一人ひとりにとっては、家族こそがなによりエッセン

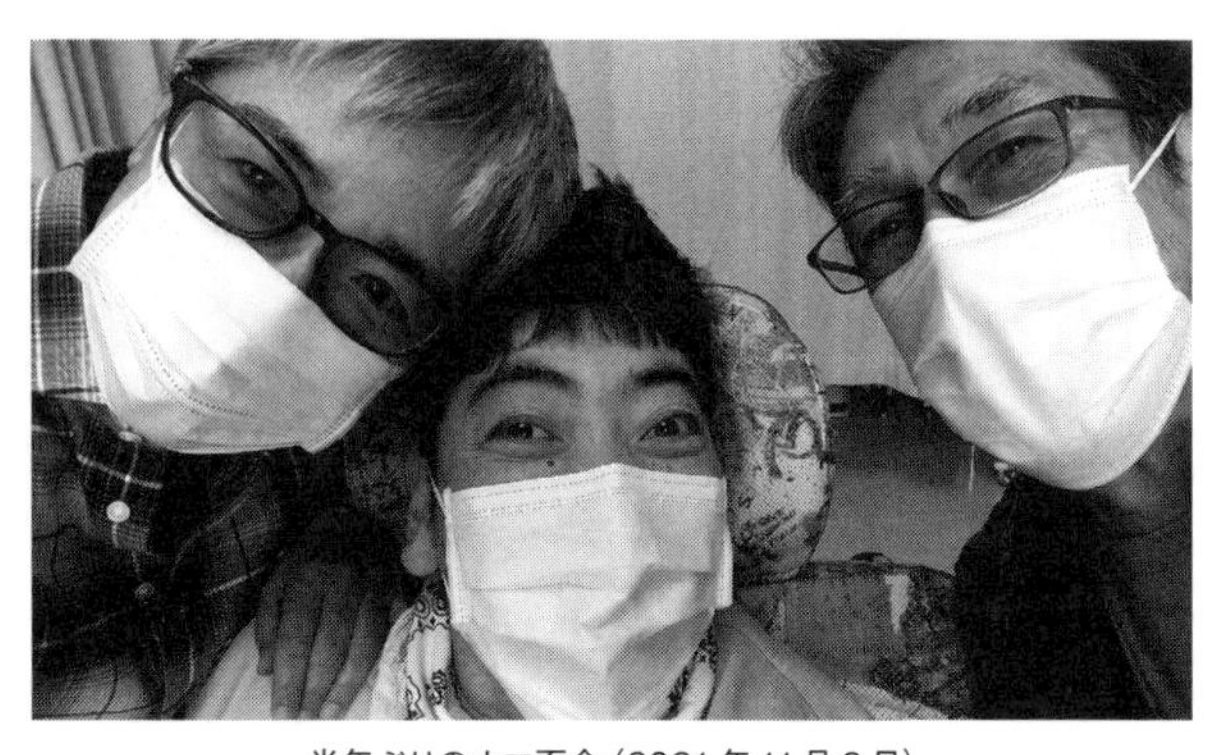

半年ぶりのナマ面会（2021年11月8日）

シャルな存在ではないのか、という思いがどうしてもぬぐえないのです。

それでも、必死で訴えた気持ちはしっかり受け止められて、娘が暮らす施設では感染状況の変化に応じて柔軟に対応を切り替えてもらうことができました。さらに第五波が落ち着いた二〇二一年一一月初頭からはアクリル板なしの対面面会（一五分）となり、一二月の上旬には海は一年九か月ぶりに一泊で帰省することができました。親子で一緒にお鍋をつつき、ゆっくり触れ合えて、子も親も「ああ、やっと生き返った……」という気分でした。その直後にオミクロン株の感染爆発が起こったことを思うと、状況に応じて迅速かつ柔軟にメリハリの利いた判断を繰り返してもらえたこと、そのための決断の悩ましさを引き受けてもらったことに、心から感謝しています。

一方、世間に「after コロナ」の気分が満ちていた二一年秋を含め、この二年間ずっとＬＩＮＥ面会しか認めてこなかった施設もあると聞いています。これほどの違いは、いったいどこから来るのでしょうか。厚労省からは二〇二〇年一〇月一五日には社会福祉施設に対して、感染予防対策を行ったうえで「地域における発生状況を踏まえ」た面会の実施を認める通知が出されています。二〇二一年三月以降はそれに加えて「患者、家族のＱＯＬを考慮しつつ」対応を検討することとされています。それでも多くの施設が面会制限を緩和しませんでした。「こんな時だから命を守るために仕方がない」と言って終わる思考停止と、一人ひとりの苦しみへの無関心が、この二年間様々な形で障害のある人と家族の権利を侵害してきたのではないでしょうか。

守る会のアンケートから

手元に、二〇二〇年一一月に社会福祉法人全国重症心身障害児（者）を守る会が会員に行ったアンケートの結果（「コロナ禍を生きる～重症児者とともに～新型コロナウイルス感染症に関するアンケートⅠ（施設編）」『両親の集い』二〇二一年三、四月号）があります。施設入所の人の家族からの回答は一七三通。自由記述から、気になったものを以下に抜き出してみます。

・病棟閉鎖後の面会時、笑顔がなくなった。表情や声が出なくなった。自傷が多くなった。

・職員も対応に追われ、ゆったりした声掛けや対応ができないので、利用者の変化に気づきにくくなっている。

・もともと食事にむらがあり、私がほぼ毎日面会に行って、夕食の介助をしていました。毎週外泊して、どうにか体重を維持していましたが、体重が減少し、服薬も難しくなり、経管栄養と口からの摂取と併用になりました。

・寝たきりで体をあまり動かさないので、体が固くなってしまい、血の巡りも悪くなり手、足が浮腫んでしまう。

・毎週面会に行っていたのに来なくなったので、捨てられたと思っていないか、子どものことを思うと切ない気持ちになります。

・私たちも年を取り後何回会えるのだろうか。看取りができるのか。

・以前は毎週帰省していたが、長い間空白になると、子どもを続けてみることができるのか年齢も重なり不安。

・親の目がなくても何ごともないのだと親の方も施設側も思うことが心配。

・職員さんたち、入所中の子どももたちもストレスがたまりがちになる。「虐待行為」の発生を危惧する。
・病院側との話し合いが少なくなり、職員の方と疎遠になって情報交換がなくなっている。

全国遷延性意識障害者・家族の会のアンケートから

全国遷延性意識障害者・家族の会でも、二〇二〇年一〇月に会員にはがきアンケートを実施しています。同会の会報二〇二一年春号の取りまとめ記事によると、第一回の緊急事態宣言発令時に当事者の住まいは、在宅五七％。病院二七・二％、施設一五・八％。当事者の身体状況・意識レベルの変化では、「変わらない」が在宅では七三・三％、病院では二〇・九％、施設では四八％。「やや悪くなった」と「悪くなった」を合わせると、在宅で八・九％、病院では三四・九％、施設では二〇％。

病院と施設の面会制限に触れた自由記述から以下にいくつか抜いてみます。

・七月に一時面会できる期間があったので（一回一〇分）行きましたが、拘縮が進み目も開けられなくなっていました。コロナが終息したとして、コロナ前の状態に戻れるのでしょうか。

・一八年以上週四～五日数時間面会に行き、口腔ケア・拘縮予防・吸引等々必死にやってきたが、面会禁止となり拘縮が進むなど、どんな状態になっているかと心配でなりません。月一回一〇分のweb面会で顔を見たところで不安の解消にはならず……

・関節が固くなった。私（夫）がリハビリできず。オンライン面会（病院に行ってパソコンの画面と音声で面会）が二週間に一回（一〇分）だけで指筆談ができず本人のストレスが溜まっていると思う。

・面会は四月と七月に二度（一回五～一五分、離れて声掛けのみ）です。週に一度電話で様子を確認していますが、「変わりなし」と言われ、ほんとにどこも変わりないのか……不安です。かわいそうでなりません。

・昨年二月まで面会できていた時は週三日、各回五〇ccのプリンを食べさせていたが、その後、家族以外はできない事になり嚥下の低下が進み、回復不能になるのではと何か良い考えはないか悩んでいる。

重症児者施設へのアンケートから

家族にはこのように、本人の様子が分からず、何もしてやれない無力感にさいなまれながら、ヤキモキと案じるしかない状態が現在も続いています。一方、家族に会えないまま不自由な生活を強いられ続ける本人たちには、何が起こっているのでしょうか。

公益社団法人日本重症心身障害福祉協会（構成員は一〇四の法人及び団体。二〇二一年四月一日時点で施設数一三五、病棟数三二三、入所定員の総数は一万三八三一人）が二〇二一年一〇月に実施したアンケート（回答施設数一〇四）の結果が、第四六回日本重症心身障害学会（二〇二一年一二月一〇、一一日オンライン開催）の児玉和夫氏の基調講演「新型コロナ感染下における重症心身障害施設」で報告されています。同学会誌（VOL47, NO.1, April 2022）の講演記録から、私が特に気になった本人たちの様子に関する記述を、いくつか抜き出してみます。私には、現場ではこれほどの異変が観察されていたのか……と言葉を失う内容でした。

・運動機能、摂食・嚥下機能、認知機能の低下、異常行動の出現。
・生活が単調になる、活動量の低下がある、筋力が低下した。
・イライラ、活気なし、情緒不安定者が増加、表情の乏しさやストレスによる激情化。
・外出できない事でのストレスによる自傷行為（髪を抜いて食べる）。
・言語理解が少しでもある方は、寂しさやストレスをため込み、泣いたり、自傷行為や大声を出すなど……。
・ストレスからくるものかと思われる円形脱毛症。
・家族に対応する反応が薄くなった。白髪が増えた。
・ベッド離床減で背中や後頭部の皮膚トラブルが増えた。

家族はケアにおける不可欠なパートナー

「私は老年科医として、また介護施設の医療責任者として、家族は外部からのビジターではなく、我々のケアにおける不可欠なパートナーだと学んできました。……寝たきりの母親に娘が食事を食べさせたり、脳損傷のために言葉が出ない妻の髪を夫が編んでやったりしているのは、単に外部の人が来訪しているのとは違います」

こう言うのは、米国シンシナチ大学の老年科医、ジェフリー・シュロデッカーです。彼が医療責任者を務めるオハイオ州の介護施設では、第一波の時から入所者ごとに家族の一人をＥＦＣ、エッセンシャル・ファミリー・ケアラーに認定しました。そして、職員と全く同じ感染予防の手順によって、毎日二時間以内の面会を認めたとのこと。

英国の面会ガイドライン（二〇二一年一月六日改定）も、大切な人との関係を維持することが入所者にとっても家族にとってもウェルビーイング（身体的、精神的、社会的に良い状態）を保つために極めて重要であるとの認識を示して、「施設ごと、入所者ごとに、個別のリスクアセスメントが不可欠である」と繰り返し書いています。

オランダは第一波の際に介護施設をロックダウンしましたが、その二か月後には緩和を模索し、ガイドラインを出しました。その中の一節には「拘束の回避がこれほど進んだ時代にあって、入所者に面会と移動を禁じるのは、自律と自己選択の権利への深刻な脅威である」と書かれています。

なぜ日本の議論からは、このような人権意識が欠落したままなのでしょうか。

いつのまにか「命を守ることが最優先。だから今はＱＯＬも人権も後回し」という雰囲気が広がってしまっていますが、それは本当に二者択一でしかないのでしょうか。パンデミックの始まりでこそ「命を守る」に大きく振り切れざるを得なかったにせよ、なぜもう片方の「ＱＯＬ」も「人権」も、こんなにも簡単に手放されたままになってしまうのか。その両者の間でバランスを模索する努力を放棄するまいと、これまで医療とケアの現場で多くの人が踏ん張り続け、実践を積み重ねてきたはずだったのに……。

「命を守るために」と心が殺されていく……

娘の施設でもオミクロン株の感染爆発が起こった二〇二二年初頭以降、ＬＩＮＥ面会のみとなって既に数か月が経ちました。オミクロン株の感染力の強さと高齢の死者数の増加を思うと、重症児者への脅威はあなどれません。今はしっかり閉めてもらう時期だろうと私も自分に言い聞かせる努力をしてきました。が、長びくコロナ禍で、娘たちにも見過ごせない異変が起きています。

四月の初めに着替えを持って行くと、思いがけず「せっかくだから玄関ドア越しでよければ」と会わせてもらうことができました。療育園では少しずつこうした模索が始まっているのだと思うと、この困難な状況下で、本当にありがたい心遣いでした。ただ皮肉なことに、それは私には衝撃的な面会となりました。海は玄関ドアの向うに両親が立っているのを見た瞬間、さっと顔をこわばらせて目をそむけたのです。私たちを正視することができないようでした。硝子ドアのすぐそばに車椅子を止めて職員が後ろに下がると、私たちから逃れようとするように上半身を大きくひねり、背後の職員に必死で訴えかけました。「親が来ているんだけど！　いけないいんじゃないの？　ねぇ、親がいるんだってば！　どうしたらいいの！」と助けを求めているようでした。

もう二年以上も隔てられ続けて、娘は親のことを「会ってはならない人」「触れ合ってはいけない危険な存在」と受け止めてしまっているのです。実際、私たち親はコロナ禍の二年数か月ずっとそのような存在として扱われてきました。この面会制限が施設で暮らす人たちに送り続けてきたメッセージは、まさしくそれだったのです。ぞっとしました。

そんなメッセージに囲まれながら、言葉を持たない娘は、どれほどの恋しさと寂しさを独りで耐えるしかなかったことか……。そんな長い年月をやり過ごすためには、親は会ってはならない人たちなのだと自分で諦めをつけ、納得していくしかなかったのでしょう。

娘の心に起こってしまったことの取り返しのつかなさを思うと、胸が張り裂けそうでした。「海、お父さんとお母さんは、会ってはいけない人なんかじゃないよ。大切な家族だよ。お父さんとお母さんには、ずっと海が一番大切な人だよ」と、泣きながら必死で声をかけ続けると、海はおずおずとこちらに視線を向けました。目を合わせて、ほっとした顔になり、それからはいつもの娘でしたが、私は帰ってすぐに娘に思いを込めて手紙を書きました。主治医にも起こったことを報告し、次のＬＩＮＥ面会でも懸命に伝え続けて、とりあえず今回は娘の心はケアできたように思います。

が、面会制限が施設入所の人たちの心を手ひどく痛めつけているのは、明らかな事実です。重症児者施設のアンケートで観察されていた入所者の心身の異変も、「命を守るために」と心が殺されていく事態を物語ってはいないでしょうか。

それでもなお、この先もこの人たちは家族との関係性を奪われ、閉鎖的な生活を強いられ続けるのでしょうか。それは数か月単位なのか。よもや年単位になるのか……。その間に起こることの取り返しのつかなさを思うと、いくらなんでもこのままでいいはずはないだろう、そこにはバランスというものがあるだろう、と考えます。そういう問題意識が関係専門職の議論から聞こえてこないことに、苛立ちを覚えてもいます。

家族への真逆の扱いが意味するもの

本書に詳細に描かれているように、地域の在宅生活や小児病棟の付き添いでは、親は心身の限界を超えて頑張ることを強いられています。その一方で、病院と入所施設では親は締め出されてきました。この真逆の扱いは、いったい何を意味しているのでしょうか。

コロナ禍以前から、私たち親は子どもの幼児期には専門職の手足となって奮闘する「療育機能」であることを求められ、その後も専門職からも行政からも使い勝手の良い「介護機能」、医療と福祉の含み資産と見なされてきました。その姿勢が、今またコロナ禍での在宅生活支援や小児科病棟の付き添いでは引き継がれているのでしょう。

一方、病院や施設では、親や家族は「とりあえず無用な介護機能」というわけでしょうか。けれど、本当に「無用」なのかどうか。守る会と遷延性意識障害の家族の会のアンケートの記述を見れば、家族が専門職の手が届ききらないところをただならぬ努力で補って、本人たちの健康とＱＯＬを維持してきたことは明らかです。

思えば、子どもの幼少期からずっと、医療でも福祉でも教育でも「なにがあれば十分か」の決定権は常に専門職の側にありました。親が求めるものが専門職の判断や考えと相違したり、制度やメニューの範囲を超えたりしていれば、「モンスターの過剰な要求」「求め過ぎるワガママ」として個々の親の問題に帰され、いとも簡単に却下されてきました。だから、親たちは「もう少ししてやってほしい」と言いたい口を閉じ、自分が感じる「十分」との隔たりを埋めるために、自分の身体を動かしてきました。頻繁に通っては、身辺の清潔を保ち、身体の柔軟性や可動域を保つためのリハビリを行い、丁寧な介助で食事を食べさせ、外出や日向ぼっこに連れ出してきたのです。

同じ状況を見ているのに、専門職からは「これだけやれば十分」と見え、親から見れば「放っておけない」としか思えない。そこにある埋めがたい隔たりを感じるたびに、この子にとって自分に代われる人はいないのだ……と親たちは思い知らされてきました。専門職には「もう親は安心して残して逝けるはず」と見える状況が、親には「とても置いて逝けない」と感じられてしまうのは、そういうことなのです。

それでも、私たちが「親亡き後」へのそんな不安を語ろうとすると、「子離れできない親の自意識過剰」と決めつけられてきました。いま施設に閉じ込められて暮らすわが子を案じる気持ちを、「元気ですよ」「変わりありません」の一言で簡単にいなされてしまうように――。

障害のある人と家族から関係性を剥奪する無関心

私にとって児玉海という固有の人の親であることは、親としての体験や家族の記憶をすべて織り込んだ人生の物語、いわば私のアイデンティティの一部です。その物語の中で、私は娘とのかけがえのない関係性を生きています。親であることは「役割」でも「機能」でもなく、人が人生で生きる大切な関係性のひとつです。

ここまで長く続く面会制限による最も大きな人権侵害は、その関係性が障害のある人からも家族からも剥奪されてしまったことではないでしょうか。それは、ケアという行為においても最も大切にされるべき核心だったはずなのに――。

第一波で「親亡き後の予行演習をしているみたいだ」と考えたことがありましたが、その後の私はむしろ危機感を募らせています。親は「無用の介護機能」「信頼できない部外者」と見なされているのだなと感じるとき、「海さんですか？　元気ですよ？」という言葉に「親がいなくたって大丈夫なのに」というトーンを感じるとき、ジリジリと焦燥を覚えます。はるか以前から長い年月をかけて多くの人たちが医療と福祉の現場に営々と積み上げてきた大切なものが、あっという間に消えていこうとしている……と。それは私たち親にとって、親亡き後のわが子を託す先のケアが荒廃していく……という絶望感でもあります。本書に書かれている、コロナ禍での親たちの体験が本当に「親亡き後の予行演習」なのだとすれば、多くの親は「到底この子を残して死ぬわけにいかない」と、改めて思い知らされていることでしょう。

この二年間、個人的にお話しすると、現場の専門職を含めた多くの方々がこの面会禁止はやりすぎだと考えておられました。影響力のある立場で、なんとかしてやろうと懸命に動いてくださった方々があるのも知っています。それでも事態は動きませんでした。背景にあるのは、横並びで突出したことをしたくない官僚的なムラ社会の存在なのだな、と感じることが何度かありました。

ワクチンも検査も普及し、治療薬も視野に入って、世の中が「with コロナ」の模索を始めても、この人たちを今なお平然と閉じ込め続ける、この面会禁止は、本当は誰を守っているのでしょうか。そこに透けて見えるカラクリこそが、私には「親（家族）に殺させる社会」の本質のように思えてなりません。強い者の都合によって弱い者の人権からは簡単に目をそむけ、障害のある人と家族個々の苦しみに無関心を決め込む社会――。

パンデミックの間に、メディアで障害のある人が話題になることは目に見えて減り、社会は障害のある人たちへの関心を失ってしまったように見えます。まして、家族のことにはさらに目が向きにくいことでしょう。世間の無関心が深まる中、コロナ禍で障害のある人と家族はさらに医療も福祉も奪われていくのではないか。「こんな時だから障害のある人は後回しでも仕方がない」「命を守るためにQOLも人権も後回し」という空気が社会全体にも医療現場にもこんなに長く共有されれば、いずれ「こんな時」でなくなっても「後回し」だけは広く薄く残ったままになるのではないか――。私にはそんな恐怖があります。

パンデミックが終わった時、私たちの前にあるのは一体どんな医療、どんな福祉、そしてどんな社会なのでしょう?

＊本文中の海外情報の詳細と情報元は、webマガジン「地域医療ジャーナル」の二〇二一年二月号～二〇二二年六月号のspitzibaraの記事にあります。

＊娘の施設ではその後、六月七日からアクリル板越し面会が可能となりました。

見捨てられた体験を未来に差し出す——本書に寄せて

猪瀬浩平

見捨てられていく体験

重度の知的障害のある人への差別は許さないという声は、時に高まる。二〇一六年七月津久井やまゆり園で多くの人びとが犠牲になった殺傷事件のとき、犯人の犯行動機には重度の知的障害の人への差別があるとされた。この事件のあと、犯人やその考えに賛同する人たちに対する、怒りや批判があちこちで力強く語られた。ずっと差別と戦っていた人たちばかりではない。これまで障害のある人とかかわりのなかった人たちにも優生思想という言葉が広まり、そしてそれを許さないという言葉があちこちで語られた。

事件から六年が経とうとする。地裁での死刑判決の後、犯人は上告をせず、裁判は結審した[1]。粘り強く報道を続ける一部を除けば、多くのメディアは、事件のあった七月下旬にそれに触れるだけだ。事件は風化し、重度の知的障害のある人が暮らす状況は、根本的には何も変わっていない。

そんなことを、この本に寄せられた文章を読みながら思う。

もちろんこの六年間、障害者アートや、農福連携に注目はかつてなく高まった。東京パラリンピック二〇二〇大会が二〇二一年の夏に開催された。共生やインクルージョン、ユニバーサルデザインという言葉も、あちこちで語られるようになった。広告を含めた様々なメディアにも、障害のある人が登場するようになった。

それだけ関心を集めていたはずなのに、新型コロナウイルス感染症が世界中でひろがっていくと、障害のある人のことはあまり気にもかけられることもなかった。重度の知的障害のある人と家族が、コロナウイルスに直面したときにどうなるのか、考えている人はほとんどいなかった。考えていたとしても、実際に感染してしまった本人、家族に、差し伸べられる手はなかった。介護も看護も、結局は家族にゆだねられた。

毎日新聞は、重度の知的障害のある藤沢大地さんが、コロナに感染しながら、十分な診察や治療のないまま自宅に帰され、その四日後に死亡したことを報じた。[2] 大地さんは、四〇度を超える熱が出て、搬送された静岡市立静岡病院でＰＣＲ検査を受け、陽性の結果がでたが、「血液中の酸素飽和度が基準の範囲内」だからと、自宅療養を迫られた。しかし、弟の雄偉さんによれば、大地さんは測定中に看護師の前でパルスオキシメーターを数秒で外してしまい、正確な数値が測定できなかった可能性がある。自身の症状を、医師や看護師に訴えることもできなかった。

病床がひっ迫しているとされるなかで、重度の知的障害があること、自傷行為などの行動障害があること、意思の読み取りが困難だと受け止められること、そういう理由によってそもそも病床につく対象とすらされないということが起きる。そしてそのことに対して、おかしいと声を上げる人は、津久井やまゆり園事件が起きた時ほど多くはない。

背景には、多くの人の心のどこかに、こういう有事において重度の知的障害のある人に十分な配慮ができないのはしかたない、という気持ちがあるからだと私は考える。第７章で、児玉真美さんも医療現場の障害への無理解と偏見によって、障害のある人が適切な医療をうけられず、死ななくてもいい人が死んでいるというイギリスの報告を紹介している。そして、知的障害の人たちの死亡率が知的障害のない人の四倍にものぼるというデータも示す。その背景には、知的障害のある人の多くが優れた医療を受けることができていないこと、心身が脆弱になったときに知的障害を理由に蘇生を試みられていなかったことがあるとする。

優生思想とはまさにそのことに他ならない。平時においてしか認められない配慮は、しょせんは差別の一部である。

銃後でも、最前線でもなく

コロナウイルスの感染拡大当初、繁華街などのいわゆる「夜の街」に注目していた新型コロナウイルス対策は、やがて家庭内の感染に向けられるようになった。そのための対策として語られたのは、感染者と他の同居人の部屋を可能な限り分けること、感染者の世話をする人は、できるだけ限られた人（一人が望ましい）にすること、できるだけ全員がマスクを使用すること、日中はできるだけ換気すること、小まめにうがい・手洗いをすること、取っ手、ノブなど共用する部分を消毒すること。そんなことだった。[3]

それが十分に実行できて、低減した感染リスクもあるだろう。しかし、もし感染してしまったときは、必要な感染対策が取れなかったことの責任を追及されるような気になるはずだ。そしてそもそも、対策がしっかりとれない事情の人も多くいる。たとえば子どもが小さいとき、子どもが複数人いるとき、隔離する十分な個室がないとき。そして常時介護や見守りが必要な家族がいるとき。

感染対策とされるもののほとんどが、あくまで個人の自助努力によるものだったことに注意しよう。感染しなければうまくやったことになるが、うまくいった人の話は、うまくいかなかった人を切り捨てる側面ももつ。感染してしまえば、感染対策の努力が足りなかったことや、感染を気にせず不要不急のことをしたのを責められるように感じられる。感染拡大当初、日本でとられたクラスター対策も、自己申告で、人々の行動履歴（特に自分以外の人との接触の記録）を申告する形になっていたため、自粛に向かう同調圧力を強めた。そしてそれは、自粛できない人への不安や、自粛できない人自身やその家族が感じる、感染することへの不安や、感染したことを責められる不安を高めた。

新型コロナウイルス感染症が急拡大するなかで政府や自治体の長、テレビ番組のキャスター、動画配信サイトに出てくるyoutuberによって「ステイホーム」や「不要不急の外出は控えて」といった言葉が連呼された。第4章で浅野美子さんが書いているように、三きょうだいの息抜きだった定期的なお出かけはできなくなった。第3章でたっくんママさんが書いているように、ママ本人の癒しだった他のママとのランチやお茶会はできなくなる一方で、窮状を訴えた障害福祉課には短時間の預かり場所の紹介もされず、本人を一室に閉じ込めてまで家族でどうにかするように勧められた。第1章で福井公子さんが書いているように、入所している人との面会、障害のある人の社会参加、地域生活とのつながりは奪われた。さらには、ウイルスを持ち込む可能性を危惧され、ショートステイなどの在宅サービスも打ち切られた。

そんな紙一重の状況で、人びとの体験したことは、かろうじて「感染しなかった」努力のみが共有され、「感染してしまった」体験や「感染しそうになった」体験は共有されなくなる。メディアでさんざん流れる家庭内感染を広めないための工夫も、結局は重度の知的障害の人がいる家族にあてはまらないものがほとんどだ。かくして、私たちの体験は、個別化され、共有されることがなくなる。

あの頃、「医療従事者に感謝」や「最前線で働く人に感謝を」という言葉があふれた。この言葉で感謝されるのは、第一に新型コロナウイルス感染症の治療にあたる医療関係者や、感染拡大を防ぐために奮闘する感染症対策専門家たちであるはずだ。さらに、緊急事態宣言下で対面の労働をつづけた運送業に携わる人びと、スーパーの従業員、ごみ収集を行う人びと、医療関係者の子どもたちの世話をする保育士、高齢者や障害のある人のケアワーカーなどもここに連なる。患者を受け入れる医療現場や感染症対策現場が「最前線」であるとしたら、感謝する側がいるのは「銃後」になる。その比較的安全な場所から、感染リスクにさらされながら労働している人に対して感謝の言葉を発する。

そうやって、エッセンシャルワーカーへの感謝が、銃後のあちこちで表明されるなか――私の住むさいたま市では、教育委員会によって、二〇二〇年六月一五日の午前一〇時から一律に小・中・高・中等教育・特別支援学校、計一六八校の児童生徒約一〇万人が、医療従事者に対する謝意の表明をする時間が強制的にもたれもした――エッセンシャルワーカーのケアすら受けることができず、家庭内でケアを受けなければならなかった障害当事者や、彼ら、彼女らのケアの全責任を負わなければならなかった家族に対して、感謝する人はいなかった。エッセンシャルワーカーに世話してもらえるそのことが、実は、一部の人たちをエッセンシャルワーカーによる世話の対象とせず、そしてその人たちの家族に無償労働としてケアを強いるなかで成り立っているのにもかかわらず。

「命を守るために仕方がない」

感染拡大の最初期は、誰もがコロナウイルスに感染するのではないかという恐怖を抱えていたはずだ。そして感染した先には、自分の死を見ていたように思う。少なくとも私自身は、もしかしたら自分もコロナウイルスにかかって死ぬのではないかと、リアルに感じていた。

しかし、時間が経過するとコロナウイルスによって生まれるしんどさは、平等にはひろがっていないことが露わになった。感染リスクは偏った形で広がっていた。エッセンシャルワーカーは感染リスクにさらされているのに、多くの場合労働条件も賃金も恵まれてはいない。一方、リモートワークが可能な仕事をしている人たちは、不特定多数の人と交わることなく、仕事が続けられた。

障害のある人やその家族が、感染を拡げないために手放した自由も、感染することへの

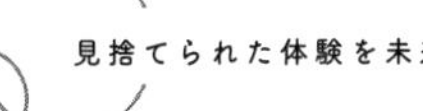

不安も、不当に大きかった。

第2章で、重複障害で医療的なケアを必要とする侑弥さんと暮らす根本希美子さんには、侑弥さんが感染すると重症化する不安があった。だから、緊急事態宣言のなか学校が休校になり、自宅で過ごす侑弥さんとちょっとした買い物に出ることもなかった。多くの人がドラックストアに買いに走った消毒液もマスクも、コロナ以前から侑弥さんの暮らしに必要不可欠なものだった。

第6章で新井たかねさんが書いているように、重度知的障害の人が入院する際、本人をよく知る人が誰もいないなかで治療を受けざるを得ない。そのため食事も満足にとれずに衰弱したり、見慣れない医療機器をあやまってさわってしまったりといったことが起きる。こういった障害当事者本人が抱えざるを得ないしんどさに加えて、第5章で心疾患の娘の手術入院に二週間付き添ったmadokaさんは、付き添う家族の負担について伝える。ただでさえさまざまな制約や負担があった子どもの付き添い入院について、コロナ禍によってさらに負担が増した。付き添いの交替は原則不可。付き添い食の提供なし、シャワーもほとんどできなかった。

第7章で児玉さんは、広島の知的障害者施設でクラスターが発生した際の、ある障害者施設の幹部職員とのやり取りについて書いている。幹部職員は、大人数のコンパに参加し、施設に新型コロナウイルスを持ち込んだとされる職員へのバッシングに対して、入所者の家族には職員を責めないで欲しいと語った。それに対し、児玉さんは職員が緊張した暮らしを送っていることへの理解が家族にもあることを示したうえで、それでも施設職員として軽率だったのではないかと問う。すると、幹部職員は「いや、それは言ってはいけませんよ。施設の職員にだって息抜きをする権利はあるんだから」と返した。児玉さんの頭には、次のような言葉が浮かぶ。

は？　息抜きをする権利……ですか？　と思いました。では、仕事が終われば家族の元に帰れる職員どころか、もう二か月以上も家族にも会えず施設に閉じ込められている障害のある人たちの「息抜きをする権利」については、いったいどのようにお考えなのですか……？

「命を守るために仕方がない」として、施設入所する人の外出や、家族が面会する権利を奪いながら、一方で緊張した状態のなかで息抜きする権利を職員にだけ認める。そのことに対する違和感は、幹部職員だけでなく、世間一般の人も感じることがない。もし、幹部職員の口から「スタッフも息抜きが必要ですけど、本人にもご家族にも息抜きが必要です。だから、ご両親と娘さんが一緒に会える場所をつくりましょう。外に出られるようにもしましょう。そのことに対して不安に思う人がいたら、私たちも声をあげます」と語られていたとしたら、どれだけ施設入所する家族をもつ人びとは励まされるのだろうか。その言葉が誰にでも届く声で語られたとしたら、「銃後」の安全な場所にいる人びととの居心地を悪くし、そして知的障害のある人や家族の権利が奪われていることを気づかせただろう。

しかし、そんな言葉は殆ど発せられることがなかった。

コロナウイルスへの恐怖と一緒くたにされたもの

知的障害と自閉症のある兄が、実家を出ていってしまったことが、二〇二〇年四月の緊急事態宣言発令の前後に二回あった。

緊急事態宣言の発令後の四月一〇日、兄は日中活動する地域活動支援センターから介助者と一緒に実家に帰った。父は家にいたのだが、彼は持病のため前日眠ることができず、兄の晩御飯を用意する前に布団に入ってしまった。母は家に帰っておらず、晩御飯がないなかで、兄は家を出た。兄がいなくなったことを、私は母からの電話で知った。家を出ることすら憚られる気持ちがあったあの頃のことだ。私と母はため息をついた。ため息をつきながら、同じようにギリギリ成り立っている家族はおり、そしてそのギリギリはたやすく決壊するのだということを想った。雨の日だった。その晩、母は早く寝て、父は一晩寝ずに警察からの電話を待った。私も兄のことを少なからず心配して、なかなか眠りにつけなかった。兄が家を出てしまうのは時々起きることではあり、普段は眠れないほど心配するということはない。幸い、翌日未明に兄は都内で見つかった。彼が保護されている警察まで母は車を走らせ、私は家の風呂を父が沸かしてない可能性があるという母の電話をもらい、父に電話をかけたがつながらないので家に向かった。家に着くと父はただ電話に気づかなかっただけで、風呂を沸かし、そして兄に食べさせるすき焼きを作っていた。[4]

兄がいなくなって私が感じた不安は、兄がコロナウイルスに感染してしまうことだけではない。その日兄はマスクをせず、公共交通機関を使い、都心部に出掛けていった。だから感染することは、もちろん大きな不安だった。しかし、それ以上に不安だったのは、コロナウイルスに感じる人びとの恐怖が、そのまま兄に向けられることだ。少なくとも私にとって、コロナウイルスの恐怖は感染することそれ自体だけでなく、感染した場合に向けられる非難や怒りだった。だから自分の行動は規制したし、また自分の行動の多くを人には語らなくなった。兄がコロナウイルスに感染し、そして誰かに感染させるかもしれないという不安を人が抱くとき、そこにあるのは同情ではなく、敵意なのではないかと感じた。

この時私が抱いた不安とつながることを、兄の介助者が語っている。

兄は、平日は毎日、シェアハウスのような共同住宅で、介助者を入れて暮らしている。介助に入ったばかりの人たちが最初に感じる不安は、兄と一緒に買い物にいく際、彼が大きな声を出すことだ。彼に向けられる眼差しを、介助者は自分に向けられるものとして感じる。それがつらい。だから大きな声を出さないようにしたり、あるいは大きな声を出すこと自体を別の形で理解するようにする。その人は音楽活動をしており、自分も時に大きな声を出す。だからそういうものだと理解していた。

そんな彼が、兄への人びとの眼差しが変わっていることに気づいたのは二〇二一年八月に小田急線の車内で起きた無差別刺傷事件のあとのことだ。女性を執拗に刺し、そして牛刀を振り回して多くの人を傷つけたことが、乗客が逃げる様子をスマホで写した映像とともに報じられた。事件の後、ショッピングモールで買い物をしているとき、兄が大きな声を出すと、振り返る人びとの眼差しには、恐怖があった。それはあの事件で高まった不安によるものだと、彼は感じた。そのとき、兄は社会によって守られるべき「障害者」ではなく、社会に不安を与える「加害者」として、「敵」として眼差された。

そのこともまた「仕方ない」というべきなのだろうか。

障害者アート、農福連携、インクルージョン……そんな言葉で障害のある人を社会の内側にしようとしながら、結局、抱えきれないことがあれば、外に放り出し、敵として断罪する。電車に乗って、誰かに襲われるかもしれないという恐怖に対して共感は高まったが、電車に乗って、誰かに攻撃する主体だと眼差されることの恐怖への共感は、ほとんど語られることがない。

同じように、コロナウイルスがまん延する状況で、感染の不安を少しでもかきたてる状況になれば、「仕方がない」といいながら平気で自由を奪い、そして感染を広げる可能性のある行為をした瞬間に敵として眼差す。対等な人間であるとは理解されない。コロナウイルスに対する不安は、自分の想像力と人権意識の欠如を覆い隠す。この本に書かれた文章は、そのことを読者に鋭く突きつける。

この言葉は届くのだろうか？

この文章を書きながら、アントニオ・ネグリとマイケル・ハートが書いた『アセンブリ』を読んでいる。次の言葉が目に留まる。

> 貧者、障碍者、そしてジェンダー、セクシュアリティ、人種に関して従属状態にある人々の可傷性（ヴェルネラビリティ）は、私たち全員が共有している、他者への依存の不可避性を認識するよう強いるものだ。相互依存の回路を発展させることこそが、真の安全性（セキュリティ）［＝真に安心できる状況］へと通じる、主要な（おそらく唯一の）経路なのである。[5]

ネグリとハートが書いていることは美しい。それをこの本の内容とつなげるのであれば、新型コロナウイルス感染症がまん延する状況で、重度の知的障害のある人と、その家族が直面する困難は、この社会がもっている根本的な矛盾を暴露するものである。そしてその矛盾に真剣に向きあうことで、誰にとっても安全に暮らせる社会がはじめて実現する。そういうことになる。

こう書きながら、ネグリとハートが書いていることはきれいごとにすぎるのではないかとも思う。なぜなら、この本に書かれたことが多くの人に届くのかどうか、わたしには確信がもてないから。そしてその不安は、私に限らずこの本を書いた人たちの多くに共通するのではないかとも感じる。

そんな不安のなかで、それでも見捨てられた体験は差し出される。受け取った人々がたじろぐこと、そのたじろぎのなかで共に考え、共に動き出すことを願う。この本の書き手たちは、そのことをすでにはじめている。たとえば病院や施設で、役所やメディア、そして同じしんどさを抱える人びとや家族に対して。そして、さらにこの本を書き、この本を編むという作業をしている。そうやって、「真の安全性（セキュリティ）」をかろうじて生み出していく。

私はこの本の唯一の男性の書き手である。それは、重度の知的障害のある人と家族がコロナウイルスに翻弄される社会の中でどう生きたのかを語る力をもっているのが、極端に母親に偏っていること――その前段でそもそもケアする役割の大部分を母親が担っていること――の現れの様にも感じる。さらにいえば、ここに文章を寄せた人々が、重度の知的障害のある人の家族の体験のすべてを代弁できているわけではない。この本の書き手の多くが、東京や大阪といった大都市の住人でなく、地方に暮らす人びとである点は重要だ。その一方で日本語以外の言語を母語にする書き手はいない。シングルで子育てをしている人もいない。文章を書く余裕すらなかった人がいることに、想像力を働かせる必要がある。さらにいえば、この本の書き手、語り手に重度の知的障害のある人、本人はいない。

この本は見捨てられた体験を言葉にしたものだが、見捨てられたもののすべてを語っているわけではない。口火を切ることの勇気ということが、読者に伝わればと願う。

■注

1　犯人は地裁での最終意見陳述で「一審だけでも長いと思った。これは文句ではなく、裁判はとても疲れるので負の感情が生まれる」と語り、控訴しない考えを示した。しかし二〇二二年四月二八日、死刑囚側が同年四月一日付で横浜地裁に再審を請求したと新聞各紙が報じている。

2　「重度の知的障がいの男性、コロナ感染「診察されず死亡」遺族が訴え」毎日新聞二〇二二年三月九日配信。

3　厚生労働省ホームページ「新型コロナウイルスの感染が疑われる人がいる場合の家庭内での注意事項（日本環境感染学会とりまとめ）」https://www.mhlw.go.jp/stf/seisakunitsuite/newpage_00009.html（二〇二二年四月二一日取得）より引用。

4　この部分を含めて、本稿のごく一部の記述は、二〇二〇年に出た『現代思想』の「特集コロナと暮らし」に寄稿した「往復書簡　忘却することの痕跡――コロナ時代を記述する人類学」（往復書簡の相手は久保明教さん）と重なっている。

5　アントニオ・ネグリ、マイケル・ハート（水島一憲・佐藤嘉幸・箱田徹・飯村祥之訳『アセンブリ――新たな民主主義の編成』岩波書店、二〇二二年、九四頁。

おわりに

コロナ禍での体験と思いを七人の親たちが綴ったこの本を、読者の皆さんはどのように読まれたでしょうか。

企画段階では、まず児玉が「はじめに」を書き、それを企画趣旨として添付して、執筆をお願いしたい方々に依頼をしました。なるべく多様な障害像、年齢、生活形態を盛り込みたいと考えましたが、もちろん本書の「多様」には限界があります。当初、父親の立場からも書いてもらいたいと考えて何人かの方に打診しましたが、出版を急ぎたかった事情や、なにより編者の力量不足のために、かないませんでした。母親の立場の方にも、残念ながら受けていただけないこともありました。そのお一人が、理由として「コロナ禍でのことは（あまりに辛くて）思い出したくもないから」と言われたことが忘れられません。本書が形となった今、猪瀬浩平さんが書いておられる「文章を書く余裕すらなかった人」たちのことが思われます。

私は初めて手元に集まった原稿を読んだ時、「他者の体験は想像の外」ということを痛感しました。頭ではわきまえていたつもりでしたが、わが子と同じ障害のある人のことはある程度は分かっていても、その外には想像が向いていなかった自分を改めて思い知らされました。それは、共著者の方々も同じだったろうと推測しています。読者それぞれの立場や、どういう障害像や年齢の人との直接体験があるかによっても、各章の読み方や印象は異なっていることでしょう。

原稿の最初の締め切りは二月末でした。デルタ株の感染が収まった後でオミクロン株の感染が広がり始めた、先行きが極めて不透明な時期に書かれており、その後の状況に当てはまらないこともあるかもしれません。が、コロナ禍で障害のある人と家族が体験していることに潜む問題の本質は変わらないように思います。それは、猪瀬さんが親たちの体験を高く広い視野から捉えなおしつつ、切れ味鋭く示してくださった通りです。

猪瀬さんは明治学院大学にお勤めの文化人類学者ですが、知的障害のあるお兄さんがおられ、見沼田んぼ福祉農園など様々な活動を通じて「ともにあること」「ともに暮らすこと」を実践してこられました。私には、身体と感性と生き方と学問研究のすべてを通じて丁寧に思考する生活者というイメージの方です。そんな猪瀬さんがこの本の唯一の男性著者として、また親ではなく弟の立場の当事者として寄稿してくださったことで、本書の幅と奥行きがずいぶん広がりました。

読者のみなさんが本書に書かれた障害のある人と家族の体験に、まずは「たじろ」いでくださるなら、そして、その「たじろぎのなかで共に考え」始めてくださるなら、こんなに嬉しいことはありません。

編者の立場は初めてのこととて、共著者の方々には様々にご迷惑をおかけしましたが、どなたも書きにくいことを勇気を出して言葉にしてくださいました。皆さんと一緒に一つの仕事を形にできたことを、誇りに思っています。ありがとうございました。また、親たちの思いを懐に温かく包みこむようにしながら、くっきりとした社会への提起で本書を締めくくってくださった猪瀬浩平さんに、そして気まぐれな編者に辛抱強く付き合ってくださった生活書院の髙橋淳さんに、心より御礼申し上げます。

なお、「障害」をはじめ文言や表現については、それぞれの著者の考え方を尊重し、本書では統一していないことを最後にお断りしておきます。

児玉真美

二〇二二年六月

増補

コロナ隔離が障害者家族の心を壊す

平尾直政

着けられないマスクと冷たい視線

私の長男はマスクができません。何度つけさせようとしても、すぐにアゴにずらします。彼は顔につく物すべてを嫌うのです。自閉症の長男には重い知的障害があります。二八歳になった今も、言葉はまったく話せません。マスクをつける意味や必要性も彼には理解できません。無理やりつけても、その瞬間に外します。周囲の目もあり、マスクをつけない状態で連れ歩くのは精神的に困難です。日々の買い物は、できる限り長男が施設に通所している時間に済ませます。

コロナ禍になって、マスクのできない人に向けられる目は非常に厳しくなりました。買い物に連れて行こうにも、周囲の目が冷たく刺さります。人が集まるところには連れて行かない。移動にはできるだけ公共交通機関を利用しない。コロナ禍によってわが家の行動範囲は狭まりました。こんな状況だからこそ、感染防止対策にはとても気をつけていました。それでも私たち家族は新型コロナに感染しました。長男が通所していた施設でクラスターが発生し、そこで罹患したのです。長男の感染は、わが家の深部にあった課題を私たちに突き付けました。

長男の障害と家族のストレス

私たちはいま、広島市で専業主婦の妻と長男の三人暮らしです。長女は嫁いで隣の県で暮らしています。長男には重い知的障害はありますが、身体的には元気です。自分の思うままに動き回ります。幼い頃は多動がひどく、一瞬でも目を離すと勝手に走り出し、あっという間に遠くに行ってしまっていました。成人した今はずいぶん落ち着いてきましたが、こだわりの強さは変わりません。

こだわりのひとつに「片付け」があります。使い終わったものは片付ける。一見良い習慣のように思えますが、それが親たちを困らせます。片付ける場所には彼独特のこだわりがあるようで、しかも毎回変わります。こちらが知らないうちに片付けられると、なかなか見つかりません。言葉は全く話せないので、どこにしまったのか聞き出すこともできません。わが家では定期的に「楽しくない宝探し」が始まります。洗顔や歯磨きはひとりでできません。入浴でも自分で体を洗うことはできません。トイレでウンチをした後に自分でお尻を拭くこともできません。小便をするとトイレの床は水たまりのように尿でベチャベチャになります。

体は元気に動くだけに、逆にケアをする家族のストレスは蓄積されていきます。長男は小中高と特別支援学校に通い、卒業してからは、自宅から三〇キロ離れたところにある障害者福祉施設に通っています。父親である私は地元放送局で報道部門に勤務しています。早朝から深夜に及ぶ勤務はざらで、事件や事故・災害がおこると真夜中でも呼び出しがかかります。台風や豪雨、地震が起こった時など、家の中が大変な時に限って、私は自宅にいないのです。結婚してから三〇年、長男や家の中のことはすべて妻に任せきりになっていました。

妻は長男といる間、息を抜くことができません。月に一度、通所している施設が運営するグループホームにショートステイをさせているときだけが、妻の心が休まる時でした。しかしコロナ禍で、そのショートステイも休止となりました。感染防止のためだと頭では理解していましたが、妻のストレスは限界に達していました。

新型コロナか？　知的障害のある長男が発熱

二〇二二年一月。新型コロナはオミクロン株に変異し、街では第六波が拡大していました。週末は外出をせず家で過ごすことが多くなりました。

月末の土曜日。長男は朝からビデオを見たり、ベッドでゴロゴロしたりしながら過ごしていました。いつもはリビングをウロウロ歩き回る彼が、この日に限って夕食の時間になってもベッドから出てきません。体温を計ったら三八度。もしかしたら新型コロナに罹患したかもと、県の積極ガードダイヤルに電話をかけました。しかし電話は全然つながりません。何度も何度もかけ続け、一時間ほどしてやっとつながりました。電話口の担当者に状況を説明したところ、「夜間急病センターに連絡をして検査を受けるように」と指示されました。

この時の時間は二〇時過ぎ。夜間急病センターの診療時間は一九時三〇分から二二時三〇分までということなので、急いで電話をかけました。しかし、すでに予約はいっぱい。「診療開始から三〇分ほどしかたっていないのに、もう診察してもらえないのか……」。驚きました。電話口の担当者からは次のように伝えられました。「明日であれば一八時半にはスタッフが来ているので、あらためて予約をとってほしい。急ぐのであれば、県の積極ガードダイヤルに連絡をしてはどうか」。

積極ガードダイヤルへはいま電話をしたばかりなのに……と思いながら、再び電話をかけました。夜間急病センターでは予約がいっぱいで受診できなかったことを伝えると、「広島市内で今晩中に受診できる医療機関はない」と知らされました。「どうしても大変な状況であるのなら、呉市にある総合病院が夜間診察を行っている。しかし必ずしも診察してもらえるかはわからない」とのこと。緊急性がないようであれば、明日朝を待って当番医で受診してはどうかと、アドバイスされました。

高熱で寝込んでいる息子を夜中に起こし、車で四〇分以上かけて呉市まで連れて行ったとしても、診察を受けられなかったら……。もし呉市で陽性が判明した場合、その後の対応はどうしたらいいのだろう……。考えた結果、朝を待って当番医に連絡をすることにしました。長男はぐったりして寝ていました。食欲は全くありません。スポーツ飲料とビタミンゼリー飲料を飲ませて様子を見ることにしました。

時間が不規則な私は家族とは別の部屋で寝ています。妻は前日まで長男と同じ部屋で寝ていましたが、布団をリビングに移し、三人が別々の部屋で寝ることにしました。一月下旬ということでとても寒かったのですが、我慢をして窓を開けて換気は続けました。

診察が受けられない！　知的障害者にはだかる受診の壁

翌日。朝になっても長男の熱は三八度を超えていました。今さら気休めだとは思いましたが、私と妻は自宅内でも常にマスクを着用することにしました。トイレや洗面所などで使用していたタオルは外し、すべてペーパータオルに切り替えました。そしてこまめに消毒をしました。

前夜に積極ガードダイヤルでアドバイスをされたとおり、広島市のホームページから当番医を探して電話をかけました。長男の症状を伝えて診察を依頼しましたが、重度の知的

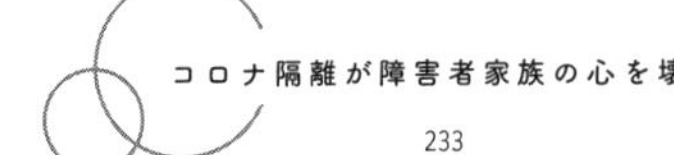

障害があることやマスクがつけられないないことなど伝えると、「マスクが着用できない人の診察はできない」と受診を拒絶されました。

私は途方に暮れながら、県の積極ガードダイヤルに三度目の電話をかけました。前夜からこれまでの流れを説明すると、現時点では対応が可能な医療機関はないと告げられました。そして夕方になるのを待って夜間急病センターに予約を取るようにと勧められました。これまで何度同じ話を聞いたことでしょう。もし予約が取れない場合は、月曜日になれば診察可能な医療機関が開くので、明日を待って連絡をするようにとも説明されました。

症状が出ていても診察が受けられない。診察や検査が受けられないので、陽性なのか陰性なのかもわからない。新型コロナは知的障害者のいる家庭を孤立させるということを実感しました。どちらにしても長男の発熱の原因が新型コロナでないと確認できるまでは出勤はできません。会社には「息子の診断結果が出るまでは休む」と連絡を入れました。

唾液が採取できない！　ＰＣＲ検査

前夜に確認したとおり、夜間急病センターの診察時間が始まる前に、予約の電話をかけました。診察開始の五〇分ほど前でしたがすでに診察開始時間の予約は埋まっていました。それでも「二〇時から二〇時三〇分まで」の時間で予約が取れました。電話予約の際に長男の症状と障害について説明しました。マスクがつけられないことも伝えましたが、それでもつけてきてほしいと指示されました。もちろんマスクはつけさせると答えました。受診にあたり、必ず自家用車で来ることと、到着したら建物内には入らず車内で待つよう指示されました。車の中が隔離室になるというわけです。車のない人は大変だろうなと思いました。

診察には妻と私の二人が付き添いました。嫌がるマスクもつけさせました。夜間急病センターでは建物の外にプレハブの診察室が建てられていました。駐車場から事前に伝えられた看護師の携帯に連絡し、車内で診察の順番を待ちました。十分ほど待ったところで私の携帯が鳴りました。順番が来たという知らせです。プレハブの前で医療スタッフが手を振っていました。「マスクをつけて来るように」という指示の元、妻と二人で長男がマスクをはずさないように、両腕を抱えて医療スタッフのもとに向かいました。口を動かしたり腕を払ったりしてなんとかマスクを外そうとする長男を押さえ、何度もマスクをかけなおしました。医療スタッフは全員、防護服と手袋、靴袋、マスクにフェイスガードという完全防護体制でした。

入り口の前でアルコールによる手指消毒を行ってから、プレハブの診察室に案内されました。プレハブの中には医師と看護師が待っていました。換気のためにドアや窓は開けっぱなし。医師との間にはアクリル板が立てられていました。言葉が理解できない長男に代わり、妻が問診に答える間、私はマスクを外さないよう、息子の体を押さえていました。問診から「コロナ感染の可能性が高い」ということで、ＰＣＲ検査を受けることになりました。検査方法は唾液の採取。車に戻って唾液を採取するようにと指示されました。

長男は言葉を理解できません。唾を吐くまねをしてなんとか採取しようとしましたが、同じように舌を出すだけで、唾液は全然出しません。唾液を採取するため専用の針のない注射器があるという話を思い出し、医師に相談したところ、すぐに貸してくれました。車に戻り、口をあーんと開けさせて、口の中に注射器を入れます。そして少しずつ唾液を吸い取り、試験管に納めます。唾液を採取している最中にも咳が出ます。顔じゅうに飛沫を浴びることになりますが、検査のためには仕方がありません。嫌がる長男をなだめながら、何度も口の中に注射器を入れました。老眼で近くのものが見えにくくなっている私は、普段つけている近視用の眼鏡をはずし、裸眼で口の中を覗き込むようにして口の中にたまった唾液を吸い取ります。ずいぶん前に買っていたフェイスシールドを持ってくればよかったなとも思いましたが、あまりの採取の困難さにすぐに目の前の唾液を吸い取ること以外に意識が向かわなくなりました。

なかなか口の中に唾液は溜まりません。前に出張帰りでＰＣＲ検査を受けた時のことを思い出して、スマホでレモンの写真を探して見せたりしました。しかし、そもそもレモンを食べない長男にとって、「すっぱい」感情は湧いてこないようです。好物のラーメンやオムライスの写真を見せたりもしましたが、食欲がないせいか長男の唾液は増えません。何度も何度も口の中に針のない注射器を入れ、必要量の唾液が採取できた時は、これでやっと検査ができるという嬉しさと達成感でいっぱいになりました。唾液の入った試験管を小さなビニール袋に入れて、建物の外で待っている医療スタッフに渡しました。

私も感染　家族を残して入院へ

翌日、長男の陽性が判明しました。相変わらず彼はベッドからは起き上がってきません。そして私も発熱と激しい頭痛で動けなくなりました。診療機関で受けた検査の結果、私も陽性であることがわかりました。保健所とのやり取りは携帯電話で行います。しかし呼吸はどんどん苦しくなり、話をすることも難しくなってしまいました。あまり私が苦しそうだったせいか、保健所の担当者は療養ホテルへの入所を調整してくれました。当初は同じく陽性と診断された長男と二人でツインの部屋をと希望しましたが、自閉症の長男が十日間もホテルの部屋から出られないのは無理だろうということで、妻と相談をして私一人でホテルに入ることになりました。息子のケアは無症状の妻に託し、迎えに来たコロナ患者搬送用の車に乗りました。

療養ホテルに到着してすぐ血液中の酸素飽和度（ＳｐＯ２）を測定しました。ＳｐＯ２値は九〇％を切ると呼吸不全の状態なのだそうですが、私の値は八八％。そのまま入院することになりました。もし長男を連れて療養ホテルに来ていたら、いったいどうなったことだろう……後から考えると、ゾッとしました。

ひとりっきりで支えていた妻も発症

入院直後は呼吸が苦しく起き上がることもできませんでした。しかしＬＩＮＥで家族と簡単な連絡をとることはできました。妻からの連絡によると、長男が通う障害者福祉施設では、結局、通所利用者二六人、職員一一人の合計三七人の感染者が出ていたそうです。

ある日、妻からのＬＩＮＥの最後に「のどの痛みが出てきたけど熱はないので大丈夫」とありました。心配ではありましたが、熱がないのならとりあえずは良かった……と思いながら「念のために保健所に連絡するように」と伝えました。

入院して一週間ほどして、隣の県に住んでいる娘から「母さんの様子がおかしい」と連絡が入りました。そういえば、ＬＩＮＥの内容は「私は大丈夫」「私のことは気にしないで」という言葉が増えていました。この頃になると私の症状は落ち着きはじめ、咳き込みながらも話ができるようになっていました。

携帯の使用が認められたエリアから、入院して初めて自宅の妻のもとに電話を掛けました。そして、驚きました。妻が全然大丈夫ではなかったからです。彼女の心は壊れてしまっていました。妻は私が入院した翌日ころから咳やのどが痛み始め、全身の倦怠感などで動けなくなっていました。それでも長男がいるために、動かざるを得ません。自宅隔離中なので誰にも助けを求めることはできません。自分の調子がどんどん悪くなる一方で、長男は少しずつ体が動くようになっていきました。自分自身の症状が重くなっているのに、息子は大きな声をあげながら家の中をウロウロします。体調悪化にストレスが追い打ちをかけます。トイレに行くのを失敗して、パンツの中に下痢のウンチを漏らされていた時には、泣きながら処理をしたそうです。

心配して知人などからいろいろ連絡が入ったそうですが、その内容は「ここに連絡するように」とか「○○をするほうがいいよ」というアドバイスばかり。直接会いに行けないからこその連絡なのですが、妻からすると「これだけ頑張っているのに、これ以上どうしたらいいの」という感情が重なって、精神的につらくなっていったそうです。そこに夫である私から「保健所に連絡して」とのＬＩＮＥが届いて、心が折れてしまったそうです。「ただ寄り添う言葉が欲しかっただけなのに……」涙声の妻は言葉をつまらせました。家族を支えなければならない私が、無自覚な言葉でとどめを刺してしまいました。

彼女の話したことは、たぶん氷山の一角なのでしょう。新型コロナに罹患して、動かなくなった体で知的障害のある子を支える。しかも誰にも頼れない。妻が背負わざるを得なかったプレシャーは、どれほどのものだったことでしょう。彼女な悲痛な訴えに、私は言葉を失いました。

新型コロナは治ったけれど……　ケアラーのメンタルは限界

私は一週間の入院ののち療養ホテルに移されて、発症十日目で解放されました。

感染者が出て休所していた障害者通所施設は一か月ほどで再開されました。しかしショートステイは一年以上にわたって休止されました。新型コロナ感染による行動制限は十日で解除されましたが、家族全員が肉体的に回復するのには、一か月以上かかりました。一方、メンタル面でのダメージは今も癒されてはいません。

新型コロナは、わが家の問題を明らかにしました。三〇年間、私は仕事に没頭して家のことすべてを妻に任せていました。彼女のメンタルは限界に達してしまいましたが、新型コロナだけが原因だったわけではありません。介護負担が蓄積し逃げ場を失ったケアラーにとって、「新型コロナはただのトリガーだった」といえます。

障害のある子をワンオペで育て続けることの重圧を、一番近くにいるはずの私が見ていなかった。私は大いに反省しました。すでに限界に達している妻が背負っているものを軽くするためには、いったい何が必要なのか？　夫婦で話をして出した結論が、「会社を辞めて、私が長男のケアを担当する」ことでした。仕事人間だった私が会社を辞めるという事は、私にとっては大きな決断でした。しかし、家族より大切なものはありません。会社の制度として六五歳までは働けるところを五八歳でのセミリタイアです。年休や代休を消化しながら出勤数を減らし、少しずつではありますが、私の家の中での担当を増やしています。そして休みを消化しきったら正式に退職するつもりです。これから先、どんな試練が待っているのかわかりません。夫婦ともに無職となり不安はいっぱいですが、何とか乗り越えていきたいと思っています。

ケアラーはスーパーマンじゃない

仕事を離れ、介護を行う身となって気がついたことがあります。それは「世間は家族が介護をするのは当たり前だと思っている」ということです。障害のある子の介護は、その親が倒れるまで続きます。障害者支援が語られるとき、そこに家族であるケアラーの存在が顧みられることはほとんどありません。

子どもが感染症に罹患して隔離を強いられる時、親は必ず付き添います。自分自身が感染すると、体調が悪い状態のままで介護を続けなくてはなりません。しかも救いの手はありません。コロナ禍は、障害者を支える家族ケアラーの問題をあぶり出しました。多くの親は常に障害のある子と共にいます。しかし、家族ケアラーはスーパーマンではありません。病気になったり大きなケガを負ったりする事もあれば、年も取ります。たとえ自分の体調が崩れても、子どもの介護は続きます。社会の片隅で孤立している家族ケアラーはけっして少なくありません。支える人を孤立させない施策の実現を。そのためには、当事者である親たちが、「助けて」と声を上げ続ける事が大切だと感じています。

ここまで書いて、筆を置いた直後のことです。

新型コロナが二類から五類に移行する直前の二〇二三年四月、長男の通う通所施設で再び職員と利用者に感染者が出ました。三月に再開されたばかりのショートステイは再び休止となりました。親たちの苦難は、これからも続きます。

息子のグループホーム生活で体験したこと
——コロナ禍の前・コロナ禍で

沖田友子

私の息子は三九歳。先天的な病気で、八歳で歩行を獲得し、二〇歳くらいまで歩いていました。現在、外出は車椅子を押してもらっています。重度の知的障害で言葉はありませんが、お腹がすくとお腹をぽんぽん叩いて「食べたい」と訴えたり、尿意をもよおすとズボンの前を押さえて教えてくれます。自分に振り向いてほしい時は両手を振って「こっちを見て〜」とウオーっと笑顔で呼びかけます。

父親は一五年程前に亡くなっています。三人兄弟の下二人は独立して京都を離れましたが、二人とも障害のある兄のことに理解ある伴侶と巡り合うことができ、家庭をもちました。小さい頃から、兄の生活に否応なしに付き合ってきたので、私がいなくなった後は、自分達が面倒を見なければならないと考えていたと最近知りました。

コロナ禍前のグループホーム生活

息子がグループホームで生活を始めて七年ほどになります。開設当初は週三日宿泊するという運営でしたが、やがて月曜から金曜まで五日となり喜んでいました。いずれ三六五日宿泊できるようにすると言われていたので、やっとこれで安心できたと思っていました。ところが、環境や世話人さんにも慣れて、ようやく落ち着いたかなと思っていた一昨年、「経営悪化で赤字が膨らんできたことから、宿泊日数を月曜から木曜の四日に減らします。人件費を抑えるためです」と突然お便りがありました。宿泊日数が一日減るということは、フルタイムで働いていた私は、どう生活を回していけばよいのか、責任ある仕事を全うできるのだろうかと不安だらけになりました。

家族任せの運営に対する腹立たしさ、怒りが湧いてきましたが、個別契約したヘルパーさんと宿泊することは認めるとのことだったので、必死で夜間宿泊できるヘルパー探しを

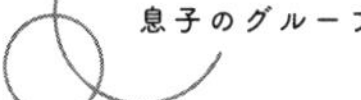

始めました。いろいろ事業所を当たり、ご縁あって巡り合えた事業所が新たにヘルパーを養成するのに数か月かかりましたが、そこから金曜日にヘルパーを派遣してもらえることになりました。そのおかげで月曜から金曜までの宿泊が復活し、私は仕事を無事に続けることができました。何より今まで何年もかかって一週間家族の介護なしで生活する力をつけてきた、本人のモチベーション、コミュニケーション力を守ることができたと思っています。

国の制度設計の問題点

重度の障害者が宿泊するグループホームは、世話人一人で対応することは難しいので、夜間は世話人さんが複数配置されて手厚い体制をとっています。そのため国が想定している何倍もの人件費がかかるので、事業所の持ち出しが膨らんだという訳です。

経営が苦しいのは開設前から想定されていて、同じ法人が運営する生活介護や居宅介護事業所の収益でグループホームの赤字を補うこととする、と説明を受けていました。ところが、福祉業界の低賃金からか居宅事業所は人材不足。グループホームの運営さえも、学生アルバイトが卒業すると次が見つからず、週三日しか宿泊できないということも起きていました。グループホームで宿泊できない日は、自宅に帰り家族が介護するしかありません。長期間の在宅生活で家族からは「もう我慢の限界」と声があがっていました。

また、週末自宅に戻ることができない利用者は、この二年ほどで三名が施設入所されました。グループホームは通過点でしかなく、京都市内の入所施設が満床で待機者がたくさんいると聞いているので、このままではどこか知らない土地で過ごすことになるのかもしれないと不安ばかりが膨らんでいます。

陽性者が出たら「全員帰ってください」

二〇二二年はさらに家族負担を痛いほど味わう年になりました。コロナでグループホームに陽性者が出たのです。陽性者を家族が介護できず自宅に帰ることができないということで、その人はグループホームにとどまりました。救急車で搬送されたのですが、病院に入院することはできなかったそうです。

その日「グループホームを閉鎖するので全員帰ってください」と電話連絡がありました。

「濃厚接触者ではないのですが、同じ扱いにするので自宅に帰ってください」とのことでした。

仕事中にいきなり電話で「今日から閉鎖しますので、すぐ迎えに来てください」と言われた私は、頭が真っ白になりました。濃厚接触者ではないけれど同じ扱いって、どういうことなのだろうか、仕事の段取りはどうしようか、今日はどういう手段で迎えに行こう、今日の晩御飯、食材をストックしてなかった等々、様々なことが頭をよぎりました。

同時に、なぜ陽性者を隔離してホームの生活を継続できないのだろうか？　濃厚接触者と同等の利用者が自宅に帰ることで感染が広がることにならないのだろうか？　高齢の家族や基礎疾患のある家族が陽性になっても構わないというのだろうか？　さまざまな思いが交錯して納得がいかないままでしたが、職員から言われるとおり、仕事の段取りと夕食の買い物をして自宅に連れて帰りました。

症状はなかったので、抗原キット検査をしてヘルパーさんと外出し過ごしていましたが、四日後、突然高熱と嘔吐が始まりました。恐れていた感染でした。ニュースで案内されていた相談支援センターや保健所は、電話しても呼び出すことさえしないうちにぷつっと切れてつながりませんでした。携帯電話で何とかつながらないものかと祈る気持ちで、かかりつけ医に電話しました。何度コールしたか覚えていませんが、看護師と話をして親子同室で入院できることになりました。救急車はすぐに来て、病院に運んでもらうことができました。テレビで見た承認薬の点滴をしてもらい、幸い軽症で退院することができました。

入院生活を体験して、手袋、ガウンなどでしっかり感染対策して、飛沫が飛び散らないようゴミはすぐ袋に入れて縛っておく、レッドゾーンでは靴を履き替えるなど、看護師の感染対策から多くのことを学びました。福祉現場でもいかに感染しない状況を作るのか、職員が最低限、感染対策の重要性を認識しておくことが必要だと感じました。

後になって、同じ京都市内の他のグループホームでは感染対応マニュアルを作成してあって、家に帰ることができない人が感染しても職員だけでホテル療養で乗り切ったという話を聞きました。福祉施設同士が緊急時の対応について学びあう機会も大切だと思います。

家族の負担軽減を

普段、通所先から電話がかかってくると「どきっ」としていましたが、その後も「また陽性者が出ました。今日からグループホームを閉鎖しますので、自宅に連れて帰ってください」。

電話から当たり前のように聞こえてくる職員の言葉に、なんでこんな簡単に迎えに来るよう言えるのだろう、家族の生活のしんどさをわかってもらえているのだろうか、と疑問が頭をよぎり、「息子との時間を神様が与えてくださっている」と素直に自宅で過ごす時間を喜ぶことができませんでした。元気でも外に出かけることができず、玄関で「お散歩に行きたいよ」と大きな声で訴える息子に「ごめんなあ、しかたないなあ」。そんな言葉しか見つけられない自分が情けない気持ちになっていました。

今では待機期間は短縮されて、濃厚接触者は検査で二日目と三日目に陰性確認ができれば、元の生活に戻れることになっています。けれども息子がお世話になっている事業所では「うちの施設のルールですから利用できません」と七日間の待機を余儀なくされ、生活介護もグループホームの利用もできないことが繰り返されました。

コロナは目に見えないもので、誰が持ち込んだと証明できるものではありません。施設に行かなかったとしても、ヘルパー利用や外出など、どこで感染するかもわかりません。他の事業所では受入れしているのに、独自ルールだと家族負担を強いていることに、納得できる説明を果たしてほしいです。家族は孤立していますが、事業所も孤立しているのかもしれません。どうか家族の気持ちに思いをはせて、家族の負担を少しでも軽くできるよう、事業所もコロナと共存することを社会的使命だと考え変わっていってほしいと願っています。

＊この原稿を書いた後で、お世話になっている事業所の一つから声をかけていただいて、息子はバリアフリーの賃貸のお部屋でヘルパーさんたちに支えられて一人暮らしを始めました。グループホームで夜よく眠れなかったのが嘘のようです。よく寝てよく食べ、新しい支援者との写真は笑顔満面です。週末の夜、そのツーショット写真を見ながら、私の手元から巣立っていったことに涙あふれる私がいます。どこか息子に寄りかかっていた私の人生。私も自分の時間を大事にして楽しい人生を送りたいと思っています。

自立生活をしている重度身体障害者がコロナに感染したら

中野まこ

コロナ禍に振り回されて

私はウルリッヒ型先天性筋ジストロフィーという難病があり、電動車いすを使い、夜間就寝時に人工呼吸器を使いながら、夜間も含め長時間見守り介助も可能な重度訪問介護を利用して自立生活をしています。大学進学を機に地元の山口県から愛知県に来て、介助を使いながらの自立生活は二〇二三年の四月で一四年目になります。大学卒業後は、豊田市にある当事者団体（自立生活センター）に所属し、障害のある人の自立支援や権利擁護活動等を行っています。

筋ジストロフィーは全身の筋力低下や呼吸機能の障害を引き起こします。握力は両手ともに三キロほどしかありません（新品のペットボトルは開けられません）。身体の可動域が狭く、手先は顔のあたりまでしか上がりません。手が届く範囲にパソコンやスマホを置いてもらえれば自分で操作ができます。また車いすとテーブルの高さが合えば食事も自力で可能です。調理、衣服の着脱、整容、トイレ、入浴などＡＤＬは全介助ですが、介助が必要なことは言葉で介助者に伝えサポートしてもらっています。このように私のできないこと（機能障害）は、重度訪問介護の介助サービスや、電動車いす、人工呼吸器などの機器を使用することで軽減され、当たり前の生活を送ることができています。しかし、新型コロナウイルスは私の当たり前の生活を一変させました。

コロナ禍になり、みなさんも様々な制限を感じながらの生活を送られていると思います。行きたいときに行きたいところに行けない。自粛しなければならない。これは、自分の意思とは関係なく長期入院、施設入所を強いられている障害のある人や、必要な時間数の介助を保障されていない障害のある人の生活と同じだと思います。コロナ禍以前に障害のある人の生活はそもそも様々な制限を受けていて、すでに「コロナ禍」だったわけですが、自立生活を始めた私は、そういった制限されてきた生活のことを忘れかけていました。

休みの日は出かけることが好きな私。コロナ禍になり、介助者のことを考えると出かけることにプレッシャーを感じるようになりました。一人暮らしではあるけれど、私だけの生活ではない。毎日複数人の介助者に支えられ、毎週十数人の介助者が入れ替わり来てくれます。感染させるかもしれない、感染させられるかもしれない。最低限の外出と、できる限りの感染対策をして、日々緊張が解けない生活を送るようになりました。

介助がストップするってどういうこと？

コロナ禍三年目の二〇二二年になって半月が経ったころ、唾石症という病気が見つかり手術をすることになりました。手術後は身体も弱っており、しばらく体調が優れませんでした。

一月二二日（土）に喉に違和感を覚え訪問診療にてＰＣＲ検査を実施、翌二三日（日）に陽性と判明しました。本来であれば二四時間介助の日でしたが、私と濃厚接触にならないように日中は「二時間おきの一〇分程度の介助」という必要最低限の介助派遣体制に切り替わりました。私と濃厚接触になった介助者も多数いたり、様々な事情で介助に入れない介助者もいたため、夜間帯の派遣がストップしてしまいました。自立生活をスタートさせて、夜間の介助がストップになったのは今回が初めてでした。ベッドに移乗して人工呼吸器をセットしてもらい介助者には帰ってもらいました。

普段であれば、必要な時に呼べばすぐに来てくれて体位交換や喀痰の介助（カフアシストという機械を使用）などをしてもらうのですが、朝まで同じ体勢で、痰を出したくても自力でするしかありませんでした。喉が渇いても水分補給もできません。ベッドに横になってしまうとスマホを触るぐらいしかできないため、朝まで不安で眠ることができませんでした。二四日（月）も入院できないとわかったため、介助者がいる日中に寝て、夜間は車いすに乗ったまま過ごしました。二四時間対応の訪問看護も利用していましたが、「緊急事態のみ対応」と言われ、不安な気持ちだけで訪問依頼はできないと思い、頼ることはできませんでした。

保健センターとは陽性と判明した日から電話でやり取りをしていました。呼吸器疾患があり重症化する恐れがあるため入院したいこと、介助派遣がままならない状態では生活が成り立たないことなどを伝えましたが、二五日（火）になっても入院案内はありませんでした。「救急車を呼ばないと入院できなかった」という話をコロナに感染し入院した車いすユーザーから聞いたこともあり、時間が経つにつれて症状も悪化し不安もあったため、救急車を呼ぶことを決めました。搬送先の病院に入院することになりました。

コロナ病棟での入院生活

日本全国の医療機関が緊急事態の中での入院生活では、様々なことを考えさせられました。隔離、陰圧室という特殊な環境の中、日常生活に介助が必要な人が入院した場合、どこまで介助を受けられるのか不安でした。車いす対応のトイレには行けないとのことで、おむつでの排泄でした。看護師不足、できるだけ接触を減らすなど、コロナ禍で緊急事態ということは理解していますが、濡れたおむつを数時間履いたままでいなければいけない状況は、とてもつらいものがありました。さらに、確認なく異性介助もありました。コロナ禍でなくても、施設等では平然と意思とは反する異性介助が行われている現実がありま す。その点についても考えさせられました。

また普段使っている人工呼吸器やカフアシストは、ウイルスを拡散してしまうため入院中は使用できないと言われました。そのため病院側が準備した人工呼吸器を使用することになりましたが、似ている設定とはいえ、自分のものではない機械を使う怖さがありました。人工呼吸器ユーザーは、自分の人工呼吸器を使えないかもしれないということを知っておいた方がいいでしょう。

入院できたことで、必要な治療を受けることができました。コロナウイルス対応の中和抗体ゼビュディ点滴を翌日に行い、それから症状が緩和してきました。本来であれば入院三日目には退院させるという方針だと言われましたが、隔離期間が終わらないと介助派遣ができないということを伝え、隔離解除になる二月一日（火）に退院することができました。

退院に向けてヘルパー派遣事業所とのやり取りは、退院支援を行っている病院の機関が行ってくれていましたが、私の方に情報が回ってこないことが多く、わからないことも多かったです。隔離病棟なのでそういったやり取りも難しいのでしょう。

一緒に考え続けていきたいこと

実際に自分が新型コロナウイルス陽性となり入院したことで、様々なことに気づかされました。重い障害のある人の中には介助を使って自立生活をしている人もいることが保健センターや病院等にはまだ浸透していないことを痛感しました。何度も「家族は？」と聞かれ、いまだに家族介護が当たり前の風潮が根強く残っていると感じました。また利用者や介助者が陽性・濃厚接触者になったときの対応について、行政が各事業所に丸投げしていることも問題でしょう。中には完全に介助者派遣をストップする事業所もあるため、介助保障されるよう行政として取決めをして、各事業所へ指導をするとともに、報酬加算など介助者を守る仕組みも作らなければならないと感じます。

また、コロナ禍になり入院中に介助者が病棟で介助をすることができない状況が続いています。そのため介助マニュアル等をもしものときのお守りとして準備しておくと良いでしょう。あわせて、介助者が入院中も介助に入れるように病院へ要望していくことも必要だと思います（本来であれば、障害支援区分6の認定を受けていて重度訪問介護を利用している人は入院中も介助制度を使えることになっています）。

二日間夜間の介助がストップし、ベッドに寝かされて水分補給もできない、トイレも行けない、痰も出せないという経験をし、当たり前の権利とは何かと考えさせられました。同時に、重度訪問介護の必要性と素晴らしさを改めて実感しました。必要なときに必要なサポートが得られること。それがあれば、私は安全に当たり前の生活を送れるのです。

座談会

七人の母〝その後〟を語り合う

児玉真美×福井公子×根本希美子×たっくんママ×新井たかね× madoka ×浅野美子

児玉真美：みなさん、お久しぶりです。夏に Zoom で打ち上げ交流会をやりましたが、それ以来ですね。ちょうど七月七日、七夕の日でしたね。あの時は、でき上がった初版が手元に届いた数日後というタイミングでもあって、ずいぶん盛り上がりました。

浅野美子：打ち上げ交流会では初めて顔を合わせた人が多かったのに、ホンネがとんどん出て、楽しかったですね。

福井公子：そう、そう。それで「打ち上げ」が途中から増補版の「企画会議」のようになっていって……（笑）。

根本希美子：あっという間に、この本を増補版にしようという話が決まったのには、びっくり。

たっくんママ：私なんか、あの日は Zoom の接続がうまくいかなくて参加できず、後で録画したものを見せてもらって、「ええ～っ」て叫びましたよ（笑）。

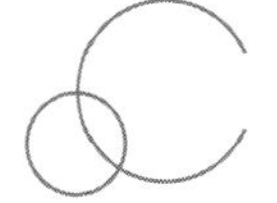

児玉：盛り上がった勢いに乗じてサクサクと話を進めてしまって、スミマセン（笑）。私自身もあの日は「大きな仕事が終わったぁ！」という解放感に浸りつつの打ち上げだったんですけど、出てくる話がどれもこれも面白くて、ついスイッチが入っちゃった（笑）。

浅野：夏の交流会は、しんどいのは自分だけじゃない、みんなつながっている、そんな連帯感がありましたよね。私も「ここで出た話をそのまま座談会にすれば面白いものになりそう」って思ったし、そう言った記憶があります。

児玉：そうです。浅野さんのあの一言が私のスイッチを入れました（笑）。あの時は、平尾直政さんに追加の章の執筆依頼をした直後でした。初版のあとがきに書いたように、母だけの本にしたくなかったという思いはずっと尾を引いていたし、家族全員が感染したり自宅療養で苦しんだりといった、親たちの一番苦しい体験が拾えていないということも気になっていたし。仕事で知り合いだった平尾さんから家族で感染したという話を聞いた時に、父親としての忸怩たる思いを率直に語ってくださる言葉にも、退職を前倒しされた決断の重みにも心を打たれたので、「これはぜひ書いてもらいたい！」と思いました。平尾さんも快諾してくださった。

とはいえ、考えていたのは増刷の際に平尾さんの章を追加するところまでで、その先はおおいに考えるはずだったんですけど、でも、交流会でみなさんのホンネがどんどん出てくる中で「増補版だ！」って直感しちゃった。そこはもう本能的に（笑）。

そんなわけで、今日は前回の交流会の時に出た話も盛り込みながら改めて語り合うという趣旨になりますので、よろしくお願いします。最初は、やっぱり七月の頭に初版を初めて手にした時の感想とか、他の人の章を読んで思ったこととか、そういうことから振り返りましょうか。

●著者それぞれの感想

福井：読んでまず思ったのは、子どもの年齢も障害も住んでいるところも違う著者たちが書いていて、全体のバランスがとてもいいな、ということでした。私は徳島在住なので、都市部と違って支援資源が少ない地方の実情を意識して書こうと思っていたし、あえて在宅にこだわって書きましたが、新井さんの章にも共感したし、児玉さんは入所の親の気持ちを代弁していて溜飲が下がりました。

新井たかね：私は娘の入院体験と、同じ法人の中でコロナで入院した二人の女性の大変な体験を書かせてもらいましたが、ゲラの段階で全体を読ませてもらった時に、家族のなかで頑張るしかなかった在宅の皆さんの壮絶な体験が書かれていたので、うちは入所だし、娘が守られている私の文章でいいのかな、と思ったりしました。だから、福井さんに共感したと言ってもらえると、ほっとします。

うちの法人でも通所の仲間たちが大勢いるので、通所の家族の思いはどうなのか、コロナの最初の頃に何人かに文章を書いてもらったことはあるんですけど、でも施設も職員も初めての体験でハラハラドキドキの中、親の声はやはり出しづらいままできました。この本に参加させてもらって、皆さんの取り組みから学ぶ機会になりました。

浅野：私はソッコーでお受けしましたよ。書くよりも話す方が得意なので、お話をいただいた時には「書くのかぁ……」とも思ったけど、でも、やはり言葉にしないと伝わらないことがあるので。

手元に届いて、他の著者の章を読ませていただくと、地域、年代、障害種別、在宅・入所・

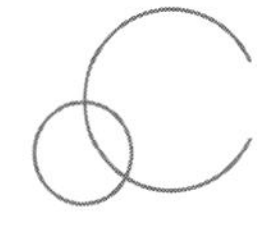

入院、自分とは違う立場それぞれの大変さがありますよね。大変なのは自分だけじゃないということを痛感しました。

根本：私も文章を書くのは苦手なので、声をかけてもらった時には書けるのか不安だったです。でも医療的ケア児支援法や茨城県のケアラー支援法についても触れてほしいと言われたので、それなら書けるかな、というか、むしろそれなら書かないといけないという気がして、お引き受けしました。手にした時には、自分の名前が著者として本に掲載されていることに感激しましたよ。

たっくんママ：私も今回、執筆のお話をいただき大変光栄なお話でビックリしつつ、即答でお受けしたのですが、執筆されるメンバーを知って二度ビックリで……。私のような者が一緒に書かせていただいても大丈夫でしょうか？　と児玉さんと生活書院の髙橋さんにお聞きしたくらいです。

福井：たっくんママの章の臨場感はすごいですよ。ブログもいいけど、また書いてほしい。

たっくんママ：わぁ、その言葉、嬉しいです！　ありがとうございます‼　今回、一冊の本にみなさんと名を連ねることができて、本当に嬉しいです。

madoka：私はコロナ禍で付き添い入院した経験から感じた疑問点を周りの誰とも共有できなくて、初めはインターネット上に書き込んだだけだったんです。でも偶然それを見つけた共同通信社の記者さんから取材を受けることになって、そのことがきっかけで児玉さんにも共著のお声がけをいただいて、改めて嬉しく思っています。原稿はツイッターや日記に書いていたことを元に書きました。

児玉：みなさん、それぞれお忙しい中で、本当にお疲れさまでした。編者としては、最強のメンツに書いてもらえて良い本ができたと、心から感謝しています。

ちょうど一年前、二〇二一年の一二月に日本学術会議哲学委員会のシンポ「コロナ禍における人間の尊厳」がZoomであって、私も「コロナ禍で障害のある人と家族が体験していること」として発表したんですけど、その時はこの本がまだ出ていなかったので、自分自身と身近な人の体験しか語ることができませんでした。その後、そのシンポが学術会議叢書として書籍化されることになって、八月末締め切りで書きました。また刊行されたらご報告しますが、そちらではこの本から引用しながら親たちの体験を多様な事実として書くことができました。やっぱり説得力がまるきり違うんですよ。いろんな体験が語られ、それが活字として取りまとめられることの意義の大きさを痛感しました。

●マスクのこと

たっくんママ：福井さんが紹介された「マスク練習中」のTシャツ、あれは面白かったですね。私の身近な親仲間にも、すごくウケてました。

福井：Tシャツに限らず、皆さんいろいろ工夫しておられると思いますけど。あのTシャツは、息子が行っている通所施設の職員さんが今も着てくれてます。

浅野：欲しい人がいっぱいいると思いますけど、売らないんですか？

福井：販売すると手間が大変だから売らなかったんですけど、作ってくれた就労支援B型事業所にはデザインを「使っていいよ」と許可したので、そちらに注文してもらったら、買えるんじゃないかしら。育成会がやっている事業所なので、応援にもなりますから、ぜひ（笑）。

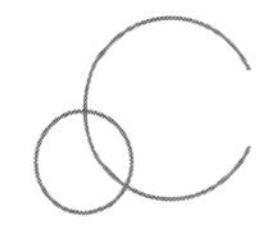

児玉：マスクをつけられないことでは、みなさん困ってますね。夏に某県の障害関連の集まりに行った時にも、「うちの子は障害のためにマスクがつけられないんだけど、これについては声を上げにくい」という声が出たんですよ。それで私はすかさず自分の手柄のような顔して（笑）福井さんたちのTシャツのことを紹介しました。「マスクができません」じゃぁケンカを売ってるみたいだから……という下りには笑いが起こっていましたよ。

コロナ禍で声を上げにくいことは多いけど、まずは言いやすい仲間同士で言葉にしてみたら、このTシャツみたいに思いがけないアイデアが生まれてくるかもですね、みたいなことをお話ししました。

根本：コロナでいろんな親の会も集まりにくくなったのが悩みでしたけど、やはり同じ立場の親同士が集まって率直な思いを語り合う場は大切だなって、改めて感じましたね。

浅野：私たちの本は、地元の仲間たちとはまだ集まりにくかった状況で、ある意味、親同士の思いを繋ぐような役割を果たしたのかもしれません。いろんな親たちの体験を分かち合い、書籍としてお届けできて、改めてよかったです。

一同：ほんと。ほんと。

●付き添い入院

根本：私はmadokaさんの付き添い入院の章に、よくぞ言ってくれた‼と思いました。息子の侑弥が生まれて一六年間、私も入院のたびに思っていたことでしたもん。

今年（二〇二二年）の三月にも、コロナ禍になって初めて二泊三日の検査入院に付き添ったんですけど、胃の内視鏡検査、いわゆる胃カメラです。なーんだ胃カメラかと思われる方も多いかもしれませんが、息子の場合は全身麻酔で行います。麻酔の影響で呼吸状態が悪くなる恐れがあるので、挿管による人工呼吸器管理が必要となるんです。そのために、たかが胃カメラされど胃カメラ、二泊三日の入院となりました。でも入院の目的としては病気でもなければ体調悪化でもないので、いつも以上にスタッフは関わってこないし、すべては母任せ。

コロナ禍なので、付き添いの交代も付き添い者の外出も不可。他の親族の面会もできない。付き添いが利用できるシャワーは病棟からは遠くて、三〇分の利用時間制限もある。お昼寝をしているだろうと予測できる時間帯にシャワーの予約を入れても、実際にはその時間になってみなければ分からないし、もし寝ていたとしても普段本人のケアをしていないスタッフに声をかけ、本人を残して病棟を離れるのは不安です。

福井：本人のことを日ごろから分かっていない人には、適切なケアは無理ですよね。特に医療的ケアがあると、怖くてお任せしにくいでしょう。

根本：そうなんです。果たして気にかけ、ちゃんと見てもらえるかも気がかりで、正直、一日くらいシャワーしなくてもいいっか！ なんて思ってしまう。

もともとコロナ禍の前から、母親が付き添っているとモニター・アラームが少し鳴ったくらいじゃスタッフが部屋に来ることもなく、スタッフ交代時の巡回では決まって「何かあったら呼んでください」との声かけだけだったんです。「あぁ、この人の今日の業務の流れの中に、この部屋（うちの息子）は入っていないんだな」と感じるし、「看護師＝薬とごはん（注入用栄養剤）を持ってくる人」と認識していました。小児病棟への入院では、いつも母の付き添いが求められますけど、母が付き添いをしていると本当に看護師さんが来ないんですよ。

madoka：来ないですよねぇ。ほんと、母任せ。

児玉：その「母任せ」については、私も昔、海の幼児期に頻繁に入院に付き添うたびに、なんか疑問を感じていました。だって、父親が付き添う時と母親が付き添う時とで、看護師さんの扱いがまるで違う（笑）。夜中に看護師さんが入ってくると、親としてはどうしても寝たままでいるのは悪い気がして、手伝えることがあったら手伝おうとしますよね？　私が泊まっていると、それに対して何かを言ってもらったことはないんだけど、夫が泊まっていると「あ、お父さんは寝ていいてください。これは私たちの仕事ですから」。

一同：（笑：「あるある」感満載）

児玉：当時は私もフルタイムで仕事をしていたんですけど、付き添いが母親だったら起きて手伝って当たり前みたいな空気がある。その後、施設に入ってからは「お母さん、いいから寝てて」と言ってもらえるんだけど、病院では私は言ってもらったことはない。病院でそれを言ってもらうのは常に父親だったんですよね。「なんだ、この違いは？」と内心いつも釈然としないものがありました。

根本：わかるー！

児玉：でも、私たちの世代は、それを世の中に向かって声にしていこうなんて考えられなかったから、madokaさんがYahoo!ニュースで鋭く問題を指摘している言葉に、当時のモヤモヤを思い出して、この人に書いてほしい！　と思ったんでした。

madoka：記事に目を止めてもらって、ありがとうございます。私はただ「付き添い入院の苦しさ」

という狭い着眼点でしか書けなかったんですが、皆さんの章を読んで、感染対策のための付き添い入院の禁止や面会制限が、一方では病院や施設にいる障害をもつ人たちの健康までも害していることに大きな衝撃を受けました。いろんな切実な思いがあるんだなと思ったし、コロナに対する考えも少し変わった気がします。それまでは、ただ身近に見えている範囲でコロナのことを考えていたけど、もっと広い視点で考えられるようになったというか。ママ友とこんな話をする機会がなかったので、書かせてもらえてよかったです。

●「親心の搾取」とジェンダー

新井：madoka さんの「親心の搾取」という言葉、あれもいいですね。初めて聞きました。

たっくんママ：私もあれには痺れました！

新井：ジェンダー平等が言われる中で、私たちは枠外に置かれてしまっていますもんね。
　以前、友人と三人で新聞の取材を受けた時に、記者さんが最初に「それぞれ年齢とお名前を聞かせてください」と言われたんですけど、そしたら友人二人は、子どもの年齢と名前を答えたんです。「そうか、母たちは黒子として生きてきたんだ」と気づいて、私たちは黒子じゃないという認識を持たないといけないなとその時に思ったんですけど、「親心の搾取」というmadoka さんの表現から、その時のことを思い出しました。

浅野：でも、新井さんがジェンダーを言われたように、それって「親心」というよりも「母心」じゃないですか？

一同：（口々に）わ、鋭い！　その通り!!

浅野：初版でメンズと私が感染した時の体験を書きましたけど、あれも夫を守るために宿泊療養に逃げたわけで、でも「あなたはそれでいいの？」「母だけでやるんですかね？」と、ずっと思っています。「家族のあり方をちょっと考え直したほうが、よろしくないですか？」ということを、コロナ禍になってずっと考えてます。だから、まさに「母心の搾取」ですよね。

一同：（やんやの拍手）

新井：前に児玉さんの『海のいる風景――重症心身障害のある子の親であるということ』（生活書院2010）を読んだ時に、海さんが生まれる前に夫さんが「子育ては手伝わないよ」と言われたという下りで「え？」と思ったんですけど、そしたら続きがあって「僕は手伝うんじゃない、一緒に育てるんだ」と。あれを読んで、こんな夫さんがいるんだ、素敵だな、と思いました。

浅野：ほんとですよぉ。

新井：うちは時に「あ、『手伝い』なんだな」と思うこと、ありますから。

たっくんママ：うちもで〜す（笑）。

児玉：その意味でも、今回、平尾さんに追加の章を書いてもらえたことは、本当にありがたいですね。平尾さんは、一家でコロナに感染した体験から、浅野さんが言われる「家族のあり方を考え直す」ことをされた人だと思うんですけど、父親の立場で「考え直す」痛みが率直な言葉でまっすぐに書かれていて、原稿をもらった時に読みながら圧倒されました。その痛みがヒリヒリと伝わってくる中で、平尾さんご自身の中にあった様々な葛藤を想像すると、「コロナはただのトリガーだった」「私にとって家族より大切なものはありません」という言葉は、本当に重いです。

新井：私は初版で福井さんが「『息子に縛られたくない』という私のプライドは、「子どもが健康でいてくれる」それだけで、こんなにも簡単に崩壊してしまった」と書かれたところも心に残っています。私も娘の犠牲になる人生は嫌だと思ってきましたけど、それだけに福井さんがこれを書かれたことが胸に響きました。

福井：実は、息子が通所している法人にグループホームができるという話があって、そうすると「おかあさんも子離れしましょう」なんて言われるんですよ。できなくしたのは、誰や？（笑）。でも、そうはいっても、もちろん親としては揺れる部分もある。そういうところも隠さずに書きたかった。親たちの「おしゃべり会」を続けてきたのも、そんな割り切れない感情も分かち合える場所が必要だと思ったからなんです。

児玉：私は、根本さんが書いておられた「こういう子だからこそ制約のない生活をさせてやりたい」と考える親もいるし、一方に「こういう子だからこそ命を守らなければ」と思う親もいる、というところが、すごく響きました。考え方が親によって違うということもあるけど、一人の親の中にも実は両方があるんじゃないかなぁ。私自身のなかにも、娘がコロナで施設に閉じ込められてしまった事態をめぐって、その両方の思いがあって、感染状況によって、どっちかに振れている、みたいな？

たっくんママ：そうですよね。子どものことについては、いつも迷いだらけだし、せっかくお出かけして今日は穏やかに楽しめそうだなと思っていても、たっくんの予想外の行動ひとつで、そんなの吹っ飛んでしまいますよ。がんばろう、と前向きに思える日もあれば、次の日にはたっくんの癇癪ひとつで気持ちがドンと落ちたりとかもあります。

●刊行後の反響

浅野：私たちよかネットあいちでは、この本の準備と並行してWeb実態調査（二〇二二年二月一二日～二八日）をやっていたので、私には両方がリンクして進んでいった感じです。

障害児者・家族・関わる事業所・関係者にも体験談を依頼し、わずか二週間で多くの原稿が集まり、支援者もみんな困っていた実態がありました。つけたタイトルが『このままではいけない！～みんなで「助けて」と言おう‼「愛知県　新型コロナ禍での障がいのある人の生活実態調査」報告集』。

地元の中日新聞がアンケート調査については報告集になる前の五月に記事にしてくれて、『コロナ禍で障害のある子をもつ親たちが体験していること』の書評も九月に出してくれました。付き合いのある記者さんが「両方を読まないといけない」と言ってましたが、私もこの調査を機にいろんな会合に呼ばれるようになったので、この本と調査報告集とをペアで宣伝しています。どちらについても「こういうものを待っていました！」という声が沢山ありますよ。

たっくんママ：私も本を差し上げた親しい親仲間から、「しんどいのは自分だけじゃなかったんだと思った」とか「自分も声を上げていいんだと勇気をもらえた」という感想をもらっています。

新井：この本を読んだ友人から私のところに届いた感想を一つ、紹介してもいいですか。一部を抜粋して読みますね。

昨夜、読みだしたら、ぐいぐいと引き込まれ最後まで読みました。皆さんの体験を我がこととして涙が止まりませんでした。最初はコロナに対する不安だったものが、いつの間にか誰かに迷惑をかけてしまうのではないか、守れなかったらどうしようと気持ちが変化していることに気づかされました。そして、長い教育やマスコミなどから家族依存に慣れさせられてきたという思いが湧いてきました。本からたくさんのエネルギーをいただきました。昨夜、あんなに泣いたのに今日はとても元気です。

福井： 嬉しい感想ですね。それに、コロナ禍が長引くにつれて気持ちが変化していること、言われてみれば全くそうだし、家族依存に「慣れさせられてきた」というのも、その通り。

浅野： 私のところに届いた感想も紹介すると、

この本には七人の親の体験が綴られています。コロナは弱い人により大きな矛盾を与えています。それはコロナによってというよりも、それ以前からの生きにくさがあるからです。

あと、もう一つ。

どうしても、弱者＝高齢者や基礎疾患のある人だけと思われがちですが、障害児者を含めて弱者だと世の中の人がふつうに思える社会であってほしいです。多くの人の目に触れてくれるといいなと感じます。

よかネットあいちは、この本が出るちょっと前に名古屋市と懇談したんですけど、その時に

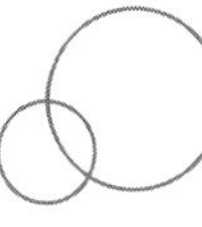

「コロナ禍が終わったら検証します」という言い方をされたので、「でも今コロナ禍で困ってるんですよ」と言って、本が出たらすぐ届けに行きました。

福井：この本が出た頃、うちの地域では頼りにしてきた大きな入所施設がまだショートステイを再開していなかったり、他にもコロナ禍でサービス利用がままならない事業所さんもあったりしたので、親たちが自分で買って、そういうところにこの本を持って行っていましたよ。行政にも支援の現場の人にも、親たちが置かれている厳しい状況を知ってもらうために、ぜひ読んでもらいたいですね。

浅野：私のところに、支援職に読んでほしいという、当の支援職からの感想があったので、紹介します。

本を読み終わった後、申し訳ない気持ちでいっぱいになりました。コロナ陽性、濃厚接触者になったということで支援の手がなくなり、全部家族の手でささえることになった現状を私は後から知っていたたまれなくなりました。しかし、お母さんたちのたくましさにも敬服しました。支援者にはぜひ読んでもらいたいです。

児玉：書かれている体験の責任が個々の支援職にあるわけではないので、「申し訳ない気持ち」と言ってもらうと、こちらもちょっと申し訳ない気持ちになりますけど、私が親しい医療職の方からも、「いろいろ気がかりだったことが想像以上の規模で起こっていて、胸を締め付けられる思いになった」という感想がありました。他にも、親たちの体験がここまで過酷だと知って

「読むのが辛かった」と言われる方がありますね。

新井：インターネットのブックメーターにも八月末に現場の専門職と思われる方から、「読むのがしんどかった」「自省する半面、我が子のために声をあげる親御さんたちの強さに正直事業者としては対応がきつい(ママ)とどうしても思ってしまう」というレビューがありました。感染対応のあらゆることが現場に放り投げられている実態がある中で、こういう受けとめがあることは想像できるし、心が痛みました。

児玉：医療の現場も福祉の現場も、この本が出た後ますます大変になっていますもんね。私たちがこの本を準備していたのは、ちょうど第五波のデルタ株が落ち着いて第六波の始まりにかけて、比較的に感染が落ち着いていた時期に当たったわけですが、刊行直前からオミクロン株がわっと拡がって、医療も福祉も現場がどんどん逼迫していくし、正直「あっちゃぁ、こんなタイミングで出てしまったかぁ……」という気持ちはありました。

　この本が出てから、あちこちでお話しさせてもらう機会にも、対象が医療や福祉の専門職だと正直ちょっとものを言いにくい感じはつきまとったし、コロナ禍で負担が大きな最前線の専門職から感情的な反発があったのも事実です。まぁ簡単に言えば、「こっちがどれだけ大変な思いをしてるか、分かってんのか?」と(笑)。

新井：ブックメーターのあのレビューは気になったので、娘のいる施設の法人理事長に話したら、彼は「親と職員は対立の関係じゃないのにな」と言っていました。浅野さんが初版で、親も事業所を支えないといけないと書いておられましたが、私も同感です。

浅野：結局、本人も家族も支援者も守られていない、ということですよね。八方ふさがりで追い詰

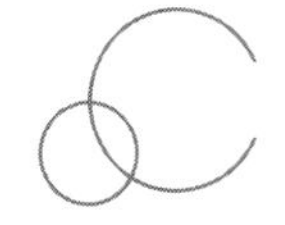

められていく当事者や家族のありようを可視化し問題提起したのが私たちの共著だとすると、人的サポートがないため余裕のない家族や現場や支援者、みんなが困っている実態を可視化したのがよかネットの報告集。この二冊をペアで読んでもらえたら、「障害者、家族、支援者の人権は守られているのか？」という問題提起がより伝わると思います。

児玉：私もよかネットの報告集を読んだ時に、二冊をペアで読んでもらいたいと思いました。この二冊は浅野さんが言われたように、それぞれ役割がちょっと違っていて、それでいて互いに補完し合えるものになっている気がします。それで、この増補版では本当にペアにさせてもらえないかと、思い切ってお願いしたわけです。

浅野：佛教大学の田中智子先生も『障害者問題研究』の二〇二二年一一月号で「コロナ禍における障害者・家族の経験」と題して、二冊をペアで紹介してくださっていましたね。平時からの困りごとがコロナ禍で明らかになったのであって、それが本質だとまとめてくださっていて、ありがたいです。

児玉：田中先生から届いた感想も面白かったんですよ。この本は「劇薬」だって。

一同：劇薬？

児玉：そう。この本は「誰にとっても苦しく、できれば見たくないことを突きつけ」てくる「劇薬」だ……って（笑）。

一同：なるほど～。

児玉：「できれば見たくないことを突きつけ」られたら誰でも辛いから、脊髄反射的に感情的な反発に置き換えて身を守るしかない人もいるのでしょう。でも、それに対しては新井さんが言われるように「それは、あなたの対立関係の描き方が間違っている」とお返しするしかない。そうしなければ、その反発は私たち親には口を閉じろという圧になりかねないから。

一方で、私たちの本を「証言」と冷静に受け止める感想も沢山あって、たとえば私が献本した学者の一人からは、いずれ「コロナ禍とは何だったのか」の徹底した検証が行なわれなければならないと思うが、この本はむしろコロナ禍が収まった後に、より大きな意味をもつものではないか、という感想をもらいました。

障害のある子どもの医療について著作が沢山ある小児科医の松永正訓先生も、大きな受け止めをしてくださった一人です。ブログでこの本を紹介してくださった時に、こう書いておられます。

……社会に余裕がなくなり、パワーを失うと、私たちの中の弱い者は必ず負のツケみたいなものを背負わされます。弱い人をショック・アブソーバー（緩衝材）みたいにして、社会はなんとか崩壊を免れようとします。こんなことでは、いつまで経っても私たちの社会は豊かになれないでしょう。

社会に余裕がなくなると弱者が緩衝材にされるというのは、障害のある人と家族に限らずコロナ禍で起こっていることの本質をズバリ言い当てていて、すごく腑に落ちました。

新井：この本が出てすぐ取り上げてくれたメディアが、七月二二日の赤旗の「潮流」。朝日新聞の「天声人語」みたいなコラムですけど、重度障害のある人と家族へのコロナ禍の影響は「生活の質や健康、人権の侵害につながるほど不当に大きなもの」と書いてくれました。また、この本は「障害者のケアは〝家族依存が前提〟とする福祉や医療の矛盾を炙り出しています」とも。

あれも鋭く本質を突いてもらったな、と思いました。私たち障全協（障害者の生活と権利を守る全国連絡協議会）でも全国暮らしの場を考える会でも、家族依存の解消は喫緊の課題と捉えて運動してきましたから。

児玉：あの「潮流」は、短いけど本質を突いた骨太なメッセージでした。新井さんも浅野さんも福井さんも、地元の活動を通じて継続的につながりのあるジャーナリストがいて、その人たちがいち早くこの本を紹介してくれたり、実際に取材してくれたりしましたね。本当にありがたかったです。

●自宅療養の過酷

福井：徳島では、徳島新聞がすぐに本を紹介する記事と、別途コラムも出してくれたんですけど、他にも、この本を読んで取材したいとNHK徳島から連絡があって、私と、実際に一家で感染した体験があるCさんとで取材に応じました。

この時の「コロナ禍で…孤立する母親たち」というレポート（二〇二二年九月二日放送）は、まず私と息子の家での映像で、ふだんからの老障介護に加えて濃厚接触になった一〇日間は通所施設もヘルパーも使えず過酷だったことをお話ししました。次に、障害のある次男の感染から家族五人に家庭内感染し、自らも熱のある中で一五日間介護したCさんのインタビューが中心でした。

若い記者さんがレポートしてくれたのですが、上司からもっと早くに取り上げるべき問題だったと言われたそうです。あの放送は地元のテレビ局でも反響があったので、拡大版になって九月二七日に全国放送の「おはよう日本」で「コロナ禍の介助で…〝誰も助けてくれない〟孤立する母親たち」というタイトルで放送されました。(https://www.nhk.jp/p/ohayou/ts/QLP4RZ8ZY3/blog/bl/pzvl7wDPqn/bp/pKjL4xJrlG/)

madoka：Cさんの体験は本当に過酷でしたね。見ていて、テレビでは語り切れないことが沢山あったんだろうなと思うと、胸が苦しくなりました。

福井：私もCさんからラインが入った朝のことは、忘れられません。

八月初めだったか、第六波が落ち着いた後、再び感染者が増え始めた頃でした。朝早く、ラインの着信音で目覚めたら、Cさんから「ガーン！　陽性！」。陽性を示す検査キットの写メと、びっくりスタンプも。

重度自閉症の息子さんが施設で濃厚接触者になって自宅待機していたところ、咳が出だしたので常備していた検査キットを使ってみたら陽性反応が出たということでした。彼女のラインは、その後もリアルタイムで届き続けました。

「診断を受けようと発熱外来に電話したけど、うちはやってないと言われた。障害があるって言ったからかな?」「やっとPCR検査してくれる病院に来たけど、もう二時間も車で待たされてる」「本人は外に出たがるし、もう限界！　ムリ！」「やっと先生が来た。お母さん押さえてくださいと言われたので、嫌がる本人を必死で抑えた。八〇キロもあるのに」「これで、私は感染確実！　お医者さんは防護服の完全装備だけど、私はマスクだけ」「えっ、親は感染しても仕方ないってこと?」

新井：それ、平尾さんが書いておられる状況とまったく同じですね……。

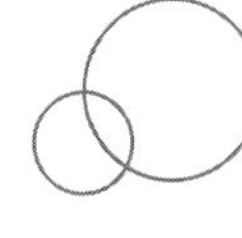

福井：そうなんです。次々と届く彼女からのラインで、障害がある人が感染するとどういうことになるのかが私も初めてリアルに分かりました。

私たちの親の会にはいつでも相談できるグループラインもあるのですが、コロナの件で連絡があったのは彼女が初めてでした。社会福祉施設でクラスターという発表は度々あるものの施設名まで公表する事業所は少なかったから、施設利用者としては何となく言い出しにくい雰囲気があったのかもしれません。

Cさんの家はきょうだい三人とも障害があるので、Cさんは後の二人に感染させないため、きょうだいを預かってくれるところはないのかと考えたんだけど、でも、その後次々に掛かってくる保健所や入院調整本部の電話に訴えても、「ないです」「わかりません」の繰り返し。けっきょく、彼女にも他のきょうだいにも感染が広がり、二週間近く自宅で療養する羽目になりました。

たっくんママ：ひどいですね。それ、初版に書いた、うちの状況とそっくりです。自宅待機で荒れるたっくんの他害行為から逃がすために、きょうだいを預かってくれるところを支援してほしいと言ったんですけど、「親戚はいないのか」とか「父親は帰ってこれないのか」とか、「部屋に鍵かけて開けなければいい」とか。要するに、助ける気はありません、家族でどうにかしてくださいよ、と言われているのと同じで、見捨てられた気分になりました。

Cさんは家族みんなが感染して、しかも、きょうだい三人とも障害があるのだから、たいへんさはうちの比じゃないですよね。

福井：Cさんは、県には「在宅の障害者と家族が感染した場合の支援体制」が整備されていると聞いていたので、保健所や関係機関が何も知らないことに驚き、怒りさえ覚えたと言います。私も県のホームページにもアップされていないこの事業が本当に動いているのかどうか、行政に対して強い不信感を抱くようになりました。

これについては、その後一一月に入って徳島新聞が『県の事業利用広がらず・周知消極的』という見出しでトップ記事を掲載してくれました。「在宅障害者等安心確保事業」は予算化されているものの、県が積極的に周知しておらず、利用条件や実態が不明確なままであることなどが報道されました。記事になったことで、今後は県議会などでも検討される可能性も出てきました。Cさんが新聞社に投稿したり、私からも記者に情報提供したりしたのが功を奏したとも言えます。

たっくんママ：やっぱりメディアの影響は大きいんですねー。NHK徳島の特集も「おはよう日本」の放送も、すごく分かりやすい内容でした。私、すぐにブログで紹介しましたよ！　私自身も、たっくんのように小さい子と福井さんの息子さんのような成人のお子さんを持つ母親では、悩みが同じようで異なっているなとか、いろいろ考えさせられました。

新聞やテレビで取り上げられたことで障害児者家族の存在に気が付いてもらえて、たくさんの方に関心を持っていただけた気がします。こういった問題があることすら知らない人はたくさんいると思うので、まず知ってもらうことが大事ですよね。

福井：NHK徳島の取材をきっかけに、私たちの地元でも声を上げていいんだという機運が高まって、九月中旬に会員（七六人）を対象にアンケートを取ったんですけど、そこにけいろいろリアルな体験が寄せられました。

まず、障害のある本人が感染した場合、Cさんの事例を含めて、すべての事例で家族感染が広がっていること。これは、知的障害などの障害特性から家庭内隔離の難しさを表しています。

しかも、そういう状況で、保健所や医療機関の対応は丁寧だったものの、障害特性やその家庭の特別な事情には全く対応してもらえず、「障害があると誰も助けてくれないんだ」と感じた人もいました。「この国は障害のある人がいることを想定していない」と指摘する人もいました。情報の提供については行政よりも、親の会などからの情報が役立ったということも分かりました。

浅野：情報は本当に大事ですよね。私たちの実態調査でも、そこの問題が大きいと分かりました。感染すると情報も保健所とのやり取りに限られてしまうので、二〇二二年二月からは親子同室ができるようになっているのに、その情報がいろんな人のところで更新されていなかった。感染した時の配食サービスについて知らなかった人もいました。だからこそ仲間のつながりが大事だと、いつも話しているところです。

たっくんママ：浅野さんからよかネットあいちの報告集が送られてきた時に、おめめどう（https://omemedo.ocnk.net/）のパンフレットが入っていて、あれは嬉しかったです。私はまったく知らなかったので、こんなに便利なグッズをたくさん売っている会社があるんだと目からウロコでした。

根本：コロナが始まった頃に、児玉さんからよかネットあいちの要望書が送られてきて、「じゃあ、私たちの親の会でも」と、それを参考に要望書を作って県に持って行ったんです。まだ親が感染したら子どもはどうなるのかにまったく目が向いていなかった頃ですけど、ちょうど有名アナウンサーが感染して、子どもをどうするのかメディアで話題になっていて、「ああ、確かに、とあの報道で気づかされたんです」と言われたので、「いやいや、障害があったら、もっと大変なんです、預け先はないし親戚も頼れないし」と話したら、「これから考えます」。それが第一波の頃。

あの時「それぞれの対応で、家族状況まで考えて対応していきます」と県は言っていましたが、医療的ケアの子どもがいる家族は慎重に暮らしているので、事例は少なかったかもしれないけど、今どうなっているのか……。

●医療的ケア児のこと

根本：オミクロン株になってからは、医療的ケア児を含め一家みんなが感染したという事例は私の身近でもありました。幸いみんな軽症で、自宅療養で済んだんですけど、いつ重症化するかもしれない不安でお母さんはいっぱいいっぱい。みんながよくなったら、お母さんの心の糸が切れた。ウツ状態で、車で学校に送っていくだけでも心配で仕方なくて、パニック状態になる。

その人も、さっき福井さんのお話にもあったように、やっぱりいざ感染したら言えなかった、と言っていました。まだ公に「コロナになりました」とは言いにくいんですね。日頃からのつながりがあってこそ、大丈夫と言えると思うと、親の会の活動をがんばっていかないと。

浅野：医療的ケア児について主治医と話をして、いざそうなった時には「病床に空きがあったら受け入れるよ」と事前に許可をもらっている親御さんもいました。そういうことも、情報として知らないとできないから、よかネットではそういうことをみんなに伝えなくちゃね、と話しています。

うちは市長さんが「医療的ケア児の学校への送迎やります」と宣言しましたし、支援法ができて医療的ケア児は光があたっているところなので、今どんどん声を上げていかないと。

福井：徳島でも医療的ケア児で、呼吸器を付けて地域の普通学級に通えることになった子がいますよ。応援しながらも、どこかで「大丈夫かな」と思ってたけど、通い始めてみたらちゃんとやれている。法律ができたことは大きいですよ。今、医療的ケア児はチャンスですね。

根本：はい。だから家族が頑張るんじゃなくて、自治体が頑張るんだよ、とあちこちでお話しさせてもらっています。どうしても親に何もかもお任せになっているので。

●ＰＣＲ検査のこと

たっくんママ：ＰＣＲ検査については、その後、みなさんのところでは改善されてます？　私の知人の話では、うちの市のＰＣＲ検査会場では特に配慮はなかったそうですけど。

福井：私たちのアンケートでは、鼻からの検査に恐怖心を持つ人もいて、押さえつけられた経験から、日常生活まで不安定になってしまった人もいることでした。この問題は多数の人から寄せられ、重い知的障害をもつ人にとっては検査自体が精神的、肉体的負担になっていることがわかります。

たっくんママ：うちがまさにそうなんです。検査が理解できないたっくんは、鼻から綿棒を挿し込む検査は綿棒を引き抜こうともがき暴れ、結果、粘膜を傷つけ鼻血になったり……。検査をすると分かると癇癪を起こしたりと、とても負担になっていました。急な休校や春休みなどで、ただでさえルーティンが崩れ不安定になっていたので、負担となる検査は避けたくてデイサービスを自主的に休んだりしました。

それでも、デイから陽性者が出た場合はＰＣＲ検査をお願いされたり、陰性だった場合でも通所のたびに抗原検査をお願いされたりするんですよね。

根本：えーっ。通所のたびにって、それ負担が大きすぎ。

侑弥は五月に、学校でコロナ陽性者の接触者（濃厚ではなく同室だった程度）となって学校で急遽ＰＣＲ検査をすることになったんですけど、入院前のＰＣＲ検査日に当たってしまったので、同じ日の、しかも午前中のうちにＰＣＲ検査を二回受けたんですよ。

たっくんママ：一日に二回も！　そんなぁ。かわいそうですよぉ。

根本：ですよね？　病院で受けるって言ってるのに、「学校で接触があった人はみんな学校での一斉検査をお願いしてる」。学校は学校、病院は病院。融通利かないお役所的対応のせいで、侑弥はＰＣＲ検査を「おかわり」することになりましたとさ（苦笑）。もうちょっと柔軟にやってほしい。

浅野：私のところに届いている声としては、ＰＣＲ検査を希望して近所の診療所に行ったら、「車中検査しかできない」と言われ、車を持っていないから困ったという人や、通所の利用者が発熱し、抗原検査支援を通所事業所の職員が行ったという事例。それから発熱外来が込み合っているので、抗原検査結果を写メで送るだけでよくなったというところもありました。

たっくんママ：あ、そういえば、検査で一つ嬉しかったことがありました。たっくんが風邪で小児科を受診した際に、そこは児童発達も診ているところだったので、私たちの本をお渡ししたんです。そしたら、後日受診した時に、医師から唾液採取によるＰＣＲ検査キットを差し出され

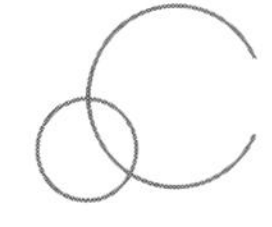

て、「ＰＣＲ検査を受けるのも大変でしょう、対象になったらこれを持ってきてくれれば検体を提出できるので」と言ってもらえました。

madoka：それは嬉しい対応ですね。向こうからそういう配慮をしてもらえると、ありがたいです。私たちは困っているんだということを知ってもらうと、対応を変えてもらうこともできるのならば、やっぱりまずは知ってもらうことが大事ですね。

●オミクロン株で起こっていること

madoka：我が家はこれまで感染も検査が必要になる状況もなかったんですけど、六月に娘の幼稚園でクラスターが出ました。プールの季節だったこともあって一クラス二十数名が濃厚接触者になって、娘はクラスが違ったため該当しませんでしたが、落ち着かない気持ちでした。

たっくんママ：特にオミクロン株による感染拡大から休校やデイ閉所が相次いで、親の負担が大きくなりましたね。地域の通園施設でも休園になってはいないものの、開所時間の変更や部分的なお休みが続きました。年長の妹が通う保育園のクラスからは毎日感染者が出ていて、我が家はたっくん以外の経路からの感染は絶対に避けたかったので、妹は保育園を休ませました。

第七波以降、そういう地味なしんどさが続いて、ボディ・ブロウのようにじわじわと負担感が増している感じがします。

福井：私たちのアンケートには「世の中の人がみんな我慢している。自分たちの大変さを言っても一喝されそうな気がする」「世間では重症化しやすい高齢者は守られているが、障害者の親は高齢でも守られないいんだなと感じた」と答えた人もいました。

二年前に調査した時のサービスの制限などの困りごとに加え、今回のアンケートには、より深刻な生の声が寄せられました。三年近くたっても、障害のある人と暮らす家族の状況は何も変わっていないことが分かりました。

たっくんママ：通所せず支援サービスも利用せず、家庭だけで見守る大変さって、四〇代の私でも本当に辛くて数日が限界でしたよ。平尾さんが書かれている自宅療養の体験を読んでも生々しく伝わってきますけど、高齢の親だけで子どもを家庭内でみるのは不可能だと思います。どんな状況下でも何らかの支援を利用できる状態でないと親が潰れると感じました。

新井：親の高齢化は本当に深刻です。先日、暮らしの場を考える会で埼玉県と懇談したのですが、六〇歳を過ぎた知的障害のある娘をもつご夫婦から「娘より一日でも長生きしなければ」という発言があり、思わず息を飲みました。父親は九三歳、母親は八七歳です。

madoka：その年齢で、子どものために「長生き」って……。絶句しますね。

新井：私の身近にも八〇歳代で五〇歳前後の子どもと暮らす友人が何人もいますが、入所施設に申し込みをして待機状態のなか、限界を迎え始めています。

先日、その中の一人がとうとう緊急入院となりました。八一歳の母親は以前に胃を全摘して、体重三六キロの身です。五一歳の息子は六三キロ。「自分がどうかなってしまったらと思うと不安」と日ごろから語っていましたが、ついに現実となってしまいました。お兄さんが私に電話をかけてきて、「入院を前にした母が、まるで遺言のように『新井さんに電話を』と繰り返すので、電話しました」って……。そして時を置かず、母自身が救急搬送された病室から「息子を入所施設に入れて欲しい」と泣きながら電話をかけてこられました。

根本：それは、辛いですねぇ。でも、いま入所施設には空きがなくて、希望しても入れないんじゃないですか？

新井：埼玉では入所施設の待機者が一五〇〇人を越えています。ショートステイの空きは少ないうえに、この人は車椅子の方なので利用できる施設も限られ、結局はショートステイ先を転々とする日々がもう二か月も続いています。本人も送り迎えする兄も、どんなに苦悩の毎日かと胸が痛みます。

　国は入所施設待機者の数を掴もうとしていませんが、私たちを取材したＮＨＫの記者が独自に調査したところ、二七都府県で述べ一万八〇〇〇人いるとのこと。その番組では、在宅の四〇歳以上の知的障害者は二〇〇〇年七月の七万五〇〇〇人から二〇一六年には三八万二〇〇〇人と急増していると、深刻な事態が拡がっていることも指摘しています。(「障害者の入所施設 待機者一万八〇〇〇人余 背景に「老障介護」か」二〇二二年五月六日　https://www3.nhk.or.jp/news/html/20220506/k10013613071000.html)

　障害のあるわが子と出会い、障害を受け入れ、様々な出会いの中で生まれてきてくれたことに喜びを抱き、夢や希望も語れるようになった母たちが、親子ともに高齢に伴う困難を抱えてきた今、個人の力ではどうすることもできない局面に立たされています。

児玉：親が障害のある我が子を殺してしまう事件も相次いでいますね。二〇二〇年七月に、京都市左京区でうつ病と強迫性障害を患うシングルマザーが、知的障害のある高校二年生の息子を絞殺しました。報道によると、あちこちに相談していたけど、どこでも結局は「お母さん頑張って」と言われて徒労感を感じていたそうです。

福井：お母さん頑張って……。その言葉を私たちの時代は、どれだけ聞かされてきたことか。最近はあからさまに言われることは少なくなったけど、結局お母さんが頑張らざるを得ないという状況は変わらないままですから。

たっくんママ：それ、私たちの世代もやっぱりまだ聞くことがあります。相談に行って、そんなことを言われると、何の解決にもならないだけじゃなくて、あ、助けてくれる気はないんだ、助けてくれる人なんかいないんだと思い知らされる気がするんです。そしたら、もう相談に行こうという気力もなくなってしまいます。

児玉：親が障害のある子を殺した事件は、二〇二一年一一月にも千葉県旭市であって、これは母親が家に火をつけて息子と夫が亡くなった事件。寝たきりの息子を三〇年間介護してきたけど、お母さん自身も数年前に脳梗塞で片足が不自由となって、そのうえ事件の半年前には父親まで脳梗塞で寝たきりに。私、ニュースの映像で、逮捕される女性が片足を引きずりながらパトカーに向かった姿が、目に焼き付いて忘れられない。

根本：息子を長年介護してきた挙句に、夫まで寝たきりなんて……。それは辛いですよねぇ。

児玉：それから、今年（二〇二二年）も茨城県那珂市で六九歳の母親が、知的障害があり統合失調症だった四六歳の娘を絞殺しましたが、公判で語られたのは「老障介護」の過酷さだったと記事に書かれていました。

福井：NHK徳島の特集でも、私と息子の取材部分は、もともとの老障介護のところにコロナで負担が増えている、という内容だったですけど、地域の実情は本当に深刻なのでね。もともと崖っぷちに立たされていた老いた親たちの背中を、コロナが押しかねないくらいの事態です。

児玉：茨城県では、そういう介護殺人事件とは別に、今年（二〇二二年）の六月から八月の間に、八〇代から九〇代の親が自宅で亡くなって、でも同居の子どもは障害等のために事態に対処することができなかったために、時間が経ってから遺体が発見される、という出来事が相次いで三件も起こってます。こちらは「事件」ではないので大きく報道されることはないけど、老いた親たちが置かれている過酷な状況を思えば、同じようなことは日本全国で起こっているに違いないし、これからもっと増えてくるんだろうなと思います。

●福祉現場の苦境

浅野：本人も親たちも本当にギリギリですが、コロナ禍では福祉現場の方も本当に大変になっていて、私たちが報告集を作っていた第七波の頃も、いろんな事例を聞きました。

通所では、クラスターが発生すれば閉所。クラスターでなければグループごとに濃厚接触者の自宅待機。でも、職員の感染で体制を組めなくなれば、やっぱり閉所になる。自分のところで感染者が出ていなくても、同一法人内でグループホームに感染者が出ると通所事業所を閉めて、グループホームの方に職員を補充するしかないですから。しかも日割り単価では、利用者が休むと運営も厳しい。

グループホームでクラスターが発生すると、濃厚接触者も自室待機になるので、それだけでも本人たちは不安になるし、さらに帰省が制限されて家族も支援者も会うことができなくなるのはキツイと思います。でもグループホームの側も、もともと限られたスペースでゾーニングにも限界があるし、利用者が何度も濃厚接触になって毎週のようにグループホーム内での療養になると、人的支援がない中で乗り切るしかなくて、本当に大変になってます。

新井：堺市の社会福祉法人コスモスがテレビで大きく報道されています。第六波で三八事業所中一一事業所でクラスターが発生したのですが、その対応のすべてが医療の専門職ではない支援職にゆだねられてしまいました。

四〇度近い熱が出て水分を取れない状態になった人に救急車を呼んでも、受け入れ先がないからと搬送せずに帰ってしまう。せめて医師の診察を受けて症状を緩和する薬だけでも、と職員が必死に頼んでも、なにも対応してもらえない。コロナ病棟のようになった福祉施設で、職員が飲まず食わずに近い状態で支え続ける過酷な状況を見て、胸がつぶれる思いでした。常任理事は知人なんですけど、いつも冷静な方が「職員が命がけで支えてくれたと思っています」と声を詰まらせて話す姿には、こちらも涙がこぼれました。

児玉：私も YouTube で見ました。福祉現場のあまりの窮状に、心がキリキリと痛かったです。

新井：しかもコスモスでは感染者の看護のために休業を余儀なくされ、その減収が六四〇〇万円。職員の危険手当、残業手当や感染予防の対策等で二一〇〇万円の支出もあり、三か月間で八五〇〇万円の損失が出たということです。それに対し行政からの補助金は七七二万円だけ。記者会見で補償について問われた吉村大阪府知事は「営業補償についてはどこまでできるのか簡単にはいかない」と述べるんです。「営業補償」ですか？　自治体の長としてあまりに無責任な発言ではないでしょうか。

ＡＢＣ放送がコスモスの苦境を報じた番組がいくつか YouTube にありますので、ぜひ多くの人に見てもらえたらと思います。（例えば、「【9ヵ月の記録】国にも自治体にも置き去りにさ

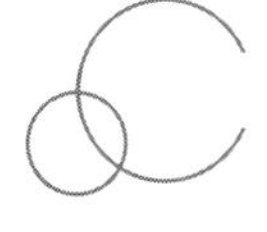

れた障害者事業所　第6波の結末【ABCテレビドキュメンタリースペシャル #22】」、「【不条理】障害者は後回しか…“受け入れ先が見つからない”　第7波が襲った福祉現場の現実【大阪】」）

浅野：グループホームは限られた空間でゾーニングが困難だし、必ずしも部屋で一人で過ごせる人ばかりでもないので、感染者が出ると、感染拡大防止のために陰性の人は帰省させてほしいと家族に要望するケースもあるようですね。濃厚接触者を家庭に帰すと家庭内感染のリスクもあるし、家庭には重症化リスクの高い高齢者がいたりもするので、家族も大変なんですけど、そうはいっても現場も職員が感染して休むと、人が足りなくなって苦しい。

児玉：コロナがやってくる前の二〇一九年に『殺す親　殺させられる親』で、すでに障害者への医療と福祉は兵糧攻めが進んでいて、実はこれまで「できて」いた事業所も「できない」状況に追いやられつつあるのではないか、と書いたんですよね、私。それがコロナ禍で一気に表面化してきたような感じがしています。

この本としては親の側の体験を拾っておきたくて、今回は息子さんがグループホームで暮らしている沖田友子さんにコラムをお願いしました。

新井：多くのグループホームは職員配置が脆弱で、しかも多くは高齢のスタッフに支えられているのが現実です。きょうされん埼玉の調査（二〇二一年）によると、支える職員は六〇代が二五・八％、七〇代以上が二六・二％。八〇代の人にも頼らざるを得ず、事業を継続できるかそのものが課題となっています。資金繰りと近隣の理解を経て、やっとグループホームの開設へ漕ぎつけても、職員が集まらず開所できない状況もあります。

高齢のスタッフは感染への不安を抱えながら働いているので、クラスター発生時には「休ませて欲しい」「辞めさせてもらう」と言うということが起こります。この脆弱な制度の抜本改革が喫緊の課題だと思います。

児玉：私は初版で、「コロナ禍での親たちの体験が『親亡き後』の予行演習だとしたら、多くの親たちは『到底この子を残して逝くわけにいかない』と改めて思い知らされている」と書きましたけど、グループホームが「地域移行」の受け皿にも、「親亡き後」問題を解消できる「暮らしの場」にもなりえないことが、コロナ禍ではっきりしたんじゃないですかね。沖田さんのコラムを読んでも、そうとしか思えない。

新井：それでも、国は施設から地域へ出していくという方向性に加えて、さらにグループホームからも出していこうというのか、厚労省はグループホームの支援について「共同生活援助の日常生活上の支援」に「一人暮らしの移行支援」を定義に追加し、通過型グループホームの施策に力を入れてきているようです。

今年（二〇二二年）の一一月に障全協が厚労省と交渉した際には、それに対して、「自ら家族を作ることが難しい障害のある人たちに、制度で『一人暮らし』を求めるのはどういうことか」「軽度であっても社会参加するためには重度とは異なる専門的な支援が必要であり、必ずしも一人暮らしができるわけではない」「地域移行の名のもとにグループホームから放り出すような施策はやめて欲しい」等の意見が続きました。

児玉：コロナ禍の地域の福祉現場への影響で、私はもう一つ気になることがあるんですよ。九月一〇日に浅野さんとペアで講演させてもらった愛知県のゆたか福祉会の職員研修会で、「自分たちは医療職でもないのに、独り暮らしの人が感染した時の対応まで現場任せになって、なに

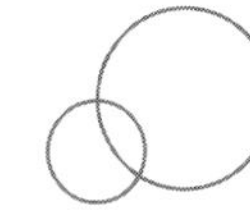

もかもを自分たちで判断しなければならない」と負担を訴える声の中で「自分たちは制度に飼い慣らされていたことに気づいた」という鋭い発言があったんです。感染対策に懸命になってきて、気がついたら、ここは生活の場なのに、いつのまにか病院のようになっているじゃないか……と思った、と。

私は、地域の福祉現場と一緒にやってこられた福井さん、浅野さん、新井さんとは、これまで見てきたものが少し違っていて、どちらかというと医療の問題を中心に考え続けてきたので、その発言に、はっとしました。「こんな時だから仕方がない」と言っているうちに、多くの福祉現場が医学モデルの価値観に染められかねないんだ、と気づかされて。

重症児者のケアでは、常に「医療」と「生活」の間にせめぎあいがつきまとってきました。重症児者施設は医療機関でもあるのですが、親たちは「ここは生活の場なんです」ということをコロナ禍以前から訴えてきたし、それぞれの施設も「病院」にしないために懸命に努力をしてきたと思うんです。でも、コロナ禍で、施設でも地域でも「医療」の論理が問答無用で「生活」を圧迫する支配力を持ってしまった。地域の福祉現場の支援職までが「ここは生活の場なのに、いつのまにか病院のようになっている」と嘆くとすれば、せめぎ合いすら、もう意識されなくなったのかもしれない。初版でも書いたことですが、障害のある人のケアに関わる専門職には、いま一度ケアするということの原点に立ち返って、せめぎ合いを引き受けてほしい。

新井：そういえば医療で思い出しましたが、madoka さんが書いておられた付き添い入院の件は、その後なにか展開がありました？　初版ではこれから厚労省が実態調査をするという話がありましたよね？

madoka：それなんですけど、ちょっと怒っているんですよ、私。一一月になってアンケート調査や支援策の検討がほぼ立ち消えになっていることが判明したんです。

一一月五日付のニュース『付き添い入院支援進まず　厚労省の実態把握不調』を読んで、共同通信社の記者さんから直接話を伺ってみたら、付き添い入院中の家族三〇〇〇人にアンケートを配布したものの、回答数は四一人分と一・四%の回答率しか得られず、再調査の予定もないそうなんです。記者さんによれば、アンケート調査は委託業者が行ったそうで、回収率が低かった原因には家族に回答する余裕がなかった、小児病棟に適切に配られなかった、そもそも付き添い制限で家族が病院にいなかったなどが考えられるというんです。調査の仕方自体に問題がなかったかどうか、はなはだ疑問ですよね。

根本：それは疑問だわ～。

madoka：今回の調査で付き添いをめぐる環境が少しでも改善されるのではと期待していただけに、残念な思いが大きくて、もうがっかりしています。一一月のニュース記事にも、付き添い入院の悲痛な経験談を中心としたコメントが四〇〇件以上寄せられているんですから、どうにか再調査が検討されないものかと思います。

たっくんママ：本当ですね。このままうやむやにせずに、再調査してもらいたいですね。

●「行動制限のない夏」

児玉：二〇一九年の『殺す親　殺させられる親』で書いたことの一つが、「共生社会」だ「地域移行」だ「ノーマライゼーション」だという美名のもとにケアが家族と地域の専門職の自己責任とさ

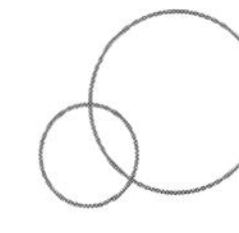

れ、障害のある人や高齢者が地域の家庭の中に廃棄されている、ということでした。それはケアを家族に担わせ、その負担から目を背けたまま追い詰めて、あげく「家族に殺させる」社会なんじゃないか。そのカラクリが様々に巧妙にシステム化されていく中で、専門職も制度の縛りの中で働くしかなくなり、結局は「殺す」ことに加担させられていっているんじゃないか――。そういうことを書いたわけですけど、コロナで起こっていることって、まさにそれじゃないかと思うんですよね。そのことが、第七波の「行動制限のない夏」からくっきりしてきた気がしません?

たっくんママ：「行動制限のない夏」は、もの凄く怖かったですね。世の中の流れに逆行するように、我が家は行動制限しました。我が家はたっくんにデイやショートステイを利用してもらわないと家庭が回らないので、夏休みは極力出掛けず制限した夏休みでした。

madoka：連日感染者数の最多記録が更新されるような状況だったのに、それに逆行するようにテレビのニュースからはコロナ感染防止を叫ぶ声が消えて、「三年ぶりの○○」「制限なしのお祭り」などの言葉が聞こえるようになったでしょう?

うちも夏休みは隣県の実家に数日帰省した程度で、あとはどこにも行かず、子どもたちと三人で過ごしました。息子は普段からデイサービスなどを利用しているわけではないので、幼児と発達障害児のいる長期休暇は毎回とても疲弊するんですけど、気軽に外出できず親族にも頼りづらいコロナ禍では特に負担が大きいと感じます。

根本：お盆にテレビ画面に映し出される新幹線自由席・通路のぎゅうぎゅう詰め状態には、私も恐怖を感じました。ＰＣＲ検査さえ病人本人がやって結果を申告するような仕組みになって、正直に皆が報告しているのかどうか……。療養期間もどんどん短く変わっていって、そんなことを考えたら、これまで以上に混雑や人との接触が怖くなります。

madoka：そういうムードの陰で、感染者の増加から障害のある子の療育が不安定になっていても、そっちには目が向けられませんよね。第七波の夏にうちの息子を担当する作業療法士の家庭でコロナが発生し、しばらく予約できない状態が続いたので、結局リハビリが二か月空いてしまいました。全国でこういう事例は山のようにあるんじゃないでしょうか。

例えばコロナ最初期によく言われていた「自分自身や大切な人を守るために」「コクーン戦略（周りの人がワクチンを打ったり行動に注意してリスクの高い人を守るという考え方）」といった予防的な行動の観点は、いったいどこへ行ってしまったのかと思うことが増えました。

福井：徳島県では、Cさん一家に家族内感染が広がっていた八月中旬、三年ぶりの阿波踊りが開催されたんですよ。

根本：あー、そういえば、テレビのニュースでやってましたね。

福井：七月末から第七波の兆候が見られるなか、実行委員会は屋内外の最大規模で開催することを決めていました。一気に阿波踊りムードは高まり、近くの公民館からは夕方になると二拍子のリズムが聞こえてきます。このリズムを聞くとなぜか解放的な気分になってしまう私たち（笑）。

でも、阿波踊りが終わりお盆もあけた八月下旬、徳島県の感染者数は過去最高に達しました。踊り手関連から八〇〇人越えの感染者が出たという報道もありました。

一同：うへー。おそろしい〜。

福井：そうして日々増えていく感染者数に、この頃予定されていた息子の施設での夏祭りは中止に

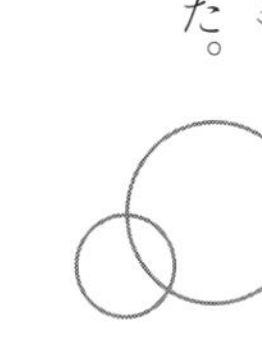

なりました。職員さん手作りのゲームを楽しむささやかなものですが、それでもあったかい雰囲気の夏祭りを、みんな楽しみにしていたのですけど。

外部からの感染を防ぐことで守られる入所施設とは違い、通所施設は市中蔓延がすぐに影響する現場です。施設長からは「みなさん、ほんとうにごめんなさい」との通知が届いて……。苦渋の決断が察せられました。

後に、徳島市長がコメントで「感染拡大と阿波踊りが無関係であるとは言えないが、最大規模で開催された阿波踊りは、今後に向けて一定の成功を収めた」と発表しました。

児玉：オリンピックと同じ構図ですやん、それ。

福井：経済も回していかなければという声もあります。でも、そのために、障害のある人たちのささやかな楽しみが犠牲になったというのは言い過ぎでしょうか。

根本：ぜんぜん言いすぎじゃないですよ。だって、社会経済活動は止めない。コロナ禍で打撃を受けた観光業や飲食店を支援する施策を進める。ウイルスは弱毒化したとか、重症化率も低いとか言われ始めて、みんなで気持ちが緩んでいるから、私たちは逆に家に引きこもって我が子を守らないといけなくなる。そういう社会から私たちは取り残されたような思いでいっぱい。

●パラレルワールドに置き去りにされていく

児玉：その「取り残され」感、本当にハンパないですよね。七月末に大阪府から、高齢者と基礎疾患のある人とその関係者に限定して外出自粛の要請が出たでしょう？　さっき話した日本学術会議叢書の原稿の冒頭で、その要請に触れて「同じ社会に身を置いているのに、まるでパラレルワールドを生きているかのようだ」と書いたんです。この社会は経済を守るから、それで命が危ない人たちは家族と関係者が「自己責任」で身を守りなさいよ、と見捨てられているということじゃないのかな。「医療と経済を守るために」という暗黙の合意で、障害のある人のケアが公然と家族と地域の専門職の自己責任にされてしまった。

福井：このないだ、地域の集会所で防災講演会があった時、とても象徴的な場面がありました。「障害のある人や要支援の人のことも考えなければならないのですが、それはさて置き、今日はまず一般的なことからお話しします」。防災士の資格を持つという講師は、冒頭そう断って話し出したんです。「それはさて置き」という言葉が私はとても気になりました。それはコロナ禍といわれるここ数年、私たちに起きたことを象徴していると思いませんか？

一同：思います、思います（激しくうなずく）。

福井：振り返ってみれば、ワクチン接種の方法についても、障害のある人が感染した場合の療養や入院についても、家族が感染して支援ができなくなった場合の預かりについても、行政は「まだ、そこまでは決まっていません」「まだ、わかりません」の繰り返しでした。

一同：そう、そう。ずっとそうでした！

福井：でも「まだ、そこまでは……」というのはどういうこと？「一般の人のことだけで精いっぱいなのに、障害者やその家族のことまで手が回らない」。言外にそんな気持ちが含まれていない？

一同：含まれてるー！

福井：医療機関がひっ迫しているといって、ゆっくり説明すれば理解できる人に対しても知的障害があると見るや否や、押さえる、拘束帯で縛るなどして検査を効率的に進めてきたということはないのでしょうか。そして、家族である私たちも「みんな大変なのだから、仕方がない」と諦めてしまう。パンデミックという非常時に起きたこの一連の思考回路は、今後、災害時などの非常時にも再び繰り返されるような気がします。

madoka：それ、確実にありそうですよね。

福井：「それはさて置き、まず一般の人から」「こんなときだから仕方ない」「まだ、そこまでは手が回らない」を、今後の非常時に繰り返さないためにも、コロナ禍で私たちが経験したことは、決してなかったことにしてはいけない。そう思います。

浅野：そうですよぉ。絶対になかったことにしてはいけません。

●その後の活動

浅野：私は初版が出た時に、愛知県選出の国会議員全員に送ったり、よかネットの調査報告集も愛知県・名古屋市の障害福祉とコロナ対策担当課、県会各会派、市会各会派、愛知県選出の国会議員、ご協力いただいた障害者団体、愛知県内の各自治体図書館一館、研究者、人権センター等に献本したんですけど、そこからのご縁で厚生労働省に要望書を提出し、もともむら伸子議員にもご支援いただいて、厚生労働省・内閣府同席の Zoom 懇談を実現することができました。

体験談執筆者にも同席してもらって、どれだけ大変だったのかお話しいただいたんですけど、それが中野まこさん。感染した際に重度訪問介護のヘルパー派遣が止められた体験を、今回の増補版でコラムに書いてくださっています。

madoka：中野さんのコラムからは、コロナに罹って必要な介助が受けられない、でも入院もできないという、大変切迫した状況が伝わってきました。特に夜間介助がストップして眠る事も出来なかった日は、身の危険を感じるほど心細かっただろうと思います。

浅野：他にも同じような体験をされた当事者がたくさんおられると思います。そのZoom懇談でよかネットあいちとして出した要望項目は報告集の方にありますが、厚労省と内閣府の対応は、ある人の感想によると、「ほとんどのみなさんが当り前のように『すでにやってます。今後も同様に続けます』みたいなことをおっしゃっていましたが、現場が困っていることは現場に届いていない、もしくは現場はそういうことを望んでいるわけではないってことに気付いてないかのよう」でした。

新井：先ほどもちょっと触れましたが、私たち障全協でも一一月に国に要望書を提出し、厚労省と交渉しました。新型コロナウイルス感染症への対応について要望した内容は、例えば以下です。

（1）新型コロナウイルス感染症の蔓延によって、社会福祉事業の脆弱さが明らかになりました。感染症が蔓延したり、災害が起こった場合でも、利用者が望めば普段と同じ支援を受けられるように、社会福祉事業を拡充してください。

（2）高齢者・障害者施設等で新型コロナウイルスのクラスターが発生した場合、陽性者は入院し、適切な医療を受けることが必要です。国は「原則入院」と言いながら、実際にはそうなっていません。罹患した高齢者・障害者が全員入院できるように医療体制を整備してください。

（3）高齢者施設・障害者施設利用者が、入院が必要な状況にあっても、「医療逼迫」を理由として留め置かれ、施設内で一部事業を閉鎖して人的・空間的環境対策をとり、療養にあたるケースが急増しています。このような背景から生じた損失を事業所に強いることは、公的責任の転嫁を禁じた社会福祉法第六一条に抵触しかねないため、公的な責任において、速やかに損失補償を行ってください。

浅野：感染が落ち着いたら、検証に入り、制度化されるのかもしれませんが、そんな悠長なことは言っていられません。コロナ禍はまだ終わりが見えないのだから。世間が規制緩和しても、医療・保育・福祉の現場には緊張感が漂い続けています。この三年、現状の困難さを改善する通知や制度改正が現場に反映されていないんですから。

福井：私たちは、何かあるともっと早く声を上げていればと言われますけど、私たちは精いっぱい声を上げてきたし、そもそも本当に窮地に立っている人は声を上げる力さえもないものです。社会の側のアンテナの張り方や、ＳＯＳをキャッチする力も問われているのではないかしら。

浅野：まさに、その通りです！

そういえば、児玉さんが書かれた面会制限の問題は、成年後見の現場でも影響が大きいんですよ。施設等が面会謝絶になり、なかなか本人とお会いすることができないこともあれば、そのために後見申立の手続きが遅々として進まないこともありました。権利擁護のための成年後見制度であるにもかかわらず、それすら利用することができないという状況です。

成年後見制度の利用は不要不急とは真逆の位置にあると思うので、臨機応変に対応してほしいと思ったし、初版で児玉さんが書いておられた通り、これは人権の問題だと思いました。その後、面会制限については、なにか変化がありましたか？

児玉：私は重心関係しか分からないんですけど、初版でアンケート結果の抜粋を紹介した全国重症心身障害児（者）を守る会が、今年一一月四日付で公法人立の重症児者施設および国立病院機構本部へ要望書を出していて、その項目の中に面会制限緩和の要望が含まれたとのことです。その項目は、これ。

一．重症児者施設及び国立病院においては、コロナ禍における感染防止のため、オンライン面会・窓越し面会等を取り入れていただいております。心より感謝申し上げます。重症児者の場合はコロナ禍における現状が十分に理解できません。視力や聴力に障害のある方も多く、オンライン面会や窓越し面会が困難なケースもございます。地域における感染状況に応じ柔軟に対応いただき、十分な感染対策を講じた上で、できる限り対面での面会が可能になるような体制づくりをお願いいたします。

実は、私はこの要望書が出ていることを知らないまま、こないだ一二月二日に日本重症心身障害学会の市民公開講座に行って、面会制限について「爆弾」を投下してしまいました（笑）。

一同：爆弾……？

児玉：親の高齢化をテーマに、『私たちはふつうに老いることができない』と『コロナ禍で障害のある子をもつ親たちが体験していること』の二冊に沿って三〇分ほどの講演だったんですけど、最後の五分間は、初版本で面会制限について書いたことを、ほぼそのまんま言わせてもらいました。会場のみなさんには思いもよらない「爆弾」だったと思う（笑）。

たっくんママ：わ〜、勇気ありますねぇ。学会に行って講演するだけでも、私なんかビビりそう。

児玉：そりゃ、私だって長いこと思い悩みましたってば。重心学会って、重症児者施設の施設長を

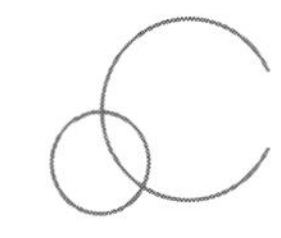

はじめ多くの関係者が集まる場だから、この機会を逃すわけにはいかない。面会制限をこのあたりで考え直してほしいと、正面からまっすぐに訴えるしかない。そうは思うけど、やっぱり正直めちゃ怖かったです。

でも当日、思いもよらない展開があったんです。これ、ちょっと長くなるけど語ってもいい？

一同：どうぞ、どうぞ。それで、どうなったの？

児玉：私が話し終えた後、さすがに会場がちょっと異様な雰囲気でした。先生方がどう反応すべきか困惑気味というか、受け止めるのか反発するのか、どっちに振れるか分からない微妙な空気みたいな？　そこで質疑になるや、マイクの前に出てきたのは、なんとウチの娘の主治医。

根本：へぇ。海さんの主治医の先生？

児玉：うん、そう。若い女性の先生。笑顔で軽やかに出てきて、名乗った後で「海さんはうちの施設におられるので、少し補足させてください」。

あ、きっと面会制限を緩和できない言い訳をするんだな、と会場みんなが思いました。その場合どこに話を落とすべきかを、私も考え始めました。すると、

「児玉さんはいつもこうして私たちに伝えてくださいます。でも、伝えてくださる親御さんばかりではないので、そうすると私たちは、ついこれでいいのだと考えてしまいます。面会については重症児者の皆さんにとって実際に顔を見ること、触れ合うことの重要性は私たちも感じることと思います。これはそれぞれの施設で取り組むべき課題ですが、現場の気持ちだけではどうしても上手くいかない部分があり、重心学会で面会緩和に向けて何か提言などをいただければとても心強いです」

一同：おぉ……。

児玉：拍手が起こり、続いてマイクの前に立ったのが、去年まで学会理事長だった医師。いろいろ温かい受け止めを語ってくださった後で、「今日聞いたことを、私は自分が園長をしている施設に持ち帰ります。みなさんも、ここで聞かれたことをそれぞれの職場にしっかり持ち帰ってください」

たっくんママ：その先生も、すご〜い。

児玉：会場の空気が変わって、その後、学会幹部の先生方から前向きな発言が続きました。守る会の要望書のことも、会場におられた関係者が後で「守る会でも面会制限のあり方の見直しを要望しました」と声をかけてくださって知ったんです。

もちろん、これですぐにどうこうなるほど簡単な問題じゃないことは分かっているけど、施設長の多い学会で親の思いが受け止められたことは、本当に嬉しかった。しかも、娘の主治医の発言があまりにも思いがけなくて。この先生、言葉のない重症児者施設のみんなと普通に会話ができる、連絡ノートにも海とのやりとりのオモシロ場面を書いてくれる、すごい医師なんですけど、まさかあの場面で……。「児玉さんはいつもこうして私たちに伝えてくださいます」という一言は、さりげなく「この人は思いを伝えたのだ、我々を攻撃したのではない」と、それこそ「伝えて」くれた。それが微妙だった会場の空気を肯定的なものへ転じたような気がします。

新井：海さんの主治医と児玉さんの信頼関係が、とても素敵です。

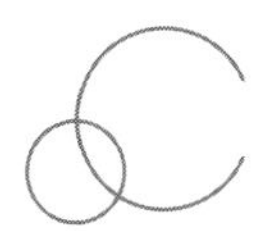

福井：児玉さんの語りはいつも、社会の根っこの部分を突こうとするもので、決して狭い意味でのモンクでも個人攻撃でもない。それは私たち共著者も同じだから、そのようなスタンスで捉えてくれる人には、立場は違っても共感や理解が生まれるということじゃないかしら。私も一人や二人は「伝えている」と受け止めてくれる人はいるだろうと思って、いつも発信しています。

児玉：そうですよね。私もずっと医療の「届かなさ」と闘ってきた気がしているし、「届かない」向こう側からは時にいろんな矢が飛んできたけど、でも考えてみたら、今回の学会での出来事のように、その医療の中にこそ、いつも一番の理解者を得ることができた。そういう体験が何度もあったからこそ私も福井さんのように、一〇人に話して九人から矢が飛んできたとしても、だれか一人に伝われば……と念じながら発信してくることができたという気がします。

それを考えたら、こんなホンネ満載の本を書いたってことは、私たちは専門職を含めた人間そのものを信頼しているということじゃないのかな。「信頼していないからモンクを言っている」と受け止められることもあるけど、実は私たち、信頼しているからこそ勇気を出してホンネで語ることができるんだと思いませんか？

一同：（口々に）そうだ！　そう思う！　ゼッタイそうですよ！

児玉：では、そろそろ、この辺で締めくくりに向かいたいと思いますが、最後に言い残したこととか、これからに向けた抱負があれば、語ってもらえますか。しばらく高齢の親たちがしゃべりすぎたので、若い人たちからどうでしょう？　たっくんママさん？

たっくんママ：この三年間はどうすればいいのだろうと考える余裕もなく、その時その時をやり過ごすのがやっとでした。そして三年経った今も何も変わっていません。変わったのは、たっくんが検温に応じてくれるようになった、マスクをつけられるようになったということくらい。コロナ禍三年目でも慣れることはなくて、むしろ不安が増すばかりです。こちらが自粛や我慢に慣れるしかないのだなと感じています。

コロナ禍で「ソーシャル・ディスタンス」「手洗い・消毒」「マスク着用」が常識になりましたけど、でもこれが出来ない子はまだまだたくさんいるんだから、その子たちが非常識だと思われない世の中であるために、もっともっと障害児者の家庭に目を向けて欲しいです。増補版もたくさんの人に読んでもらいたいですね。

これからの抱負としては、きょうだいのことで何かできたらいいなと考えています。初版にも書きましたが、たっくんがＰＣＲ検査の対象となった時にきょうだいも自宅待機となって影響が出たので、そういう体験をしている家庭は他にもあるはずだと思い、地域の「きょうだいの会」に問い合わせをしたり、きょうだい支援についての研修を受講したりしています。地域での居場所や繋がりを確保し、きょうだい達も孤独にならないような組織づくりが出来たらなと思っているので、勉強したいです。

madoka：コロナ禍の三年間、流行状況や世間一般の制限が移り変わりましたけど、はたして付き添い入院に関わる制限事項は多少なりとも取り払われたのか、疑問に思っています。この点に関しても行政には把握して欲しいので、私としては、付き添い入院の実態に関する再調査と状況改善を引き続き求めていきたいと思っています。

根本：ちょっと可愛くないことを言うようなんですけど、私たちがこの本を書いて「書く余裕も声を上げる余裕もない人たちがいる」みたいな反応がいくつかあったでしょう？ あれが私には

ちょっと引っかかってて。

だって、私、暇じゃねぇし。暇だから書いたわけでもない。ステイホームを強いられて家でやることがないから、文章を書ける時間ができたから、書いたわけでもない。「今どうしても伝えたい」「今じゃなきゃいけない」。それほど伝えたい想い、それほど厳しい状況だからこそ、寝る間を惜しんで書いている。そのこと、分かってほしいです。

新井：そうですね。みなさんの章を読ませてもらうと、過酷な状況の中で原稿を書かれたのだと胸が痛みました。私は娘が親から独立した暮らしの場で護られている中だから書くことができたので、すべての障害者と家族が私と娘のような時間を持てることを願いながら書かせていただきました。もちろん私たち親子も困難は抱えていますし、先が見える状況でもありませんが、これまで学び合い、育ち合ってきた仲間たちと「仲間がいる私たちには責任がある」と励まし合いながら、これからも運動を重ねていきたいと思います。

福井：いよいよ社会はコロナ収束の方向に動き出したみたいだけど、決して病を克服したわけではない。としたら、私たちはこれからもパラレルワールドに取り残されるということ？　それは弱者の命を守るという大義名分での障害者排除にならないか、今後も目が離せないなと思います。

児玉：私はこの間に、福井さんが取材を受けられたNHK徳島の特集に、ケアラー連盟理事の立場からコメントする形で参加させてもらい、秋に老障介護で追い詰められた母親による介護殺人事件について茨城新聞の取材を受けた際には、新井さんと根本さんに協力を求めました。ゆたか福祉会の職員研修で浅野さんとペアで講演させてもらったのも、嬉しい出来事だったです。

浅野：出版直後のZoom交流会で画面を通してつながれたのが、よかったですね。連帯感を感じて、あの後それぞれの活動に連携できていることにも感謝しています。

児玉： そうそう、この座談会を編集している段階で出てきた話なので、放送は増補版の刊行と前後するかもしれませんが、たっくんままさんも某テレビ番組の取材を受けておられます。中野まこさんもご出演という情報もありますので、みなさんお楽しみに。

この共著をきっかけに、いろんな動きが生まれていますね。ひとりひとり活動のフィールドも特性も異なっているので、この本は著者が一緒に一つの方向に動きを作ろうとするものではないですけど、これからも機会があれば、それぞれのフィールドで手を借り合って、いろいろコラボができるといいですね。

では、浅野さん、シャープに最後を締めくくってください。

浅野： えー、私がですか？

児玉： はい。今回の増補版もよかネットあいちの報告集とのコラボですし、歯切れのいい浅野節で締めくくってもらえると、みんなすっきり終われますから。

浅野： そうですか？　では……（笑）。

緊急時、支援がすべて止まっても、誰かが支援をしないといけない障害児者・家族がいるのに、入所・グループホーム・家庭、生活の場での支援は本当に手薄です。現場では通所の事業所職員、グループホーム職員、計画相談員、業務以外の支援に取り組んでいる人たちがたくさんいますけど、その厚意に甘えるだけでいいのか？

一同： そうだ！（拍手）

浅野： そもそもコロナ以前から、相談支援員が少ないために一人が担当している利用者が多すぎて、

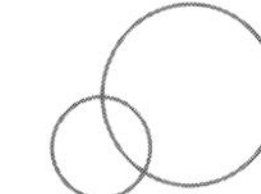

計画やモニタリングしかしないという相談員もいるくらいだったのだから、もともと支援は足りていなかったわけです。そこをなんとかチームで補い合いながら支えてもらっている障害児者・家族への支援が、コロナだからと止まっては困ります。

一同：そうです。困ります！

浅野：緊急時の今、平時からのエッセンシャルワーカーの適正な人員配置基準見直し・処遇改善による人材育成・働き続けるための労働条件の改善の検討がされるべきだと思います。障害児者を守るためには、支援者も守られなければいけない。国際情勢も不安定で、外国人財に頼りきるにも不安があり、国・自治体が喫緊にすべきことがたくさんあります。省庁の分断を解消し、トータルな支援の構築を図ってもらいたいと思います。

一同：思います！（拍手）

浅野：すべての人が健やかに生活できますように！！

一同：すべての人が健やかに生活できますように‼（盛大な拍手）

児玉：浅野さん、すばらしい締めくくりをありがとうございます！
皆さん今日はお疲れさまでした。ありがとうございました。

二〇二二年一二月某日 Zoom にて

増補新版へのあとがき

二〇二二年七月上旬に刊行された本書の初版は、思いがけず多くの方々に読んでいただくことができました。それにより初版からさほど時を経ずして、こうして増補新版を上梓できたことは、著者一同にとって望外の喜びです。

初版の「おわりに」にも書きましたが、初版は二〇二一年秋から二〇二二年二月にかけて準備されたもので、感染力が極めて高いオミクロン株の大流行で起こったことは、ほとんど拾えていませんでした。また編者としては、この本を母親の体験だけに終わらせたくなかったとの心残りもありました。初版刊行後に新たにご縁が繋がって、この度は父親の視点からの家族感染の体験、グループホームでのクラスターに際して帰省要請に応じざるを得なかった家族の体験、地域で自立生活を送っている障害当事者が感染した際の過酷な体験を書いていただくことができました。それらに初版の共著者七名がその後を語り合った座談会を加えて増補新版を形にできたのは、初版を手に取ってくださった方々のおかげです。心から感謝を申し上げます。

初版著者七名による座談会は二〇二二年一二月半ばの状況までで取りまとめた内容となっておりますので、それ以降の編集段階で出てきた関連の動きのいくつかを、ここで追記的にご報告したいと思います。

まず、初版でmadokaさんが問題提起された付き添い入院について、この問題を継続的に取材しておられる共同通信の記者による記事「「親の人権ない」付き添い入院、訪問型保育の活用で負担軽減と子どもの発達支援を　認定ＮＰＯ法人フローレンス会長・駒崎氏インタビュー」(https://news.yahoo.co.jp/articles/155c30ee0afd7a0e7609b9244128a0358a9ac6d0　二〇二三年三月一一日現在）が二月二二日にネットに公開されました。駒崎さんは「付き添うか付き添わないかは保護者が選択できるようにすべき」と述べ、「居宅訪問型保育」などの柔軟な制度運用によって付き添いの負担軽減は可能になると、具体的な方向性を示しておられます。

座談会の最後に紹介した「バリバラ」は、新型コロナとマイノリティーの三年をテーマに五月に放送されました。たっくんときょうだいとの日常とともにたっくんママさんのインタビューのビデオが流れ、スタジオにはこのたびコラムを寄せてくださった中野まこさんもご出演。

また児玉が座談会の最後に語っている面会制限については、学会後に理事の先生方が協議を重ねられ、二月に「重症心身障害病棟における面会に関しての、日本重症心身障害学会としての提言」(http://www.js-smid.org/docs/info_230215.pdf)が同学会のＨＰに掲載されました。

家族に対しては理解と共感を示しつつ施設側の事情が分かりやすく説明され、施設に対しては安全な面会に向けた一定の基準を示し、緩和に向けた努力を呼びかける提言となっています。温かく心のこもった提言からは、先生方がギリギリのところを真摯に模索されたことが伝わってきます。とりわけ「面会の選択は、病棟の状況を加味しながら、家族のみなさんなどと、十分話し合い、合意の上で、最終各々の施設の判断で実施していくことが重要です。このプロセスが信頼を生み出します」と書かれた箇所は、分断が生まれがちなコロナ禍で信頼関係回復への努力を訴え、胸に迫ります。提言の締めくくりは「十分な合意のもと、安全に配慮した面会を通して『つながることの大切さ』を実現していくことを、学会としては提言します」。

増補版を編むにあたって私が最も意識したのは、初版に対して専門職から「コロナ禍で自分たちはこんなに大変な思いをしているのに」といった反発や、「対立的すぎる」という批判があったことに、編者としてどういうレスポンスを返すかという点でした。それは座談会の中に盛り込んでおりますが、今なお私には、親たちが自分の体験と思いを語ることが、なぜ専門職の大変さや頑張りを否定することになるのか、なぜ「対立的になっている」と受け止められるのかが理解できません。

一方、このように立場の違う者の間に無用な分断と溝が生まれがちなコロナ禍だからこそ、「ともに手を結んで」と締めくくる心地よさへ向かおうとする言説にも頻繁に出会いました。それにも、私は敢えて抗いたい気分を誘われました。そのことについても初版刊行後ずっと考えてきました。

もちろん、家族と医療・福祉の専門職はともに闘うべき場面や相手を多々共有しています。が、立場が違えば、そこには緊張関係が厳然とあります。「ともに」と締めくくって終わる心地よさには、その緊張関係に目をつぶり、結果として立場の弱い側の声を封じるリスクがありはしないでしょうか。もちろん共に戦うべきところでは手をとり声を合わせつつ、こんな時だからこそ、そこにある緊張関係からは目を背けず、むしろきちんと意識したうえで、自分の体験とそこにある痛みをそれぞれに語る必要があるのではないか。立場が違う者同士だからこそ、互いに口を封じ合うことなく伝え合い、耳を傾け合うことが大切なのではないか——。

そんなことを考え続けていた私に、学会で聞いた娘の主治医の「私たちに伝えてくださいます」という受け止めは、大きな示唆となりました。そして、面会制限をめぐる親の訴えが施設長を多数含む学会理事の先生方に誠実に受け止められて、わずか二か月半でこのような提言が出されたことは、「届く」と信じてものを言い続けようとする勇気となりました。

最後に、座談会で引用（二六三ページ）した学術会議叢書は『「人間の尊厳」とは――コロナ危機を経て』（日本学術協力財団）として一月末に刊行されました。私はその第4章「コロナ禍で障害のある人と家族が体験していること」において、入所者に外出も面会も禁じ続ける施設は「収容所」と化していると指弾する重症児者施設関係者の論考を紹介し、その後で以下のように書いています。

そこには、コロナ禍以前からあった施設の構造的な問題もあるだろう。が、それは施設に限った問題なのだろうか。本当は、地域であれ家庭であれ、ケアしケアされる関係性において、ケアする人が尊厳への意識を手放し無関心に慣れてしまえば起こることなのではないだろうか。その時、地域の事業所や家庭も「収容所」化するのだと思う。

そして、そんなことを考えていると、さらに恐ろしいことに気づく。コロナ感染拡大第七波のさなかであろうと経済を回していくのだと人々が自由に行動し、そのために高齢者と障害のある人は外出自粛で閉じ込めておこうとする社会そのものが、もはや巨大な収容所構造を成そうとしているのではないか。

そこでは、高齢者、障害のある人をはじめとする社会的弱者に起こることは、家庭という収容セルの内部ですべてを完結させることが当たり前視されていくのだろう。障害のある人の施策において、コロナ禍以前から「脱施設」「地域移行」「共生社会」という美名のもとに進められてきたことは、まさにそれだった。一方、「移行」先とされる「地域」では、人手不足と採算性を求める制度改正による現場の疲弊で、支援制度そのものが空洞化している。それでもコロナ禍で医療を受けられないまま自宅で人が死ぬ多くの事例を経験した後の社会では、障害のある人たちが医療や支援を受けられないのも「仕方がない」こと、それでも家族という収容セル内部でどうにかすべきことにされて終わるのだろう。そんな、壁も塀もない「収容所」構造は、多くの人の目には見えない。見ようともしない人々が経済活動を回すことに忙しく、コロナウイルスと共存しながら自由な社会生活を営み続けていくのだろう。この第七波の夏のように——。

この「増補新版へのあとがき」を書いている二〇二三年四月中旬、日本のコロナ対策は大きな転換点を迎えています。五月八日から、新型コロナウイルス感染症の感染症法上の位置づけが季節性インフルエンザと同等の「5類」に移行します。それが障害のある人と家族にどのように影響していくのかは不透明です。

さらに感染が広がるのではないか、医療の逼迫が避けられないのではないかなど、専門家から懸念の声があがる一方で、三月一三日からマスクの着用は個人の判断とされ、学校の卒業式・入学式についても文部科学省が児童生徒はマスクなし参加、新学期からはマスクなし登校との基本方針を示しました。ちまたの商業施設は賑わい、観光地には人があふれて、社会は急速にコロナ前の生活に戻っていきます。そうして急速に自由を取り戻していく社会を、障害のある人と家族は未だに多くの不自由を抱えたまま、こうして「収容所化」が進んでいくのではないか……と不安な気持ちで眺めています。

本書を通じて、一人でも多くの人がその不安に目を向けてくだされぱと願いつつ、ここに『コロナ禍で障害のある子をもつ親たちが体験していること』増補新版をお届けします。

貴重な報告集の転載を認めてくださった、よかネットあいちさんをはじめ、本書にお力添えくださった皆さま、本当にありがとうございました。

コロナ禍四年目の若葉の季節に

児玉真美

このままではいけない

～みんなで「助けて！」と言おう！！

「愛知県　新型コロナ禍での障がいのある人の生活実態調査」報告集

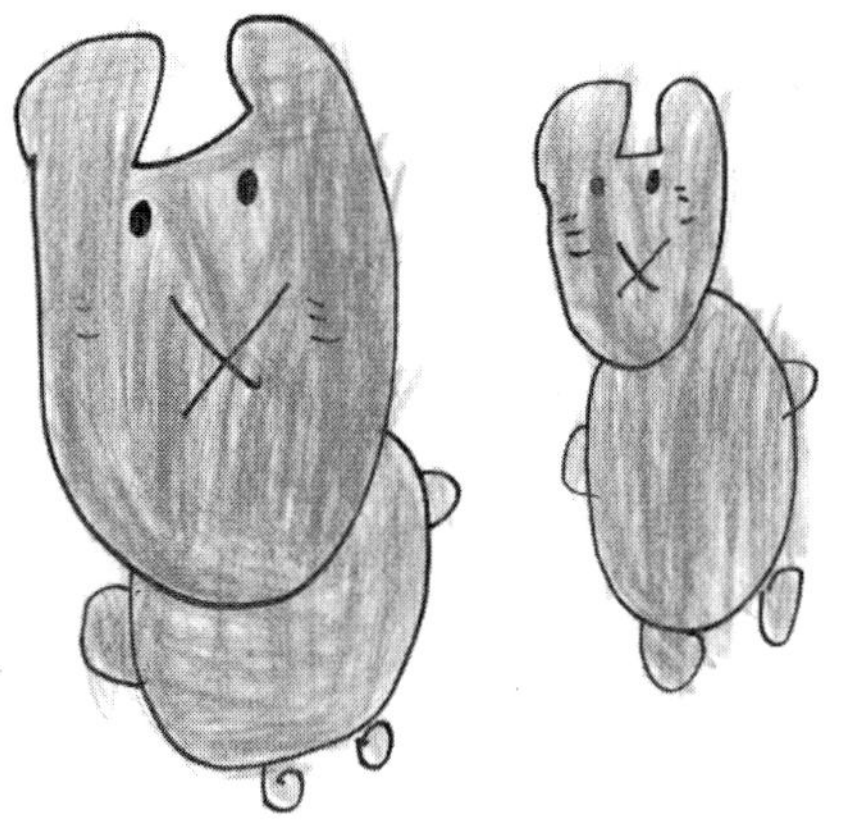

よかネットあいち

（愛知県障害児の地域生活を保障する連絡会）

目　次

1　はじめに　会長　浅野美子
2　調査概要
3　調査結果
4　障がい当事者、家族、事業所の声
　ⅰ　障がい当事者、家族が遭遇した困難
　　検査のシビアさ
　　自宅療養して
　　宿泊療養して
　　入院療養して
　ⅱ　事業所の取り組みと抱えた困難
　　児童発達支援センター
　　保育園
　　小学校特別支援学級
　　特別支援学校
　　児童発達支援・放課後デイサービス多機能型
　　放課後等デイサービス
　　学童保育所
　　就労継続支援B型事業所
　　生活介護
　　グループホーム
　　短期入所・移動支援・居宅介護
　　入所施設
5　素データと自由記述※
　調査用紙
　集計結果
　自由記述
6　おわりに

※本書ではページ数の都合で「5　素データと自由記述」は割愛させていただきました。
必要な方は、よかネットあいちにお問い合わせ下さい。

はじめに

よかネットあいち　会長　浅野美子

私には知的障がいのある子どもが３人います。コロナ禍以前、長女が肺炎にかかり、私が付添同意書を提出し入院、長男・二男は契約している複数の短期入所事業所での緊急受入れ調整は難しく、夫が４日間面倒をみてくれました。平時・緊急でも短期入所は対応できる体制ではありませんでした。

愛知県障害児の地域生活を保障する連絡会（よかネットあいち）は2001年発足、交流会、学習会、名古屋市の出前講座、愛知県の講座等を毎年開催。名古屋市・愛知県にも要望書提出、懇談を続けてきました。

コロナ禍で、2020年当初は家族の誰が感染しても在宅療養を覚悟していました。

ただ、本人たちや介護している私が感染した場合、どうなるのか？　計画相談員、基幹相談支援センター、障害支援課に問い合わせても回答を得られませんでした。終わりの見えない、刻々と変化する状況の中で、多くのケアラー（障がい児者、乳幼児、高齢者を介護する人）は不安を募らせていました。

そこで、2020年4月23日に名古屋市長宛、4月25日に愛知県知事あてに要望書を提出。

> 1. 本人が感染した場合、受け入れ先（宿泊施設や病院）では、避難所の福祉ルームのような取り扱いで付添可能にしてください。
> 2. 介護者が感染した場合、濃厚接触者になりうる本人たちの支援を一般の短期入所で受入れが難しいと思うので、公的な機関や施設を利用して、受け入れ先を確保してください。
> 3. 緊急の短期入所制度の拡充と、関係各位への早急の周知をお願いします。

名古屋市、愛知県に限ったことではないので、よかネットあいちが加盟する「障がいのある子どもの放課後保障全国連絡会（全国放課後連）」、つながりのあった「日本ケアラー連盟」等に情報共有し、全国で要望してきました。平時では、担当課への要望書提出でしたが、非常時は、コロナ対応の専用窓口が設けられ、市長宛、知事宛で提出できたことが平時との違いです。2020年5月23日付中日新聞にも記

事掲載していただきました。

名古屋市・愛知県からの回答は残念ながら、まだ具体的な方策はなく、現場と相談・調整というあいまいさでした。当時、神奈川県「介護者がコロナ入院で不在となった在宅の高齢者・障がい者を受け入れる専用入所施設の設置、および福祉施設の感染発生時の応援職員派遣事業」、神戸市「介護者が新型コロナウィルスに感染した高齢者・障害者のための一時受け入れ施設を設置」、堺市「介護者が感染した場合の要介護者等（高齢者・障害）への支援」が制度化されていて、全国的に自治体格差ができていました。

時間の経過とともに様々な状況が寄せられてきたので、2020 年7月 14 日に名古屋市長あて、愛知県知事あてに要望書を提出。

名古屋市から以下のような回答をいただきましたが、愛知県はコロナの感染状況が刻々と変化するため、対応が追い付かず回答をいただけないままになりました。

1. 本人が発熱や濃厚接触等により、検査を受ける場合、本人の状況に応じて複数の付添を許可する、時間帯を分ける、本人に検査内容をわかりやすく伝えるなど、合理的配慮をしてください。

医療機関に事情をお伝えしたうえで、検査に必要な検体採取に際しては、検査内容の伝え方、時間帯の配慮などに努めていただけるように周知してまいりますので、ご理解いただきますようよろしくお願いいたします。

（健康福祉局感染症対策室）

2. 本人が感染した場合、受け入れ先（宿泊療養施設や病院）では避難所の福祉ルームのような取り扱いで付添いを可能にしてください。 本人が慣れた事業所など、本人にとって安心できる場所の確保をお願いします。そして、濃厚接触児者や無症状・軽度感染児者の隔離として場を提供した事業所には特別報 酬等をご検討いただき、事業所等に周知してください。

受け入れ先（宿泊施設や病院）を決定するうえで本人の必要とする介助への対応や障害特性への配慮は必要と考えております。 現在、受け入れ先(宿泊施設や病院）の調整段階で個別具体的な事情もお聞きしたうえで入院等の決定をすることとしております。なお、濃厚接触児者の隔離として場を提供した事業所につきまして

は、個別の状況にもよりますため本市にて独自に実施する予定はございませんが、宿泊待機に係る費用の補助につきましては、かかり増し経費として補助金申請を受け付けておりますので、ご理解いただきますようよろしくお願いいたします。

(健康福祉局障害者支援課・感染症対策室)

3. 介護者が新型コロナに感染し、介護ができなくなった場合、障がい児者の預け先と送迎について、公的な機関や施設を利用する等、受入れ先を確保してください。重症心身障害児者は医療提携の整っている公的機関や施設を利用する 等、具体的な受け入れ先を確保してください。 また、「2、」と同様に、本人が安心できることを第一に考え、慣れた事業所等が、場を提供した場合は特別報酬等をご検討いただき、事業所等に周知してください。

4. コロナ禍における緊急の短期入所制度の拡充と、関係各位への早急の周知をお願いい たします。

3及び4の介護者などが新型コロナに感染した場合にかかる障害者本人の受け入れ先について、濃厚接触者であれば短期入所等での受入れ事業者の確保は容易ではなく、また感染防止の体制も構築する必要があることから、早急な対応は困難であります。しかし、介護者の方のご心配を少しでも軽くするために、何らかの受け入れ態勢を確保したいと考えておりますので、ご理解賜りますようよろしくお願いいたします。 なお、「2.」と同様に、濃厚接触児者の隔離として場を提供した事業所につきましては、個別の状況にもよりますため本市にて独自に実施する予定はございませんが、宿泊待機に係る費用の補助につきましては、かかり増し経費として補助金申請を受け付けております。なお介護者が感染した障害当事者の短期入所受入先については、個別に事業所の協力を仰ぎながら受入先確保に努めておりますのでご理解賜りますようお願いいたします。

(健康福祉局障害者支援課)

その後、入所施設だけでなく通所事業所職員へのワクチン優先接種も自治体により違いがあったので名古屋市や愛知県に要望、国もエッセンシャルワーカーの優先接種対象としていただけました。また、PCR 検査の定期的、必要な時にしてくださいに関しても継続の確認ができました。2021 年 11 月には名古屋市に質問書提出、ワクチン優先接種をお願いできたものの実際の接種率は把握しておらず、P CR 検

査は放課後等ディサービス 394 か所中 8.4 ～ 16%（月ごと）、児童発達支援事業所 53 か所中 11.3 ～ 20.8%（月ごと）と思いのほか少ない実施率になっていました。これで、子どもたちを守ることができているのか疑問です。そのほか、

2．昨年要望した障がい児者本人が感染した場合の状況で、
①本人が感染した場合
（中略）10 月末までの障害児者の感染者数、その療養体制内訳（在宅、宿泊、入院、その他）を教えてください。

障害児者の感染者につきましては、個別に必要な対応をその都度しておりますが、現在障がい児者の感染者に特化したデータの把握については、患者情報として HER-SYS（新型コロナウィルス感染者等情報把握・管理支援システム）に入力する「重症化のリスク因子となる疾患」の項目に無い等の理由から把握が困難であり、そのため感染者数・療養体制内訳の詳細は不明です。

②介護者が新型コロナに感染し、介護できなくなった場合
愛知県は「障害の有無にかかわらず、被介護者が児童の場合、別添『新型コロナウイルス感染患者の子どもの保護について』により、子どもの受入れを行います。受け入れ先としては、基本的に一時保護所となりますが、児童に障害があり一時　保護所で受入れが困難な場合、障害児施設、医療機関での受入れを調整いたします。」とのことでしたが、名古屋市では介護者が感染した場合、介護している障がい児者の対応について、障がい児の保護体制の内訳（在宅、施設、医療機関、その他）、障がい者の受入れ体制の内訳（在宅、短期入所、施設、医療機関、その他）を教えてください。

障害児については、障害の有無に関わらず、介護者が新型コロナに感染し、被介護者である児童の養育者が不在となった場合であって、他の親族等の協力を得られない場合には、児童の一時保護を実施し、受け入れ先の調整を行います。介護者との接触状況や直近の行動履歴等を確認し、保健センターとの連携を行う中で、医療機関や施設など様々な選択肢から受け入れ先を調整します。また、当該児童のかかりつけ医等に診療情報の照会を行い、医療機関からの所見を仰ぐなど臨機応変に対応しているところです。

障害者については、受入先（宿泊施設や病院）を決定するうえで本人の必要とす

る介助への対応や障害特性への配慮が必要と考えております。

現在受入先の調整段階で個別具体的な事情もお聞きしたうえで入院等の決定をすることとなっておりますのでご理解いただきますよう、よろしくお願いいいたします。

介護者が感染した障害当事者の受入先については、個別に事業所の協力を仰ぎながら、必要に応じて愛知県とも連携し確保に努めておりますので、ご理解賜りますようよろしくお願いします。

コロナ禍は3年も続き、制限のかかる生活の中、障がい児者と家族も疲弊していることを実感し、療養内訳すら実態不明で、「個別に必要な対応をその都度している」ことを確認するため、この回答から、感染状況により保健所・保健センターの対応が変化し、保護者会や家族会等も開催されず情報共有できにくい状況で対面でのアンケート配布が難しいと考え、初めてWEBアンケート実施。多くの障害者団体、通園保護者会、相談支援センター、クチコミ、facebook等でのアンケートご案内に、短期間にもかかわらずご回答いただいた244名の皆さん、ガラ携で答えられない、WEBアンケートは難しいけれど困っていることを伝えたいと電話やメールで知らせてくださった皆さん、本当にご協力ありがとうございました。

アンケート結果は愛知県と名古屋市に提出、懇談をお願いしたところ、愛知県から「送付していただいた「愛知県　新型コロナ禍での障がいのある人の生活実態調査」の結果を拝見しました。当課でそれ以上お話できる内容ではないことから、ご要望の懇談は実施しないこととしたいと存じます。いただいた貴重なご意見は課内で共有させていただきますので、御理解いただけますようお願いします。」との回答。

2022年5月17日付中日新聞にもアンケート結果に関する記事を掲載していただきました。

名古屋市にはあらためて5月30日要望書提出、回答をいただき、コロナ対応担当課の感染症対策室不在でしたが、6月21日障害者支援課・子ども福祉課同席で懇談。

いつになるか不明ですがコロナが落ち着いたら、研究・分析がなされると思いますが、コロナ禍で障がい児者やご家族・支援者がどれだけ大変な思いをしてきたのか、直接お伝えできてよかったです。

ケアラー（障がい児者、乳幼児、高齢者を介護する人）だけでは、本人たちを守ることはできません。緊急時だからこそ、障がい児者の家族、支援者の困りごとや要望を冊子にして、広く知っていただき、制度改善につながることを願っています。

2　調査概要

1　調査の目的

2020年2月に新型コロナ感染症の流行が始まったが、そのことに伴う自粛生活が社会生活はもとより、保育園や学校生活にも大きな影響を及ぼした。障がいのある当事者が利用する事業所やグループホームでのクラスターの発生など、当事者はもとより家族も支援者も日々緊張を強いられてきたが、具体的にどのような困難を抱えたのかについては、断片的な報道が行われているだけであった。そこで新型コロナ感染症の流行が始まって2年が経過した時点で、障がいのある当事者や家族の生活がどのような実態におかれているのかを明らかにするために実態調査に取り組むことにした。

2　調査方法

【調査名】愛知県 障がいのある人の新型コロナ影響下での生活実態調査

【実施時期】2022年2月12日から2月28日

【実施方法】一般社団法人発達支援協会第三者評価調査（Freeasy フォーム）を使用して実施

【調査対象】愛知県在住の障害児者（回答補助の有無は問わない）

【回答数】244名

結果はFBよかネットあいちで報告した。

3　調査内容

調査用紙は巻末に掲載したので参照していただきたい。調査項目は全部で28項目にわたるが、よかネットの事務局で検討し、新型コロナ感染症に感染した方、感染しなかった方それぞれが抱えた不安や問題を基本に設定した。

設問の構成は以下の通りである。

回答者の属性　Q 1

障がいがある方の基本情報に関する項目　Q2 ～ Q10

障がいがある方の日中生活及び利用している福祉サービス　Q11・12

暮らしの場と同居者の属性　Q13・14

新型コロナに罹患したか濃厚接触者になったか否か、療養場所、困りごと　Q15～17

感染は無かったが生活上の制限や困りごと　Q18・19

新型コロナで感じた命の不安　Q20・21

障がいのある人への状況の伝え方や対処に関して　Q22～24

医療や行政機関との関係について　Q25・26

情報や支援・制度に関しての思い　Q27・28

3　調査結果

調査結果の素データ及び、Q17 以降の自由記述については、本書では割愛させていただいている。

ここでは新型コロナ感染症の流行にかかわる設問を中心に、結果を整理しまとめた。

1．新型コロナ罹患、及び濃厚感染者になった方の状況

感染した方が 244 名中 27 名、濃厚接触者になられた方が 64 名おられた（Q15）が、感染した方の 81.4％が「在宅療養」となっていた。そのことと関わって、Q17 の「感染があった時、どのようなことに困りましたか」の問いに「自宅療養が難しい」10 名、「自宅隔離が難しい」28 名、「自宅待機が難しい」9 名と、在宅療養の困難さが浮き彫りになっている。

自由記述に寄せられた以下のような声は、障害児者家族が故の困難と言えよう。

排せつや食事介助等で感染対策が完全ではなく、家族全員が罹患した。

からだがしんどくても家事・育児しなくてはならない。

罹患した本人やきょうだい児の罹患に伴う家庭内隔離の意味がわからず困った。

日常的にヘルパーを活用することで生活が成り立っている以下のようなケースでは、本人と家族に大きな負担がかかり、下手をすれば命にもかかわる事態になりかねなかったのではないだろうか。

24 時間の介護と看護を母一人ですることになり体力的にも精神的にも限界だった。

重度訪問介護を受けて自立生活をしているが、ヘルパーが足らず、また訪看も緊急対応のみと言われ、入院できるまでの 2 日間、夜間、水分補給もできなかった。

2．コロナ流行に伴う生活上の制限にかかわっての困難

生活上の制限（Q18）は、主には障害児者の年齢と関係し、昼間利用している場

に関して、登園自粛や休園、学級閉鎖や休校、事業所閉所、福祉サービス利用自粛・停止が中心であったが、そのことともかかわっての「困りごと」(Q19) として最多だったのが「外出自粛」の39件であった。外出自粛は「ストレスがたまる」22件や「ワンオペでしんどい」6件にも繋がっていると推察される。

動くことが少ないため、睡眠のリズムが崩れて困った。

本人の生活が八方塞がりになり、活動量が著しく低下して健康状態や精神面に影響が大きかった。

次いで多かったのは「マスク」に関する記述で38件あり、ある意味で障がいからくる困難が典型的に現れていると言えるのではないだろうか。それでなくても急な休校や事業所閉鎖という変更を受け止めにくい当事者にとっては、「マスク」はより高いハードルとなっていたと思われる。

外出先で３歳以上なのでマスクの着用が必要と言われ、障がいについても説明したが、マスクをしないと入店できないと断られることがあった。

自閉症児の息子はマスクができないため、店員や見ず知らずの人に指摘され、肩身が狭かった。

相手の声が聞きとりにくい。相手の表情や口元が見えないため、聞こえの補助も利用できない。

それ以外にも、入所型施設を利用している子どもと２年も直接会えてないこと、福祉サービスが使えなくなり仕事に行けないこと等、家族の生活に重くのしかかった現実も吐露されている。

３．当事者はコロナのことをどう受け止めたのか

家族や支援者は、障がいのある本人に対して、園や学校や事業所に行けないこと、外出し辛いこと、マスクを装用すること等を説明する立場に立つが、どんな工夫をし、そのことを本人はどのように受け止めたのであろうか (Q22)。

年齢や障害の状況によると思われるが、「伝えていない」が81件で、それは主に「理解できない、難しい」という判断による。「伝えてはいるけどわかっているか不明」が27件。それに対して「伝えている」は95件で、「おめめどうグッズ」や「インターネッ

トの資料」「紙芝居やテレビニュース」等「見てわかりやすい支援」を活用したり、口頭で伝えた人もかなりいた。

家庭やグループホームなどの暮らしの場では、232件が「感染対策」に積極的に取り組み（Q23)、手洗い、消毒、うがい、そして外出控え等に取り組んだ。

本人の状況（Q24）は「いつも通り」48件、「自宅ではのんびり過ごす」28件、「テレビ、インターネット等」41件等、それなりに毎日を平穏に過ごした人が多いものの、「毎日癇癪を起こした」「物を壊したり投げたり」「奇声を発したり」「机やキッチンにのぼってあそぶ」といった行動上のしんどさや、体重増加、不眠といった問題を示した人もいた。

4．医療機関や行政機関との関係や要望について

医療機関との繋がり（Q25）は、「かかりつけ医」が基本で（107件)、電話での相談やワクチン接種も可能なケースが多かった。

保健センター等の行政機関との関係については（Q26)、保健センターによって、また時期によって、対応がかなり違っていたようである。

重度知的がいのある人のことを理解せず、普通の患者と同じように勧められた検査の病院で、医者も理解していなくて、結果、大騒ぎになった。

保健センターの対応が遅くて、濃厚接触者と認定されたのは、接触から8日後だった。

PCR検査が陽性と分かった日の夕方に電話がきて障害や困りごとを伝えすぐ入院したいと伝えた。優先順位高めで入院調整するとのことだったが2日間入院できなかった。

陽性が判明してから食糧を配送してくれるようにしてくれ有難かった。

保健所がパンクする前だったので丁寧に対応していただけた。

新型コロナ関連の情報に関して（Q27）は、テレビ等の情報は一般的な情報に限られるため、事業所（15件）や保護者同士の情報交換（19件）が最も役立ったようである。障がい者関連の情報が少ないこと、気軽に相談できる場が欲しいといった思いが、次のQ28「こんなサポートや制度があれば助かると思う」の回答にも反映している。

医療に関しては、障がい児者に対応できる受診窓口の設置、障がい児者に対応でき

る病院や訪問支援サポート情報、濃厚接触になっても24時間対応する訪問診療・訪問看護などを求める声が出されている。障がいの状況を踏まえた「合理的配慮」の必要性がコロナ禍でより明らかになったと言えるであろう。

コロナ療養に関しては、障がい者向けの相談窓口、本人と家族が一緒に入院できる病院や療養施設、障がいを理解する医療体制、食事サポートを求める声が目立つ。障がいがある場合には、乳幼児家庭と同様な、それ以上の支援体制が求められる。濃厚接触者となった場合にも利用できる福祉的支援について、障がい当事者、家族、行政、および福祉事業関係者で検討することが、今後求められる。そうした検討が進むことが、今後の感染症の流行や災害時への対応の充実に繋がることを期待したい。

4　障がい当事者、家族、事業所の声

ⅰ　障がい当事者、家族が遭遇した困難

●検査のシビアさ

長男　35歳　生活介護・グループホーム　知的障がい（愛護1度　A判定）　結節硬化症

幼少期からよく熱の出る子どもだった。

そして、発熱すると高熱となり40度超えもよくあることで、ほとんど食欲が落ちることもなく、いつもと変わらず過ごしてきた。

毎日関わっている周りの方々も慣れてくると、それが当たり前で、支援学校時も卒業後の事業所でも、熱があっても全身状態を見て判断して、通学通所を許可してくれてきた。

しかし、コロナ禍で一変した。

2020年4月に発熱。

当時はまだ世の中全体がピリピリしていたので、本人も母も『いつもの熱なのになぁ……』と平然としいるのとは裏腹に、事業所と保健センターの指示で、初めての場所で、息子を知らない人からのPCR検査を受けることに……。色々と説明したが伝わりきれず強行の末、予想通り息子が暴れて綿棒が鼻の奥までつきささり、鼻血を出す羽目に……。

もう二度と（現状を理解してくれない）行政の言いなりにはならないと強く心に決めて帰宅した。

その後8か月後に3度目の発熱。(2度目は異常だったので救急外来を受診)

その頃は世間もだいぶ落ち着いていたこともあり、自分で探す！自家用車で連れて行き、車内で検査してくれる所がみつかるまで。運よく2件目でヒット。

しかも、幼少期に受診していたことを覚えていてくれて「連れてくるのも大変だろうから、お母さんが来てくれたら検査キットを渡すから家で唾液採取すればいいよ」と言われるではないか！そのとき本当に涙が出た。

心の中で「神～～！！」って叫んだ。

そして、2022年5月に8度目のPCR検査を受けた。

そのたび、37.5度以上で自宅療養となり、完全に平熱になるまで通所はできない。

パートはいえ、どれほど職場の人に迷惑をかけたことか。

また、自宅療養とはいえ、本人はいたって元気なので寝込むことなく、夜中も含め2～3時間おきのオムツ替えや、自宅で親と過ごすことのストレスなのか機嫌悪く、ほぼ午前中は大声で叫び続ける騒音に窓を締切って、ヘッドフォンを付けてこころを鎮める母の日々。

「障害のある子をもつ親は終わりなき育児を強いられる」と何かで読んだが、そうならないように計画的に25歳でGHに入れて、息子の将来と自分の人生を守ったつもりでいたのに、コロナのおかげで全く予想外の昨今である。

早くコロナが終息するか、しないのであれば、緩和されて、コロナの前のように発熱しても全身状態で誰もが受け入れてくれる世の中になって欲しいと切実に願う。

今後も続いたら、息子への感情がどうなるか……母は潰れてしまう……かも。

●自宅療養して（本人以外、家族が感染）

長女　17歳　特別支援学校　重度知的を伴う自閉症、

父・母・次女が感染

感染時期　2022年1月

我が家のコロナとの戦いはデイサービスの送迎バスで一緒だったお友達と、スタッフの陽性が確認されたため、長女は濃厚接触者にあたると考えられるという連絡ではじまりました。

接触があったのは1月28日金曜日で1月31日月曜日に連絡を受けましたが、金曜日からショートステイ中で月曜日のデイサービスから帰ってくるのを万全の態勢で受け入れ、それから金曜日までの自宅待機を両親で見守ることとなりました。生活の全てで介助が必要で、かつ感染対策について本人が理解していないため、一方的に自分達ががんばるしかありません。家の中でも全員が完全マスク、一緒にご飯を食べない、お風呂も一緒に入って世話していたのを止めて、1人で入れて、こちらがマスクをしてできるだけ短時間で介助することにしました。接触後4日目に長女は検査をして翌日陰性がわかりましたが、学校にもデイにも行けないため両親で交替して2日ずつ面倒を見ました。やっと解除になって、土曜日ショートステイに連れて行って解放感に浸りながら週末、家の中ではマスクをはずして、次女と夫と私の3人で過ごしました。

そして日曜日の夜、夫が熱があると言い出しました。次女も私も無症状でしたので、夫を隔離して過ごしはじめました。月曜日夫を連れて、仕事を継続するために私も検査を受けに勤務先の病院に行きました。月曜日の夜から火曜日の朝までは長女が帰ってきていましたが、できるだけの感染対策はしながら症状のない私だけがお世話をしながら過ごしていたので、火曜日は学校に送り出しました。その後2人とも陽性の判定が出たことがわかり、感染対策をして世話していたとはいえ、他の誰かに面倒を見てもらうこともできないため、引きとるしかありませんでした。私は陽性だったわけですが、他の人に迎えに行ってもらうわけにもいかず、自分で運転して学校に向かいました。学校についたところで電話して、長女を連れて来てもらい、車の窓越しに先生とは会釈をして引き取りました。次女は月曜日の夜から火曜日にかけて発熱していたので、検査はしませんでしたがみなし陽性として療養しはじめていました。つまり、生活全てにお世話が必要な長女以外は家族全員陽性者という状況でした。

そこから私達の隔離期間が10日間、さらに長女の隔離期間はプラス1週間で2月24日まで、想像しただけで気の遠くなる缶詰生活が始まったのです。

長女は事態を全く理解していないので、一番症状の軽い私がお世話係となり、他の2人には部屋に籠ってもらって、リビングは換気のため常時窓を開けて私もマスク、長女もマスクで過ごしました。息をつめて風呂の世話をし、リビングで過ごしながらもできるだけ離れようとがんばりましたが、そんな時に限って近寄ってくるので、やはり息をつめてがんばりました。ひとりで面倒を見続けるストレスはかなりありましたが、時期的にオリンピックがあったことは救いでした。それと名古屋市の配食サービスも助かりました。長女につきあい続けるストレスはあっても、ご飯を用意する必要がないというのは、かなり楽になれました。家族4人ですが、3人分申請して1人分は家にあるもので賄いました。また、職場の仲間からの差し入れも精神的にも大変助けられました。

長女の様子は、時々声をあげるパニックのようなものがありましたが、そうなったら、しばらく私も部屋に避難して一人にしておくという方法をとり、自然に治まるのを待ちました。幸い声をあげて地団太を踏んでいても、危険な行動はなかったのでそれができたのだと思います。何よりも驚いたのは、何を何時までにしなければならないというデューティーが全くないので、ごはんも食べたいときに食べる、寝たくなったら寝るでよいと割り切ってみると、本人のストレスがなくて想像したよりもずっとおとなしく、平和に過ごせました。

長女が何をしていたかというと、大好きな嵐のコンサートを見るか、ノートに数字やひらがなをひたすら書くか、塗り絵をするか、けずって出てくるアートか、テレビを見るか、でした。塗り絵やけずるアートは買い込んでおけばよかったと思いました。

結局長女は発症せずで、2月からは家族内の濃厚接触者であっても感染対策をはじめて1週間で隔離解除して良いと方針が緩和されたとのことでしたが、万が一、その後長女が発症したら感染対策が不十分だったと責めを負う気もして大事を取って、私達の隔離解除から1週間さらに長女は隔離生活を続けました。

感染経路については金曜日の夫の出勤、土曜日のショートへの送り、習い事、金曜日の次女の登校、それのどれもがマスクをしての行動で、どこからか想像がつきません。そして土曜日、日曜日は自粛でずっと家でごはんをゆっくり3人で囲んで食べたために、3人はあっという間にコロナを共有してしまったことになります。そしてその場にいなかった長女は助かったということです。

今回、私は症状が極めて軽かったこと、車の運転ができたことで、長女を迎えに行ったり、世話をし続けることができましたが、寝込んでいる状態だったら長女はどうなっていたのでしょうか。私達の陽性がわかった時点で、はじめの発症者である夫の発症前3日間において長女は感染対策なしで私達と接しておらず、預け先があるのであれば、陽性者しかいない家ではなく別の場所で生活ができると助かったなと思います。

2月からしばらく時間がたち、暑くなってきたこともあって、その後頑張っていた、家の中でもマスク、食事もできるだけ離れて食べるか黙食するルールは崩れつつあります。

今回は、何とか切り抜けられましたが、自立していない障害児を抱えてのコロナ渦は、いつも綱渡り状態ということです。今一度、家庭内でも感染を広げないための対策をしなければと、これを書きながら思っているところです。

●自宅療養して（家族全員感染）

長女　14歳　特別支援学校　脳性麻痺・身体障害1級、　長男・次男・母も感染

感染時期　　2022年2月2日

感染経路　　不明

喉の違和感を訴えて、学校を早退（その時点では体温　右36.7　左37.1）

夕方のPCR検査を兄と二人で受ける。（兄は、学校の実習で病院に行っていたので、症状はなかったが念のため）

翌日16時結果判明　　二人とも陽性
発熱もなく、自宅療養開始

隔離期間の対応・過ごし方

普段はヘルパーさんに二人介助で支援してもらったり、週に2回はショートステイを利用していたので家族のみの2週間は大変でした。保健所の指示のもと、濃厚接触者の二人が買い物に行き、食事の準備などをしていました。介助が必要な子供なので、家族全員感染は間違いなくするであろうと家族で話していました。保健所にも、子供の状況や母の基礎疾患なども話し、療養施設、入院も視野に入れて話しましたが、今は軽症なので重症になったときに考えましょうと言われていました。保健所がひっ迫しているので、を何度も繰り返し言われたので、雑な扱いも仕方がないと思いました。

困った事や振り返って

最初に2人感染して、残り2人いるからと配食サービスも保健所からは要らないですねと手配もしてもらえなかったので、買い物に行けずに困りました。ウーバーなどの宅配は脂っこくて食べれるものが限られていた。途中からでも保健所に無理言って配食を頼んでもらえばよかった。

家族4名ほぼ軽症で済んだからよかったけど、一人でも入院になった場合に誰にも助けてもらえない状況だとまともな療養生活ができないと、いつも不安に思っていた（喉が枯れて声が出ない、高熱、味覚異常、倦怠感ありでも受診が出来なかった）。

保健所の対応があまり良くないからと諦めずに、要望を伝えたほうがよかったと思った。

行政への要望・提言

障害に詳しい職員を保健所に配置してほしい。対応した職員によって、差があるのはおかしい。

オンライン診療や訪問診療を充実してほしい。シングルマザーなので、障害のある子どもをおいて、受診はできない。

PCR検査を積極的にできるようにしてほしい。保健所はひっ迫しているので消極的だった。

●自宅療養して（本人のみ感染）

長男　21歳　生活介護　知的障がい(愛護1度　A判定)　脳梁欠損　軽度脳性まひ、父・母・本人の３人家族　家族全員３回目のワクチン接種済み

発症時期

2022年4月26日（火）　夕食時に咳が出始める　37.4度　就寝前　36.7度

4月27日（水）　朝　39.0度　かかりつけ医は発熱の受診を受け付けていないため区内の総合病院の発熱外来を9時に受診しPCR検査を受ける。16時頃陽性の連絡を受けた。保健センターから18時頃連絡が入った。

4月28日（木）　夕方から熱は下がりはじめ、5月1日（日）まで微熱が続いた。

5月2日（月）　平熱に戻った。

感染経路

感染経路は定かではない。毎日、福祉サービスを利用し、通所の移動手段は地下鉄と市バスを利用しているため、特定できていない。

発症前の行動

4月22日23日ショートステイ利用

24日　余暇活動で合唱団の練習に参加

25日　生活介護通所（地下鉄利用）

26日　生活介護通所（地下鉄利用）、地域活動支援事業所

隔離期間の対応や過ごし方

見守りが必要で本人の完全な隔離は無理なため、24時間家中の扉や窓を開け、換気扇を回した。そのため、ほこりが入りやすい状況になり、発症3日当たりからアレルギー性鼻炎の症状が出始めた。

家族全員がマスク着用。(本人は24時間) マスク着用については、生活介護の取り組みで①日中は常に着用すること、②マスクが汚れたら自分で取り換え、汚れたマスクは袋に入れること等が習慣になっていたことから隔離期間も自分で行うことができた。

本人が触れた部分のアルコール消毒。

自室がなく一人で過ごす習慣がないことから、日中は本人がリビング、就寝時は

寝室（通常は父と就寝）で過ごし、父と母は別室で過ごすことにした。

食事の時だけ母がマスク、フェイスシールド、手袋を着用し介助（見守り）を行った。

高熱の間は寝室で眠っていたため距離を保てたが、熱が下がり始めると動きが活発になり距離を保つことが難しくなった。何度か言い聞かせて、好きなゲーム（任天堂SWITCH）、テレビ録画を自由にさせることで何となく理解でき距離を保つことができた。ゲーム漬けになってしまい回復後、現在もゲームをすることが習慣になってしまい気になっている。

食事は配食サービスを利用したが、とても助かった。食事が届く前後に電話が入るが、隔離生活で世間とつながっている感じがして安心感を得ることができた。

隔離生活をしてみて

今回の本人の罹患前に、私が職場で２回濃厚接触者になり、自宅待機を本人と経験をしていた。そのため、長期の自宅待機は慣れている部分もあったように思う。しかし、家族が陽性者になるのと濃厚接触者とは気分的に大きな違いがあり、症状が落ち着くまではピリピリとした緊張感は続いていた。特に知的障がい者の場合は完全に隔離をすることが出来ないからだ。ワクチン接種も積極的に行っていたが罹患してしまい、感染対策の難しさを感じた。

以前に比べ濃厚接触者は陽性者より早く社会復帰できることになったが、その場合、知的障がいの本人を留守番させなければならない。今回はたまたまゴールデンウイーク中の夫に見守りを頼むことが出来たが、通常の時期の場合どちらかが仕事を休む必要が出てしまい、職場に対して肩身の狭い思いをすることになると感じた。

陽性がわかった時、家族感染の覚悟をしていたが、無事に終えられた要因の一つに本人のマスク着用が出来ていたこともあったと思う。マスク着用は無理とずっと思いこんでいた。コロナ禍でマスクの着用と汚れたマスクの処分を自分で行う習慣を身に付けられたことは自分自身と周りの人を守ることに繋がっていると今回の経験で実感できた。

要望

障がい児者は一般の家庭と違って一つ一つわからないと不安になることが多い。例えば検査の方法。私が経験した唾液を出す方法では本人はできないので、検査自体ができないと感じると不安になってしまう。障がい児者向けにマニュアルのようなものがあると安心できるように思う。

●宿泊療養して

長男　28歳　生活介護　知的障がい（愛護２度　A判定）・自閉症

二男　26歳　就労継続Ｂ型　知的障がい（愛護２度　A判定）・自閉症

母が感染　全員　ワクチン２回接種済

感染時期　2022年２月

感染経緯

１月下旬、長男の通う生活介護で陽性者確認、１週間事業所休所。

長男の自宅待機期間は二男も自宅待機、福祉サービス利用はすべてキャンセル。

自宅待機明け、長男が短期入所事業所利用した３日後濃厚接触者と認定され、再び二男と自宅待機。待機期間中の20（日）朝から発熱して別室隔離、夜事業所から陽性者確認で１週間休所の連絡。21（月）通院しPCR検査、夜陽性確認、22（火）朝から母ひどい腰痛、午後発熱し受診。抗原検査で陽性確認。23（水・祝）長男発熱、24（木）受診しPCR検査で陽性確認。

隔離期間の対応や過ごし方

発熱時は体のだるさでほぼベッドで寝ていたが、微熱になるといつもの生活に戻ろうとするので、自宅一室での隔離は難しいのと、感染していない自営業の夫の感染予防のため、２月初旬に友人親子が感染し宿泊療養したという話を聞いていたので、保健センターからの連絡時に家族感染したら宿泊療養利用も検討していると伝え、現状の宿泊療養についてシングルだけでなくダブル、トリプル、ファミリールームもあると確認してもらう（当初、宿泊療養について担当者はよくご存じなかった）。３人陽性が確認され、心療内科受診している長男と二男は主治医の許可をもらうよう保健センターから連絡があり、主治医（木)休診のため、25(金)連絡し許可をもらう。宿泊療養エントリー、調整・決定、宿泊の荷物を用意、送迎車迎え時間連絡、３人の感染隔離期間がずれるが、最後に感染した長男に合わせて宿泊隔離期間が決まる。ホームページで宿泊療養について調べ、できるだけいつもの食生活ができるようフルーツ、お菓子、カップ麺、納豆、キムチと好物をふんだんに持ち込み、日々のスケジュールを相談して立て、途中在庫食料補充の宅配を夫に頼み、７泊８日間の宿泊療養は、ゴネることもパニックを起こすことも頓服を飲むこともなく、CD・タブレット・DVDを満喫しながら淡々と過ごす。

困ったこと

しょうがいのある本人たちの自宅一室での隔離が難しかった。

のどの痛み、咳がひどく保健センターからの電話連絡がつらかった。

宿泊療養に関する連絡もすべて電話でつらかった。

電子レンジ対応のないホテル療養だったので、冷たい弁当が苦手な長男には酷だった。

毎日、風呂場での３人分の洗濯物の手洗いが大変だった（すぐ乾燥するのでよかったが……）。

宿泊療養に持ち込んだ薬が効かず、咳とのどの痛みがひどく、療養に入る前調剤薬局に配送してもらえるか確認しておくべきだった。医師常駐のホテルもあるが軽症者対象ホテルは看護師の聞き取りのみ。

帰宅時、長男は体重２キロ増……バランスボール持参すればよかったと後悔。室内を歩き回るだけでは運動不足も仕方ない。

行政への要望や提言

・保健センター（担当者）の更新や共有、障がい理解に疑問を感じた。

・こちらから尋ねて確認してもらうことも多かったので、情報はきちんとすべて開示してほしい（検査について、配食、宿泊療養、等）。

・保健センターとやり取りしていた感染者で宿泊療養を知らない人が多かった。後日談で「宿泊療養できて運がいい」と友人にいわれた。運の良し悪しの問題ではないと思う。

・保健センターからの連絡は、症状に応じてメール対応もしてほしい。

・宿泊療養に関して、トリプルルームは少なく名古屋と蒲郡しかないこと、
調整に時間がかかるためシングル＋ダブルを提案されたが、二人の障がい程度も障害名も伝えてあるので障がい特性を考えて提案してほしい。

・宿泊療養先への迎えの大型タクシーは、感染予防のため養生シートが張りつけてあり座席が動かず、３列シートの中列に３人で座る。乗車人数を考慮した予防策にしてほしい。

●入院療養して

30 代女性　一般就労

ウルリッヒ型先天性筋ジストロフィー／電動車いす／就寝時のみ人工呼吸器使用

重度訪問介護を使いながら一人暮らしをしている（夜間の見守り介助あり）

感染時期

2022年1月22日（土）PCR検査実施、翌日23日（日）新型コロナウイルス陽性判明

感染経緯

1月中旬より唾石症になり、県内の大学病院へ受診。PCR検査が陰性でないと手術ができないため、1月17日（月）にPCR検査実施。陰性だったため18日（火）に日帰り手術を実施。手術の影響かしばらく頭痛、吐き気等の症状があった。22日（土）の午後から喉の違和感があり、訪問診療にてPCR検査を実施。翌日23日（日）に陽性判明。

直近の外出は、仕事も休んでおり、唾石症手術のため病院への往復（バス利用）にとどまっており、私の介助に入ってくれていた介助者の中にも新型コロナウイルス陽性の人はいなかったため、手術をした病院、バスが感染経路として考えられるのではないかと思う。手術の影響で体力も落ちていたため罹患しやすかったのではないか。

陽性が判明してからの生活について

・介助派遣について

普段、仕事以外の時間は介助制度である重度訪問介護を使って、そばに介助者が常にいる生活を送っている。陽性と判明した日は土曜日であり仕事がない日だったので、本来であれば24時間介助者がいる予定であったが、私と濃厚接触にならないために「2時間おきの10分程度の介助」という必要最低限の介助派遣に切り替えられた。ヘルパー派遣事業所にとって利用者が陽性になったことは今回が初めてで、どう対応したらよいかを名古屋市の障害福祉課に問い合わせをしたそうだが、事業所ごとに取り決めをするようにとのことだった。また、普段は2つのヘルパー派遣事業所を利用しているが、1つの事業所の介助者全員が私と濃厚接触になり、しかも公共交通機関を利用して通勤される方々ばかりだったため、その事業所からの介助派遣が難しく、1つの事業所で対応してもらうことになった。陽性の利用者のところには介助に入れないなど、介助者にも様々な事情があるため、介助体制を整えてもらうことが難しく、夜間の派遣ができなくなってしまった。入院するまで

の間の２日間は一人で夜間を過ごすことになった。ベッドに寝るとスマホを触るくらいしかできず、水分補給や排痰などが難しくなる。体調が悪化する中で自由に身体も動かせず、心理的にも不安が募り、眠ることはできなかった。

・保健センターとのやりとりについて

陽性と判明した日から電話でやり取りをしていた。呼吸器疾患があり悪化する恐れがあるためすぐに入院したいこと、介助派遣がままならない状態では生活が成り立たないことなどを伝えていたが、なかなか入院についての案内はいただけなかった。

・入院について

時間が経つにつれ体調が悪化していく中（高熱、咳、痰絡み、頻脈など）、1月25日（火）になっても保健センターからは入院案内はなく、不安は募るばかりであった。陽性になり入院した経験がある知り合いの車いすユーザーが「救急車を呼ばないと入院できない」と言っていたので、119番通報をして救急車を呼んだ。その場では入院できるかわからないとの返答であったが、搬送された病院で入院できることになった。

当初退院日は、新型コロナウイルス対応の点滴薬を打ってもらった翌日の1月27日（木）と言われたが、それでは隔離期間は終わっておらず、介助派遣もできないため、隔離解除になるまで入院させてほしいと要望した。隔離解除になる2月1日（火）に退院した。

入院中の必要な介助は看護師さんがしてくださったが、車いすで入れるトイレが個室内にはないとのことで、おむつでの排泄となった。また意思を確認することなく異性介助も行なわれた。持参した人工呼吸器やカフアシスト（排痰を補助する機器）はウイルスを拡散する恐れがあると言われ使用できず、病院の人工呼吸器を使うことになったが、使ったことのない人工呼吸器を使う怖さがあった。

行政に要望したいこと

・重度障害者が介助をつかって一人暮らしをしていることが保健センターや病院等にはまだ浸透していないため、障害者の生活について知ってもらいたい。

・障害の社会モデルについての考え方を学ぶ研修の実施（障害当事者が参画しているもの）。

・重度訪問介護などの福祉制度を活用して地域生活をしていることについて、当事者から話してもらう機会を作る。

・日本はいまだに家族介護が当たり前のような風潮があるため、そういった考え方

を払しょくできるようにする。
・ヘルパー派遣事業所の対応について、事業所に丸投げにするのではなく、行政として取り決めをしてほしい。
・利用者やヘルパー等が陽性・濃厚接触になった場合の派遣体制について、事業所ごとに対応がばらつきがある。中には、完全に派遣をストップする事業所もある。それでは、介助を必要としている障害者は生活ができなくなってしまう。介助保障されるよう、行政として取決めをして、各事業所へ指導をしてほしい。
・新型コロナウイルスに罹患した利用者への介助に入る介助者や、対応してくれた事業所には「特別加算」のようなものを迅速に支給するようにしてほしい。
・介助者が安心して介助ができるような物品・環境を早急に整えてほしい。介助者を守る仕組みを整えてほしい。
・PCR 検査をすぐに受けられるようにしてほしい。
・濃厚接触と認定されないと PCR 検査を受けられない状況は手遅れになることもある。障害者は重症化しやすいため、より早く検査ができる体制を整えてほしい。病院受診ではなく在宅で対応できることが望ましい。
・入院中に介助者が病棟で介助できるように、病院側へ要望してほしい。
・介助方法を全く知らない看護師等に介助をしてもらうと身体を痛めるなど余計に体調悪化する場合がある。普段から介助に慣れている介助者が入院中にも介助に入れるよう、病院側行政から伝えてほしい（制度上は、重度訪問介護を利用していて障害支援区分6の場合は、介助制度が使えることになっているが、コロナ禍のため介助者の面会等も禁止にしている病院が多い）。

ii　事業所の取り組みと抱えた困難

●児童発達支援センター

2年前の4月から、登園自粛を依頼したり、保護者参加の行事をなくしたり、通園バスの利用を可能な家庭には控えてもらうよう依頼したりと、保護者には感染対策に協力を依頼してきました。毎日の体温や体調チェックは、現在も継続しています。以前ならば、少しの咳や鼻水ならば、大丈夫、登園していいよと言っていたところが、登園を控えてもらったり、通院して検査を受けてもらうよう促したりで、職員としても心苦しいばかりです。

職員も消毒や換気、定期的な PCR 検査の実施などで、気を遣う毎日です。職員

家族の感染や濃厚接触者が出れば、出勤できず、綱渡り的な運営になっています。

昨年の5月末、大都市圏での感染者数が増大していた頃、保護者の一人（父親）が感染、続いて園児も感染しました。母親も遅れて感染し家族全員の感染となりました。保護者からの連絡を受けて、保健センターに家族からと、職場からと双方から連絡。濃厚接触者の特定に入りました。子ども達の障害特性上、マスクをつけられる子はほとんどおらず、同じクラスの子どもはもとより、親子登園で付き添っていた保護者、通園バスでは、限られた空間の中で1時間近く一緒にいたこともあり、園児の半数位、保護者、職員の相当数が濃厚接触者となりました。PCR検査を実施し、幸い他の園児や保護者、職員への感染はなく、検査結果が出るまでの、土日をはさんだ4日間が休園となりました。

その後も、兄弟の学校や、園児が並行して通っている児童発達支援事業所での感染が相次ぎ、感染にいたらなくても、家族が濃厚接触者となった段階で、登園できないことが度々ありました。また、園児が利用している児童発達支援事業所が、感染者の発生で休業中の場合は、こちらの児童発達支援センターの利用も不可としたため、接触があったかどうかに関わらず、どちらにも通うことができず、家庭内で苦慮していたであろうことが想像できます。

家の中で静かに過ごせるわけもなく、保育が再開されて登園してきた時の、嬉しそうな子ども達の顔と、疲れて、だからこそホッとした保護者の表情が印象的でした。

昨年度2月には、園児のみで、家族の感染はありませんでしたが、全体での休園ではなく、クラス閉鎖が3日間ありました。その家族だけで済みましたが、家族中が感染という事例もありました。やはり、家族内での隔離は難しいのだと思います。また、単身家庭で、母親の労働のみで生活している場合などは、仕事に行けなくなれば、即収入が絶たれることになります。休業補償金のシステムなど取っていない職場で働いていたり、個人では請求が難しい外国籍の保護者には、手立てのしようもありません。

現在でも、学校や児童発達事業での感染は続いています。濃厚接触者の断定は保健センターに限らず、その職場で決めることになっています。どこで集団感染が出ているかなどの情報提供はなく、逆に風評被害を恐れてか、感染者が出たことを外に漏らすなという情報管理であったため、対応や対策を共通のものにし、次に生かしていくシステムが必要と思います。

●保育園

新型コロナウイルス感染症は子どもにはかかりにくい、かかっても軽症で済むといわれていますが、未知のウイルスで対応策も、予防策も手探り状態の中、国や自治体はコロナ対策の方針は出しても具体的な対応は現場任せ、そのため、消毒作業や保育内容も過剰に反応せざるを得ない状況が続いています。

1　コロナ禍における保育園児と保護者の状況

3密を避けることがコロナ対策には重要と言われても、待機児童対策で国の最低基準いっぱいまで子どもを詰め込んでいる現状では、とても不可能です。余分な部屋もなく、人手はぎりぎり、職員の欠員の園もある中で、子どもたちが距離を取って遊ぶことも、給食やおやつを食べることも工夫と努力はしていますが、限界を感じています。

3密が避けられない現状の中で、国や自治体による登園自粛が何回か出されました。最初は保護者も経済的、精神的余裕もあり、何よりも感染したくない、させたくないという思いが強く、協力してくれる家庭が多かったです。そこから見えてきたものは、登園数が半分から3分の2になったことで、子どもの生活･遊びのスペースが保障され、子どもたちは落ち着いて生活でき、保育士も余裕をもって、子どものちょっとした変化にも素早く気づき、対応できることでした。

反面、登園できない子どもたちと登園している子どもたちの保育経験の格差をどう補うか、協力してくれている家庭の子が不利益な状況にはさせられないと葛藤の日々でした。その年齢の、その季節の、その時保障してあげたい発達は待ってはくれません。

また、登園自粛の必要性を感じながらも、規制のある生活の中では、動きたい、やりたい、自己コントロールの未熟な乳幼児期の子どもにとっても、朝から晩まで24時間一緒に過ごす保護者にとっても想像を上回るストレスです。登園自粛の期間が長くなるにつれ、休める状況の保護者からも「限界です。子どもを叩いてしまいそうです。」「友だちに会いたい。遊びたいと泣くんです。」と悲痛な声が聞かれました。私たちも密は減らしたい。でも養育環境を健全に保ちたい。その葛藤も対応も園任せです。定期的に各家庭に連絡を入れ、状況を把握し、「頑張りすぎず、登園もありだよ。」「お母さんの不安のない形で登園してもいいんだよ。」と伝え柔軟に対応してきました。保育園には就労のみならず、発達支援、要支援で入所している子どもや家庭も多くいます。保育園に来ていることがその子の命を保障できる

唯一の手段という家庭もあります。

コロナ禍において明らかになったのは、保育施設の役割は、子どもや家庭を支えることを通して、「社会を支える」という重要な役割を担っており、保育施設なしでは社会が成り立たなくなっているということです。保育者自身が「エッセンシャルワーカー」なのです。

2　コロナ禍の保育士の現状

保育園はマスクを常時はめることのできない年齢の子どもたちが過ごしています。保育士は常に一定の距離を保つことができないにも関わらず、マスク不足の時には個人で用意するように言われました。今は個人配布ができる予算もつき、購入もできている状態ではあります。

ワクチンの保育従事者への優先接種も厚生労働省の方針はなかなか出ず、現場に連絡が来てから接種までの期間が短く、急いでスケジュールを組み、希望者が接種できるようにしました。ワクチンの副反応もあり、保育体制を保障するのも一苦労でしたが、対応は現場任せです。

保育従事者は自分が感染源になるのではという不安感が常にあります。PCR 検査も必要な時でも有料で、かつ、すぐにはできない状況が今でも続いています。

感染しての隔離期間の対応も国の方針が変わるたびに現場は混乱しましたが、感染状況やウイルスの実態が分かってきた中で変化することは理解できないわけではありません。また、喫緊の対応をせざるを得ないことも理解できますが、情報が先に公表され、現場への説明は後からというケースが多いことに困惑しています。

第1波の頃は園児1人でも陽性者が出たら、園は2週間休園でした。濃厚接触者を特定し、対象者に PCR 検査キットを園で配布し、回収して保健センターに持っていきました。休園中に職員で園舎、おもちゃ等手に触れるものは全て、洗濯、消毒をしました。園内でのクラスターはこの時期はほとんど起こりませんでしたが、2週間の休園は保護者にはとても厳しい状況でした。

その後、国の基準が変わり休園機関が 10 日間になり、濃厚接触者の認定や消毒が済み次第、緊急保育を開始するようになりました。濃厚接触者の PCR 検査は行われなくなり、症状が出たら病院で検査し、陽性になると保健センターから指示が来るという対応になりました。

また、2022 年からは休園ではなく、陽性者とその濃厚接触者のみの自宅待機となり、園自体は休園せず保育を継続しています。そのためクラスター的なことがお

こったという話も聞こえてきます。

オミクロン株の流行で児童への感染が広がり、家庭内感染が増え、職員や家族が陽性になったり、自分の子どもが濃厚接触者となったりして出勤できないケースが重なることが増えてきました。そのため保育体制が取れなくなっている現場も多くあります。

【行政への要望】

・休園せず保育を継続するためには、職員も利用者も安心できるように毎日の清掃・消毒作業等を専門におこなう職員を確保してほしい。

・感染拡大を防ぐために、必要な時に迅速に無料でPCR検査ができるようにしてほしい。

・日常的に密を減らして保育ができ、体調に不安がある時に安心して休める人員体制にするために国の最低基準（人的基準・面積基準）の大幅改善をしてほしい。

・保健センターの体制強化をしてほしい。

・住民に支援の手を届けられるような自治体職員の増員をしてほしい。

●小学校特別支援学級

1　学校現場での対応

4月当初、学校全体で感染症対策の再確認から新年度がスタートしました。特別支援学級は人数が少ないものの、活動や学習内容によっては密になる状況が生まれるため、担任間で動線や学習内容を適宜打ち合わせながら見直しました。

登校時、児童は運動場の手洗い場で手を洗ってから教室に入ります。教室に入るとアルコール消毒を手に馴染ませながら朝の準備に取り掛かります。

本校は、知的障害特別支援学級と自閉症・情緒障害特別支援学級の２クラスがあります。朝の準備が終わるといつもは、一つのクラスに集まり、健康観察や朝の学習を行っていました。しかし、極力、密集する活動は配慮をする必要があることから、朝の学習をクラスごとに別々に行うことにしました。

４月に行われた授業参観では、廊下から参観していただくことを保護者にお願いするなど、分散協力をお願いした上での授業参観となりました。本来、授業参観後に行われる学級懇談会は保護者同士で盛り上がるのですが、この時期は全員、欠席連絡がありました。

2　学校での感染症対策

新年度当初、学校での感染自体はないものの、兄弟の保育園や保護者の職場内などで感染や濃厚接触者としての連絡が入ってくるようになり、テレビの中のことではなく身近なことだとヒシヒシと実感しました。保健所や保護者からの連絡の窓口は教頭先生に一本化されました。保健所や保護者からの意見、相談や学童保育所、放課後等デイサービスとの連絡、調整など、とても煩雑なやりとりが増加した印象があります。本来、教材研究や指導を考える上で「子どもたちに伝えたい教育的価値」が最上位にあります。しかし、その子どもたちに付けたい力よりも「感染リスクを下げる」ことを学習活動づくりの段階で考えなければならないことがとても歯がゆい思いでした。

学習内容では、話し合い活動やペアワークの制限、学年を越えた交流学習、全体朝会や集会の中止などが継続されています。登校前に体温測定をご家庭にお願いしてはいるものの、授業中に発熱する場合もあります。保健室では養護教諭が通常のけがや体調管理業務と併せて発熱児童用の動線を確保しながら交わらないように対応しています。

医療従事者の大変さを実感するとともに、学校で働く教職員もとても切羽詰まっている状況だと感じました。

「もし、自分が感染したらクラスの子どもたちはどうなるのか……」、「自分のクラスで感染者を広げてしまったらどうしよう……」など、とてつもないプレッシャーや不安などが蔓延していたと今では感じます。

各学校へは教育委員会から感染症への対応策がその都度示されています。教育委員会や保健所が示す指針が変わるたびに現場では打ち合わせが行われます。

学校対応マニュアルのアップデートがあると学級閉鎖の行い方や濃厚接触者の定義が変わります。これまでは即学級閉鎖だったことが、要観察者として登校できるようになるなど、保護者も学校の対応に戸惑うことがあったと思います。「保健所と学校が言っていることが違う」ということがあったかもしれません。

それでも、なんとか登校してくる子どもたちの安全・安心を守るために常に気を張っている必要がありました。

3　本校の現状

本校では、令和３年度には臨時休校や学年閉鎖、分散登校などの対応はありませんでした。学級閉鎖になることはありましたが、比較的早期に対応したことで広が

る前におさえることができました。学級ではマスク着用をエチケットとして伝えました。「距離をとりなさい」と離れることを教えるのではなく、「距離を保とう」と伝え、自分と相手の健康を守るためにキープディスタンスを考えられるように指導支援を行いました。「マスクをつけなさい！」や「離れなさい！」と指導するのではなく、なぜマスクが必要なのか、なぜ距離を保つことが重要なのかを子どもたち自身が考えられるようになってほしいと感じていました。

タブレット端末機の導入もあり、学校全体で一気にGIGAスクール構想が形になっていきました。感染不安がある子や自宅待機が必要な子どもたちは、家庭からオンラインで参加します。

本学級でも何度か家庭からオンラインで授業に参加する子どもがいました。2･3時間目の国語や算数の授業のときに、オンラインでつなぎました。「学び方の一つとして学習する場も選択できるんだよ」と伝え、様々な学習形態や学習方法を試しました。

教師も子どもも一緒になって一生懸命使い方を学んでいきました。

4　不安と願い

1日の終わりには、「今日も何事もなく終わった……」とホッとしたものです。行事は何度も何度も検討を重ねます。教職員や子どもたちと一生懸命に考えて出した結論であっても、「中止」と判断されることもあり、教師も子どももガッカリすることもありました。

そのような中でも子どもたちは本当によく話を聞きながら自分の健康や友達の健康を守ろうとしています。変化の激しい社会を生き抜くために定められた新しい学習指導要領の実施時期にも関わらず、考える力よりも「これはダメ」「あれもダメ」という指示だけが飛び交うことはなんとも皮肉なものです。

感覚過敏性のある子どもたちはマスクをすることが難しい場合があります。逆にマスクを外すことが難しくなった子どももいました。一律にマスクやディスタンスを強制するだけでは互いの多様な理解につながりません。もし、こういった表面上のできる・できないだけを見てしまうと、マスクができない子として後ろ指をさされることになりかねません。マスクができなくても自分と相手の健康を守る手段はいくつでもあります。

現在では学校対応マニュアルはどんどん更新され、社会の状況も変わっていきます。当初難しかった水泳学習なども行われるようになってきています。そういった

ことも踏まえると単に「よいか、悪いか」「できるか、できないか」という二者択一的な考え方ではなく、社会には様々な人がいることを前提に対応方法や学習手段などを示し、互いを認め合っていく気持ちを育てていきたいものです。

●特別支援学校

1　コロナ禍における新しい学校生活のスタイル

令和２年度から続くコロナ感染症対策を引き続き行う形で令和３年度が始まりました。本校は、スクールバスが運行しています。車内の密を避けるためバスの台数が倍となりました。そこで出てきたのが、バスの添乗員不足でした。すぐに教職員を総動員してシフトを組み、体制を整えました。また、様々な公共交通機関を使って登校する生徒が、校内にウィルスを持ち込まないことを第一に考え、各学年が接触しない動線の確保と手洗い指導、体温確認の徹底を行いました。そのため、登校指導にも今まで以上に教師の人手が必要となりました。そして職員室での密を避ける意味でも、今まで当たり前に行ってきた全職員での朝の打ち合わせが無くなりました。全職員で周知することは、職員室に設置された掲示板モニターで共有します。各学部や各学年も集まらず、PC の掲示板を活用することで各担任が連絡事項や１日の流れなどを確認し１日をスタートさせています。

生徒たちは、決められた手洗い場で手を洗い、体温票を教師にチェックしてもらってから、各教室へ向かいます。このときも、各学部・学年で使用する廊下や階段を極力分ける形で教室移動ができるようにルールを決め、他学部他学年との接触を避けるようにしました。この移動時のルールを徹底すること、体育館や特別教室など共有して使用する教室は、消毒をしてから退出することなど、感染予防のための新しいルールがたくさんできました。生徒や保護者にとって安全で安心な学校生活を守るために、全職員で感染症対策をした学校の新しい生活スタイルを考えました。コロナ前には、ずっと当たり前にしていた様々な事柄が、コロナ感染症予防をきっかけに大きく変化していきました。

2　一気に進んだ ICT 機器推進

特別支援学校では、基礎疾患をもっている生徒が多くいるのが現状です。また、障害特性から感染症予防対策の代表格の手洗いやマスクの着用が難しい生徒も多いので、感染が広がることが一番怖かったです。教師は、いつも気を配り、目を配り、隙あらば消毒をしている日々でした。

学習活動では、グループやペアで生徒同士が活動することができなくなりました。また、集会や行事などの大勢集まっての活動も当然できませんでした。生徒には、今までできていたことができなくなった点では窮屈な思いをさせてしまったかもしれません。しかし、GIGA スクール構想による一人１台のタブレット端末の導入は、希望の光でした。また、校内で全校一斉テレビ放送ができるように教室環境や設備が整ったり、離れていても zoom や teams などのアプリを使ってつながることができたりして、ICT 機器による新しい学習形態が確立していきました。集まらなくてもつながる方法は、画期的で現代社会を象徴する形態がゆえ、学校でもタブレット端末を使った教育活動ができるようになったことは、良かったと思います。

3　コロナ禍で見えた特別支援学校の今日的課題

本校でも令和３年度は、社会の波に飲み込まれるような形で、学級閉鎖や学年閉鎖が２学期以降増えました。コロナ感染陽性者の数は、それほど多くはありませんでしたが、濃厚接触者認定による自宅療養者が多く、教職員も手薄になり、コロナ感染症に対する安全、安心よりも、通常の学習活動に対しての安全、安心が揺らぎかねないと感じる事態でした。職員同士で一致団結をして学校運営に努めました。本来なら、急な予定変更が特に苦手な生徒が多い本校ですが、このときばかりは、変更せざるを得ないことが多く、生徒に負担をかけたのも事実です。そんな中、生徒のもつ限りない力にも気付くことができたり、少ない人数だからこそ、ゆとりをもってのびのび活動することのできる生徒がいることにも気付いたりしました。

近年、特別支援学校に通う人数は、年々増加傾向で特別教室を潰して教室を増やし、学級の増加に対応しています。これは、本当に問題であると感じるのです。コロナ禍では、生徒数増加に伴い密集という課題が浮き彫りになりました。ゆとりのある学校環境であれば、もしかするともう少し児童生徒に無理をさせずに対応できたのかもしれません。

私は、コロナ禍の学校現場で過ごす中で、学校規模の大きさが不登校の生徒の増加や特別な支援を要する生徒に合わせた学習をも提供しづらくなっている要因なのではないかと感じました。感染症が落ち着いたからといってすぐにこれまでの日常に戻るのではなく、障害特性に配慮し、落ち着いて学べる環境や施設を整えることで生徒のより良い学びにつながる学校を目指したいと思います。

●児童発達支援・放課後等デイサービス多機能型

2020年12月末

学校関係で陽性者が確認され、その後事業所に出入りした方の感染が次々と判明した。コロナ流行から1年経過していなかった時期だったので、感染が確認された事業所だけでなく、全事業所の利用を控えてもらい感染拡大防止に努めていた。感染が確認された事業所のスタッフは自宅待機し、はぼ外に出ることはなく過ごしていた。それ以外の事業所のスタッフは自宅に仕事を持ち帰り、在宅で作業に取り組んでいた。該当事業所以外の管理者は、基本出勤し業生や保護者への対応をしていた。

保健センターとの連絡がとれず、どのように対応することがベストなのかわからず、迷うことが多かった。また保護者と連絡がとれず、対応が後手になることもあった。自宅待機からの復帰後、仕事のペースに戻れるまでしんどい時期もあった。

ご家族は保育園や幼稚園、他事業所にどこまで連絡したらよいのか悩んでおられた。また他事業所に話をしたら、自分の子が菌扱いされたように感じ、憤っておられた。

2022年2月末より

利用者家族が陽性になり、続いて利用者も陽性となった。

陽性が判明した当日から、デイをお休みしてもらえるように各家庭に連絡したが、就労の関係で連絡がとれない方は、利用者が通っているところに連絡し対応を依頼した。

翌日からスタッフは自宅待機。濃厚接触者にあたるのか、検査の有無など、保健センターからの連絡を待ち、その間スタッフは自宅待機となった。検査結果が出るまで、利用者にはデイの利用を控えてもらった。家族からは保育園の利用ができるのか、他の事業所を利用しても良いのかといった相談があった。

2022年4月中旬から下旬

利用者の感染確認後、スタッフや他の利用者にも感染が拡大した。感染者が確認された事業所は閉鎖して、濃厚接触者にあたらなかったスタッフが出勤し、濃厚接触者で自宅待機となった者は在宅ワークで作業したり、保護者との連絡調整などを行っていた。

保健センターの窓口や対応が変化していたため、保護者にあらためてその時点での対応や状況の説明が必要となった。感染が広がり、出勤している者と在宅勤務の者では場所が離れているため連絡調整、情報共有に苦労した。

利用者本人が陽性になり家族にも広がって家庭内感染になってしまい、月齢の低い兄弟たちは特に症状が強く出て大変だったとのこと。本人の自宅待機期間が明けても、家族は世話をしているため濃厚接触者となり、さらにそこから1週間動けないのはなかなか大変だった。今回のコロナ感染があり、しばらくは利用を「様子見しようか」とデイ利用に慎重になった家庭もあった。

2022年4月下旬

利用者が通う特別支援学校で罹患者が出て、デイの利用者にも陽性者が1名出た。今回の感染で役所から、「おやつの席を1.5m以上離していないと濃厚接触者となる」と言われたため、おやつの席を離す、机の真ん中にパーテーションを立てて食べること、黙食等を徹底した。おやつ作りなど感染の可能性のある作業や活動は中止。手洗い、うがい、消毒、換気など基本的な感染対策を徹底し、屋外での活動を増やした。37.5度以上ある利用者はどんなに元気でも隔離し、保護者に迎えに来てもらった。

家族中でコロナが蔓延してしまったご家族からは、「障害児にとってのこの長期にわたる自宅待機期間は本人にも家族にも辛すぎる、早くインフルエンザと同じ対応になって欲しい」と強く言われた。デイが発端でコロナが出たわけではないが、利用者家族からはデイが責められることもあった。またテスト期間や兄弟の受験が重なると、少しでもリスクを回避したいという思いから、デイの利用を控えたいという家族もいた。

事業所閉鎖となった後、利用人数が落ち込んでしまい、その後コロナが落ち着いてもなかなか利用再開にならない。固定利用曜日を減らされたりすることも。電話での支援で請求できるので助かってはいるが、コロナ禍が長期になってきていることもあって、協力してくれる家庭も少なくなってきている。

デイで陽性者1名、濃厚接触者3名出ただけでその後陽性者は出なかったが、支援者の自宅待機期間等もあり、デイを開所することが難しい期間が続き経営的に厳しい状況。条件緩和して欲しい。

●放課後等デイサービス

突然、学校が休校に……

約2年前、突然の学校の休校措置により、子どもたちは、帰る場を家庭又は放課後等デイサービスとに迫られた。保護者も混乱し、利用できる事業所の利用日の確保に追われていたようで、当事業所も緊急時のため「定員超過」の12～3名の希望を

受け入れるにした。

しかし、焦って複数の事業所の利用予定を入れた保護者もいて、次々とキャンセルが相次ぎ、職員配置の対応に追われるなど災害時の運営は実に不安定であった。

戸惑う保護者、支援者とともに子どもたちは……

突然の休校により、いつものルーティーンが突然崩され、見通しがもてない不安から行動も不安定になる子がいた。暫くは「休み」気分を楽しんでいた子どもも、いつしか学校に行けない不安からか「学校」「先生」という言葉をよく口にするようになった。

学校は休校に伴い「リモート授業」の推進をうたっていたが、多くの障がいのある子どもにとっては殆ど役に立たないものであった。

子どものマスクの着用もなかなか難しく、すぐに取り外してしまうものの、感染防止のためにやや執拗にマスクの着用をうながしていたが、子どもによっては、支援する側がそのことだけにとらわれ、活動の中の子どもの姿をとらえることが疎かになることに気づいた。

職員間で話し合い、コロナ禍の不安定なときだけに、子どもの放課後の好きな活動を膨らませることを優先して、マスク着用については子どもひとりの状況に応じた柔軟な対応をすることで確認した。

目に見えぬ「コロナウィルス」とのせめぎ合いの中で……

「一方向を見て静かに黙食を」と学校生活の給食環境が話題になったが、事業所の中ではそうはいかない。箸、スプーンの使用もまだ難しい子、食に対する意欲が弱い子、偏食が多い子など、直接、支援者が寄り添い、食事の支援を必要とする子どもがいるため、接触は勿論のこと、会話なくしては子どもへの支援はできなかった。

しかし、目に見えぬコロナウィルス感染の恐怖は支援者の中にも溝をつくり、マスクが（十分に）できない子どもとの接触などに次第に心を病む支援者が現れ、休職して復活をと願ったものの、長く勤めてきた仲間が一人、二人と現場を去っていった。また、保護者の中にも感染に対する恐怖感に温度差があり、マスクをしない子どもがいると利用を控えたりするなど、神経質にさせてしまう目に見えない恐怖と、保護者、支援者とともに子どもたちも闘っていた。

「コロナに感染しない。コロナを広めない」をモットーに……

名古屋市は、2021年3月9日から入所施設等の職員を対象にスクリーニング（PCR）

検査を実施したが、当初は放課後等デイサービス等の通所事業所の職員は対象外であった。

同年７月から漸く放課後等デイサービス職員も対象となり、当事業所も検査を受けた。しかし、この検査結果は、陽性者が出た場合、事業所とともに名古屋市にも通知がいくため、即「閉所」措置となれば運営に多大な影響が生じることからか、障がい児（者）通所系事業所の同年７月～９月の検査実施率はわずか20.3%で、全体の30.1%を下回っていた。

当事業所にとっても、もしもの事態を予測すると消極的になる場面もあったが、こんなときこそ職員は感染しない、子どもたちに感染させない、そして、感染を広めないという強い意思をもって、2022年６月までに計20回のスクリーニング検査を受けてきた。結果は一人の陽性者も出さなかった。

因みに、2021年10～11月の障がい児（者）通所系事業所の実質率は10.4%、オミクロン株による感染拡大の2022年１～３月においても12.2%という低い検査率であったが、本来、感染拡大を防ぐという検査目的であるにもかかわらず、実質率が低迷である原因を名古屋市は追求すべきである。

原因は、緊急時、災害時にはふさわしくない日額報酬制という現制度の欠陥にあるといえる。

オミクロン株による第６波の恐怖……

2022年１月29日午前、保護者から「学校で同じクラスから陽性者が出たため２月５日まで学級閉鎖になったけど。仕事の都合がつかない。利用できますか」との連絡を受け、職員間では「同じクラスならば濃厚接触者？」との疑問が出て、利用を受けるべきか否かを管理者と児童発達支援管理責任者との間で検討した。

その子どもの家庭が単身世帯であり、母親の就労は生活上必要であること、母親が子どもの行動等で大変悩んでいること、そして、その子どもが見通しのもてない急な状況変化にとても弱く、きっと行動がエスカレートして母親を更に追い込むことになるであろうとの理由から、条件付きで利用することを受け入れた。この条件とは、学校の送迎時に車内で抗原キット検査結果が陰性であること、本人の体調等が良いこととし、母親の許可を得て、職員１名が送迎車内で検査を実施し、結果、陰性であったため、利用を受け入れた。

他事業所からは「なぜ受け入れたのか？」とのやや抗議に近い問い合わせがあった。

保護者の意見も寛容な受入れを歓迎する声と、警戒する声とに分かれた。

その後は、連日のように子どもや家族が「発熱」又は「濃厚接触者」、「陽性」などと連絡が入ったり、他事業所からも「休業」の連絡が次々と続き、馴染みの子どもたちが揃わない日々が慌ただしく過ぎていった。

オミクロン株による感染は予想以上に子どもたちに襲い掛かり、学校は勿論のこと家庭内感染、事業所内感染など通所できない子どもたちが日々増え、待機期間もあって「日額報酬制」のデイの運営は厳しい状況に追い込まれた。

子どもたちの様子も「いらだち」や「不安定」な状況がみられ、生活リズムが崩れる子どももいたので、事業所に通うことで生活リズムが安定できるようにつとめた。そのためにも、クラスターを発生させず、休所・閉所とならないように感染予防に心がけつつ、子どもたちが放課後のびのびと生活ができるように、遊び、仲間、集団を大切にしてきた。

また、自宅待機の子ども、保護者への支援として、電話やパソコンを使用したリモート支援をしたり、工作キットなどを直接渡すなど必要に応じて工夫した。

電話では普段はオウム返しの子どもが少し会話のような応答をし、側にいた保護者と共に喜び合ったり、リモート支援ではパソコンのズーム画面でデイの子どもたちと自宅待機の子どもとが交流して呼びかけあうなど、コロナ禍での新しい子どもの姿を発見することも度々あった。

緊急時、災害時に子ども、保護者の権利をまもるためにも……

コロナ禍の状況を踏まえると、本当に現行制度（日額報酬制など）の在り方が問われたといえる。コロナ感染を広げないという社会的ニーズよりも運営ありきにならざるを得ない不安定な制度の下では、無くてならない社会・経済を支えるという役割は十分に果たせない。

障害のある子ども、育てる保護者、家族を支えるためにも、緊急時や災害時でも子ども、保護者らの要望に応え、権利を保障することができるしっかりした制度が必要である。

●学童保育所

しょうがいのある子どもの入所について

愛知県では、しょうがいのある子どもは2021年5月1日現在1,913人（愛知学童保育連絡協議会調査。以下同じ）が学童保育に入所しています。2020年度の1,655人と比較すると258人増えています。この増え方は近年にないものです。放課後等

デイサービスの報酬改定の影響が考えられます。

しかし、入所の支援の単位は102箇所しか増えておらず、入所している学童保育が増えているのではなく、複数のしょうがいのある子どもが入所している学童保育が増えていることがわかります。しょうがいのある子どもが入所している支援の単位の平均入所者数は2.43人（2017年）→1.96人（2018年）→2.10人（2019年）→2.21人（2020年）→2.26人（2021年）と2人を中心に変動しており、大きな動きになっていません。

しょうがいのある子どもも住んでいる地域の学童保育に入所することが、地域生活を保障すると考えますが、しょうがいのある子どもが入所していない学童保育では、しょうがいがある子どもが入所できない状況になっているともいえます。

また、自治体の入所率も増えておらず、しょうがいのある子どもを受け入れている自治体と受け入れていない自治体でのしょうがいのある子どもへの対応がかわってないことがわかります。しかも、受け入れに制限がない自治体数が減っており、「集団行動ができる」「指導員のいうことを守る」等の制限付きでの入所が増えていることもわかります。

このことは、しょうがいのある子どもが学童保育へ入所しづらくなっているともいえます。

愛知県の学童保育（表）

	2021年	2020年	2019年	2018年	2017年
しょうがいのある子どもの人数	1,913	1,655	1,700	1,512	1,748
入所している子どもの人数	58,887	56,970	57,524	55,838	52,299
入所支援の単位	848	746	809	770	718
総支援の単位	1,638	1,618	1,583	1,518	1,414
自治体入所率	52%	46%	51%	51%	52%
受け入れに制限のない自治体数	16	19	21	19	14
自治体数	54	54	54	54	54

●学童保育所

障がいのある子がマスクを噛み切ったり、外したり、周囲から白い目で見て嫌がられた。

活動自体、マスクや遊びの制限もあり、他児との関わり方、遊びや動きが緩慢に

なった。外出機会が減り、欲求不満気味。

●学童保育所

2020年3月突然の休校が始り、6年生を送り出し、1年生を迎え入れる、一年の中で一番変化の大きなその時期に、これまで経験したことのない毎日を長期間過ごすことになりました。休校期間、家でやむなくゲームやユーチューブを使って過ごすことを覚えた子も多かったようです。新入生も初めからマスクをしていることで、どんな表情をしているのか、どんな子なのか、「見えない」ことで、その子の全体像をつかむのに時間がかかりました。他の学年の子たちも利用自粛の要請で毎日くる子、ずっとお休みの子、時々くる子、バラバラな日常を過ごしていました。

感染症対策の業務が増え、どのような方法で、何が正しいのか、どこまでやればいいのか不安でしたが、他区の学童保育とも情報を共有できて心強いことでした。新たな助成金が増え、ありがたい反面、事務量も激増しました。

一日保育の時差勤務が長く続き、打ち合わせが十分できない中での保育や感染症対策は本当に大変でしたが、感染症対策業務チェックリストを作るなど工夫、子どもの姿を共有すること、役割分担の確認、これまで繰り返してきた「打ち合わせ」の大切さを痛感し、その積み重ねがあるかあらこそ、チームで補い合いながら、よりよい保育実践ができるのだと改めて感じました。

学校が再開で、張り切っている子、ストレスを感じている子、疲れている子、テンションが高い子、急激に変わった状況に何かしら不安や戸惑いを抱えている子は少なくありませんでした。朝から一日過ごしていた1年生にとっても学童で過ごす時間が急に短くなり「もうおやつ？」「もう（公園から）帰るの？」という声も。再びみんなが戻ってきた学童で子どもたちが安心、安定して日々過ごすことができるよう、じっくり時間をかけて生活づくり、集団作りをしていこうと職員間で確認しました。

父母会内での意見が分かれましたが、これまでも子どもの要求を出発点にこれまで作ってきた行事。キャンプは中止になりましたが、高学年が企画した「夏まつり」「球技大会」を子どもたちだけで行いました。行事をどう作っていくか、本当に必要なのか？葛藤をよりはっきり突き付けられたように思います。

おやつの時間の感染対策も、黙食、座席指定、一つの机に3人、一方向を向き、コの字型のパーテーションを一人づつに配置、おやつの時間を2回に分ける、個包装のおやつにする等工夫しました。

利用自粛するご家庭も増えてきて、子ども同士の関係をつないでいくのも難しく、年度末の退所が例年より多くなってしまいましたが、子どもの出席率が関係しているのか、指導員体制に余裕のある期間に、一輪車や時間をかけて長い期間楽しむケン玉やコマ遊び、「作る」遊びは充実しました。

やらなければいけないことは相変わらず大量にありますが、「子どもの声を聴くこと」を心がけ、どうせ聞いてもらえないから、と子どもが話すことをやめてしまわないように子どもたちの声に耳を傾けて、生活づくりをしていきたいと思います。

●就労継続支援B型作業所（社会福祉法人運営）

1　感染状況

職員1名、利用者25名

2　経　過

2月18日（金）利用者Aさんが作業所から帰宅したあと自宅にて発熱

19日（土）Aさん検査で「陽性」と判明、利用者Bさん夕方より発熱

20日（日）Bさん「陽性」と判明、Cさん昼頃から発熱し「陽性」と判明

＊複数の利用者が発症していることがわかり、週末に作業所関係者全員の健康状況について電話で聞き取りをおこなった。すでに感染が広がっていることが想定されたため、翌一週間を自主休業とし、すべての利用者を健康観察の期間として自宅待機してもらうことにした。

＊21日（月）～職員は、利用者が自宅待機することで処理しなければならなくなった作業に対応した。職員は全員症状がなかったので、朝に抗原検査で陰性を確認したうえで業務にあたった。職員に感染が広がらなかったのは、利用者と食事の場面をわけてきたことが奏功したものと思われる。

＊待機中、利用者の感染報告は続いた。保健センターと調整して未検査の利用者と職員に対して地域医療推進センターのPCR検査や、地域の診療所での検査を手配した。この検査でさらに複数の方が陽性であることがわかった。

＊症状は発熱やのどの痛みが主で2～3日で軽快しているのが特徴だった。重症化した方はなく、なかでも9名は無症状の方であった。

＊自宅療養中に、親や兄弟などで複数の家庭内感染が報告されている。

＊28日（月）～保健センターの指導をふまえてPCR検査で陰性だった方や、症状が軽快した方など条件を満たす方から通所を再開していただいた。

3　困ったことなど

・家庭状況や障害の特性もあって、多少症状があったとしても1週間の自宅待機や健康観察ができずに外出してしまう方がいた。対面での働きかけが必要なケースがある。

・作業所から電話やメールで自宅待機中の利用者や、療養中の患者に対しての状況確認や情報提供を行ったが、その他のさまざまな対応にも追われるなかできめ細やかなフォローはできなかった。

・地域医療推進センターのPCR検査はキットで唾液を採取するもので、採取が困難な方や、キットを受け取ったり、返送するなどの手続きができない家庭もあった。そうしたケースには職員が居宅を訪問して検体を採取したり、診療所まで送迎し受検の援助を行った。

4　要望

・障害の特性をふまえて行政検査のキットは唾液以外に鼻腔ぬぐいのものも手配してほしい。

・保健センターには濃厚接触者のリストや感染者情報、行政検査の対象者リストなどの名簿を複数回提出した。全体の事務をもう少しすっきりした形にできないものか。

・自主休業中の給付費の請求は、陽性者となった療養者は対象外である。集団感染が起きた場合、作業所側も充分な支援ができるとは限らないが、療養者やその家族に対して作業所職員が援助する場面は当然想定されるべきで要件が整った場合には請求の対象とすべきではないか。

●就労継続支援B型作業所　(有限会社運営)

2021年9月と2022年3月から4月にかけて、職員、利用者、家族に陽性者が出て、全員自宅待機となった。

コロナの変異株が出たり国の対応が変わった時に、名古屋市の指針が変更になっていても通達等もなく、対応の仕方も、こちらから連絡した時に初めてわかるという風だった。そのため、それまで社内で共有していた対応とずれが出てきたり、全員に周知するまでにも時間がかかり、対応が後手に回ったり、対応を変更しなければいけない場面が何度かあった。

感染が拡大していった場面では、「いつから利用を再開できるのか」を何度か尋ねられた。感染した人からは「どの程度感染が拡大してしまったのか」など、「申し訳ない」と何度も謝罪されることがあった。いずれにしても、どうなっているの

かがわかりにくい不安からくるものだと感じた。

感染が拡大しひっ迫している状況はわかるが、行政の担当者は、電話での状況報告に関して、前日のこちらの報告をうまく引き継いでいてくれると助かる。次の日に同じ内容を別の担当に伝えなければいけない場面が多々あった。

●就労継続支援B型作業所、生活介護（社会福祉法人運営）

1　感染状況

職員6名、利用者9名

2　経　過

3月25日（金）職員Aの陽性が判明

26日（土）利用者Bさんが発熱し、28日（月）に陽性と判明

29日（火）職員Cの陽性が判明

＊オミクロン株の特徴をふまえて行政の対応が見直され、こうした通所施設では保健センターによる濃厚接触者の特定や行動制限が実施されなくなった。対応は事業所が自主的に行うことになっていた。

＊感染がすでに広がっている恐れがあったので保健センターに連絡をとりながら内外への感染拡大防止に努めた。「陽性」の方は保健センターに指示された期間を自宅等で待機し、健康観察していただいた。

＊4月に入ってからも、職員、利用者の感染報告が続き、集団感染となったことで保健センターの積極的な介入が開始された。

＊複数名の感染が確認されたフロアを4日間、自主休業としフロア内の利用者と職員を自宅待機とした。他のフロアでは関係者の健康観察をおこないながら、開所を継続した。

＊その後、他のフロアでもさらに感染者が確認されたため、通所していた利用者に対して地域の診療所にて検査を手配し実施した。全員の陰性を確認し開所を継続した。

3　困ったことなど

・感染拡大の抑制と社会経済活動との両立がいわれ、これまで示されてきた対応が変化した。作業所が休業することの利用者・家族への影響、開所を続けることで感染が再拡大しないかという不安。事業所としては難しい判断の場面があった。

・複数の利用者がグループホームに入居しており、同居する方の通所先や支援する

職員を介して他のグループホームの動きにも影響が広がってしまったこと。
・複数の事業所を利用される方がいて、ある事業所で感染があった場合に、その他の事業所へ情報が共有されないことがある。プライバシーの問題や事業所ごとで危機意識が異なることが影響してしまう。
・職員にも感染が広がったことで、作業所の通常の運営が困難となり、待機中や療養中の利用者・家族へのフォローが充分にできなかった。年度がわりで職員の異動時期とかさなったこともよくなかった。

4　要望
・療養中の利用者に対する生活支援情報や病院の受入れ先などの情報提供は保健センターに委ねたが、家庭によっては電話やメールでは情報が伝わりにくかったり、対面での直接援助も必要である。自宅で療養する障害者やその家庭へのいっそうの配慮が求められる。
・保健センターの業務がひっ迫していたと思われるこの時期、待機中の方への行政検査について保健センターは消極的だった。仮に陽性者だったとしても待機期間で感染力は低減していくという判断だった。作業所の対応力も限られる中で検査を速やかに手配することも困難で、通所を再開したときに感染が再拡大しないか多少不安が残った。検査体制を充実してほしい。

●生活介護（NPO 法人運営）

1　新型コロナウィルス感染の状況と経過について

1月 27 日に利用者が夕方 37. 2 度発熱、夜にも 37.6 度と熱が上がった。翌朝も 36.6 度の発熱が続いたため医療機関に受診し PCR 検査の結果、新型コロナウィルスに感染が判明する。28 日の夜、支援者が 37.7 度発熱、翌日受診し同じく PCR 検査を実施した結果、新型コロナウィルスに感染していることが判明。すぐに保健センターと名古屋市に報告し、保健センターからの指示に従い、1 月 29 日から事業を休止し休業期間を 2 月 7 日までとして保護者・支援者・関係機関に連絡する。1 月 31 日に利用者・支援者全員が PCR 検査を実施し、その結果、利用者・支援者計 9 名が陽性と判明し感染。その間も、続々と発熱者は出ていた。

2月8日から事業を再開。陰性の利用者については当日より通所し、支援者も同様。陽性者については隔離期間が人によってバラバラであるため、隔離期間が終了した方から順次通所し、2 月 14 日よりほぼ通常通りの状況で事業を継続できていった。

2　対策について

元々、新型コロナウィルスが発生してから

・マスクの着用・手洗いや消毒の徹底・利用者が帰宅した後の毎日の室内の消毒。

・空気清浄機とサーキュレーションを複数購入して日頃からの換気の徹底等を実施。休業後には昼食時の黙食の徹底・送迎車の乗車後の消毒の徹底も実施して、より感染防止対策を強化した。その中で自閉症・自閉的傾向の方でこれまでマスクが全くできない（してもすぐにはずしてしまう）方についても、根気よくマスクをするように繰り返してきて、マスク着用が定着した。現在、国がマスクの着用の緩和を示している中でも、今後も当事業所ではマスクの着用を継続していく。自閉的傾向の強い方が一度マスクを外してしまうことに慣れてしまうと再度着用していかなければならない状況になっても、なかなかマスクができずに振り出しに戻ってしまうことも考えられる。行政はそのあたりの障害特性を理解した上での政策を打ち出す必要がある。

3　日中活動においての支援について

同様に日中活動においても支援者が感染をして療養・隔離期間には出勤できないため、事業を再開した当初は、利用者支援において、少ない支援者で事業運営を余儀なくされていくこととなった。我々の仕事はオンラインやリモートで支援をする事業ではないため、十分な支援・活動ができない状況でも事業を運営していかなければならなかった。福祉の現場ではこのような状況がほとんどではなかったかと思われる（医療現場の逼迫は本当に大変な状況であったのを見聞きした。オンラインやリモートではできない職場の大変さを実感した）。

そのあたりの現場の状況をどれくらい行政は把握できていたのだろうか。福祉の現場で感染者が出た場合の手厚い支援体制をどのようにしていくかを行政として、より考えていく必要があるのではないかと思われる。

●グループホーム（社会福祉法人運営）

現場で利用者さんの支援をつなぐのは私たち現場支援の役割なので、そこは『どうであれ』やり切ります。『どうであれ』の部分で、やはり２週間、さらに、複数回の発生を、支援体制を工夫しながら続けていくと、職員と経営の双方にムリが出てきます。職員のムリに報いていくには、心からの感謝に加えて、代休や危険手当

などもやはり必要です。

一方で、法人内でこれ以上の感染を出さないために、活動の一部を休止したり制限することも必要ですが、それはつまり福祉収入減となります。

緊急支援を続けるために、人とお金を投入しつつも、裏側で福祉収入が減っている……やはり事業の継続性の点から、厳しいものがあります。

今後、コロナによる休業（従業員の休業補償等）にかかる国の補助はなくなっていきます。コロナ対応で追加で必要となったかかり増し経費の補助に加え、コロナ拡大防止のために休業や自粛をお願いし、それに伴って従業者に休業を命じた場合の補助など、コロナの裏側や、その後の事業継続のための補助があると大変に助かります。事実、コロナ対応や拡大防止に真剣に取り組むと、どうしてもお金面では厳しくなります。

財政的な支えがありがたかったですし、願わくば、今一歩の拡充をお願い申し上げたいです。

●グループホーム（NPO 法人運営）

利用者が感染し、世話人も当然のように感染した。利用者は家族感染を防ぐため自宅への帰省はできない中、世話人も隔離期間が終了するまでの長期間 GH に宿泊して、日中も支援しなければならない状況が発生した。その他の支援者は感染防止のため、もちろん GH 内にて支援することができないため、感染した世話人一人が全ての支援をしなければならなかった。このような状況は他の法人でも見られた光景だと思われるため、行政としてその支援体制を考える必要が不可欠である。

●グループホーム（株式会社運営）

家族が濃厚接触や感染で、グループホームに入居している長女は 2022 年 2 月ほとんど帰宅できなかった。その間、ヘルパー事業所が緊急で追加依頼を受けてくれたり、日中は世話人不在だが管理者が日中の様子を見に行ってくれるなど、支えてもらった。日中支援に対する加算をつけてほしい。

●短期入所

1　コロナ禍での対応や過ごし方の変化

入所施設での短期入所がコロナの影響で休止している期間があった。その間困った利用者さんがショート利用を希望されたが、受け入れできる余裕がなくお断りし

ていた。

2　困ったこと

利用者さんがコロナ陽性や濃厚接触者になり利用を中止された場合、何の保証もない。他に利用者に声をかけてショートの利用をしてもらうこともあったが、緊急事態宣言中などは利用控えもあり、キャンセルになったところがそのままということも多々あった。

3　行政への要望や提言

利用者さんが日中通われている施設等でコロナを発症された方がいた場合、その情報がショートステイ事業所には届きにくい。相談員さんを通して情報が入り、こちらからショートを利用される方とコロナを発症された方との接触状況を確認して受け入れができるか判断していた。個人情報はあるが、事業所をまたいで感染を広げないための情報共有に仕方について市からも発信してほしい。

●移動支援

1　コロナ禍での対応や過ごし方の変化

マスクのできない利用者は屋内施設・公共交通機関の利用がしにくいと利用を控えている方が多い。公園や近隣の散歩に切り替えてヘルパーを利用される方もいるが、天気の悪い時は利用しにくい。事業所が所有する施設内で過ごすことも一定認めてほしい。また、グループホーム内で外出支援としてのヘルパー利用を認めてほしい。

2　困ったこと

ヘルパーの利用控え等あり、運動不足になっている人が多い。体重が増えたり、体力が落ちている人も。筋力維持のため毎週公共交通機関を利用してヘルパーさんと外出していた人が、日中施設から外出をやめてほしいと言われ中止したこともある。それぞれに事業所で必死に感染対策をしながら利用者の生活を守ろうとしているはずだが、一部感染対策が最重視され、利用者さんらしい生活が置き去りになっていると感じることがあった。

3　行政への要望や提言

ご本人が陽性や濃厚接触者になって利用がキャンセルになった場合の補償がな

い。日中施設やグループホームは一定の条件をクリアすれば請求が可能だが、在宅サービスにはない。

●居宅介護事業所

2020年12月末に学校で罹患した利用者が出た。外出禁止期間は自宅でゲームYouTubeを見て過ごす利用者が多かった。ルーティーンが崩れ、生活リズムも崩れがちであった。自粛生活後、通常の生活に戻すのに時間がかかったり、登校を嫌がるなどの姿も見られた。

●入所施設

1　感染時期

2021年8月17日　男性職員1名の罹患が、PCRスクリーニング検査から判明。

2　感染経緯

当該職員は8/11に体調不良を訴える（発熱や味覚障害など）

8/12　通院　しかし、医師の判断でコロナウイルス感染症検査を実施せず→しかし、事業所へその旨報告した際に、何故か電話を受けた職員は、検査結果が陰性だと勘違いしてしまった。管理への報告は「検査の結果陰性だった」

8/14　当該職員　解熱したため出勤を許可

8/16　PCR検査　検体採取

8/18　陽性の結果報告

3　隔離期間の対応

陽性結果連絡があった時点では、利用者の体調不良者がいなかったこともあり、男性棟と女性棟の利用者交流、職員の行き来を全て中止。男性棟全体をグレーゾーンとして外部との人流を遮断した。併せて男性棟にある職員室をグリーンゾーンとして、男性職員の出入りをストップした。

8/19　男性利用者1名が夕食後に嘔吐、発熱あり。

すぐに男性棟の陰圧室に隔離、廊下にバリケードを設置してゾーニングを行った（バリケード設置まで約2時間）。

2021年1月に男女合わせて3名のコロナウイルス感染症陽性者が出たときは、このような迅速なゾーニングによってそれ以上の感染拡大を防ぐことが出来た。

8/20　発熱した利用者の抗原検査陽性。

8/22　利用者４名発熱　抗原検査陽性。

ゾーニング外に感染者が出たことで、感染が男性棟全体に拡大していると判断。廊下のバリケード撤去。男性棟全体をレッドゾーンとして、外部と遮断した。

8/23　行政によるスクリーニング検査実施。

その後、8/28までに20名の男性利用者が陽性になる。

初期のころは２回目ワクチン接種した利用者は罹患しないのではと期待されたが、症状が軽い、ないしは無症状なだけで陽性と診断された方も複数いた。

男性職員は防護服、フェイスシールド、N95マスク、ゴム手袋など着用の上、こまめな消毒をして感染者対応にあたっていた。

しかし、8/25頃より発熱する職員が複数出てくる。施設看護師による抗原検査実施で陽性が判明。

五月雨式に７名が感染。

厳重な感染対策を行っているにも関わらず、男性職員に感染が拡大していることにデルタ株の感染力の強さや恐ろしさを感じるとともに、何故感染が拡大するのか不明なため男性職員が全滅してしまうのではないか……という最悪の事態が頭をよぎる。

8/25　DMAT（災害医療コーディネーター）来所。感染対策や導線分離、職員が罹患しないための対策など指導を受ける。その後、男性職員への感染拡大は収まる。

9/18　保健所より利用者全員の療養期間終了との連絡。

10/2　健康観察期間終了。感染対応終了。幸いにして死亡者はいなかった。しかしながら、重傷者１名。嚥下困難となり誤嚥性肺炎で入院。

4　困ったこと等

事業所では感染を男性棟内で抑え込むことを目標に、男性利用者支援員、感染対策室、物品確保補充部隊で役割分担をしながら事業継続に取り組みました。

しかし、感染が無かった女性棟勤務の職員が、過剰に感染を気にするあまり、男性職員と一切接触しない、避ける、男性棟と隣接する窓を閉じるなどの反応が多くみられました。それらは最前線で過酷な勤務を強いられている男性職員にはショックであり、職員集団が分断されてしまうのではと懸念されました。

所長を中心とした感染対策室で、きちんとした感染対策を行えば近くに寄っただけでは感染しない事、空気感染は確認されていないので過剰な反応は男性職員を傷つけること、事業所全体で男性職員を支えなければいけない事を粘り強く伝え、職

員の分断を防ぎました。

コロナウイルス感染症はソーシャルディスタンスを強調するあまり、人と人の繋がりまで断ってしまいます。そこに未知のウイルスに対する恐怖も相まって、身体的だけでなく精神的にも感染対応する職員に負担がかかります。

5　行政への要望や提言など

入所施設では利用者支援を継続しながら、感染者対応するため膨大な備品が必要です。しかし、補助金は一部しか出ないため、事業所の負担が大きいのも事実です。

また、療養期間終了の判断が曖昧で、職員は10日で復職しているのに、利用者は解熱後72時間立たないと療養期間終了と判断されず、利用者によっては25日間も療養期間になった方もいます。何度確認しても、デルタ株の詳細なデータが無いため慎重に判断するとしか言われませんでした。10日で療養期間終了となれば男性職員の心身共に負担も減るはずなのに、判断の根拠が人によって違うのではという懸念が強くありました。

その後、流行したオミクロン株では科学的なエビデンスに基づき、かなり緩和されたようですが、過剰な対応は介助者の負担だけでなく、精神的な分断、偏見など助長します。統一した基準にも続く判断を行政には徹底していただきたいです。

また、後遺症に関する対応も未知数です。後遺症を訴え、2カ月に渡り業務配慮した職員が3名います。利用者は自分の身体状況を正確に伝えることが難しいため、後遺症の研究が進み、対応が分かれば検査費用など補助があるとよいと考えます。

おわりに

今回の「愛知県　新型コロナ禍での障がいのある人の生活実態調査」準備・実施・集約・報告集作成は、たくさんの方のご協力で完成することができました。

発案にご賛同いただき短期間でWEBアンケート準備、発信、結果のデータ処理をして下さった一般社団法人発達支援協会　赤崎さまのご尽力なしではできませんでした。

また、多くの障がい児者関係団体の皆様のご協力、広報、ご回答のおかげで実態を知る事ができました。

アンケート結果を大きな紙面で掲載してくださった中日新聞さまのおかげで、県内のみならず多くの関心をもっていただくことができました。

財政難で資金調達に助成金等模索し問合せしましたが困難で、冊子作成を保留していましたが、いつもよかネットあいち活動を支え「冊子、GO!」サインを発してくださった近藤直子先生。

個人情報保護の名の下で実態がよくわからなかった体験記も、短期間で寄せてくださった多くの事業所・障がい当事者・ご家族のおかげで葛藤、工夫、要望等、掘り下げた内容にすることができました。

入稿作業が遅くなり榊原印刷さまにも大変ご迷惑おかけしました。

皆さま、本当にご協力ありがとうございました。

皆様のおかげで完成したこの報告集を障がい児者関係者だけでなく、行政・議員・研究者・マスコミ等にお届けし、今後の運動や施策に反映されることを願っています。

よかネットあいち　事務局一同

このままではいけない～みんなで「助けて！」と言おう！！
「愛知県　新型コロナ禍での障がいのある人の生活実態調査」報告集
発行日　2022年7月
編集・発行
よかネットあいち（愛知県障害児の地域生活を保障する連絡会）
名古屋市熱田区沢下町9-7-308
TEL：(052) 872-1972
Email：yokanetaichi@gakudou.biz
facebook：よかネットあいち

◉本書のテキストデータを提供いたします

本書をご購入いただいた方のうち、視覚障害、肢体不自由などの理由で書字へのアクセスが困難な方に本書のテキストデータを提供いたします。希望される方は、以下の方法にしたがってお申し込みください。

◎データの提供形式：CD-R、メールによるファイル添付（メールアドレスをお知らせください）
◎データの提供形式・お名前・ご住所を明記した用紙、返信用封筒、下の引換券（コピー不可）および200円切手（メールによるファイル添付をご希望の場合不要）を同封のうえ弊社までお送りください。

◉本書内容の複製は点訳・音訳データなど視覚障害の方のための利用に限り認めます。内容の改変や流用、転載、その他営利を目的とした利用はお断りします。

◎あて先：
〒160-0008
東京都新宿区四谷三栄町6-5 木原ビル303
生活書院編集部　テキストデータ係

キリトリ線

【引換券】
増補新版
コロナ禍で障害の
ある子をもつ親たちが
体験していること

平尾直政（ひらお・なおまさ）

1963年生まれ。長男に自閉症による重度知的障害がある。1986年、中国放送(RCC)入社。記者、ディレクターとして活躍。平和·福祉·教育などをテーマにドキュメンタリー番組を制作。主なテレビ作品に、『原爆が遺した子ら』(2017、地方の時代賞選奨、ギャラクシー賞奨励賞)、『子どもと島とおとなたち』(2007、日本放送文化大賞準グランプリ、日本民間放送連盟賞優秀賞）など。

沖田友子（おきた・ともこ）

1960年生まれ。長男に染色体異常による重度の知的障害、身体障害がある。1988年から2020年まで障害者支援施設にて就労支援、相談支援に携わる。京都障害児者の生活と権利を守る連絡会代表委員、全国障害児者の暮らしの場を考える会京都世話人。

中野まこ（なかの・まこ）

1991年、山口県岩国市生まれ。自立生活センター十彩（といろ）代表。小、中学校は地域の通常学校で学び、高校3年間は医療福祉施設に入所しながら隣接する特別支援学校で学ぶ。日本福祉大学への進学を機に重度訪問介護を使っての自立生活をスタート。教員採用試験不合格で就活に悩む中、十彩と出会い新卒で活動開始。2022年4月、代表に就任。

共著に、『差別のない社会をつくるインクルーシブ教育』（学事出版）など。

madoka（まどか）

1983年生まれ。2児の母。長男に発達障害、長女に先天性心疾患がある。長女の手術入院をきっかけに、特に付き添い入院やきょうだい児をめぐる問題に強く関心を持ち、新聞やSNSなどに投稿を続けている。

新井たかね（あらい・たかね）

1946年生まれ。長女に重症心身障害がある。政府関係特殊法人に勤務していたが、長女がミルクも上手に飲めないことから退職。願いを共有する人たちと、障害者団体の立ち上げ、 社会福祉法人の設立に参加する機会を得る。川口市議会議員（1987～2003）、2008年に障害者自立支援法違憲訴訟、娘育代が原告、母たかねが原告補佐人に。障害者の生活と権利を守る全国連絡協議会会長、全国障害児者の暮らしの場を考える会会長、社会福祉法人みぬま福祉会理事。

猪瀬浩平（いのせ・こうへい）

1978年、埼玉県浦和市（現さいたま市）生まれ。大学在学中の1999年から見沼田んぼ福祉農園の活動に巻き込まれ、そのうちに見沼田んぼ福祉農園事務局長になる。2007年から明治学院大学教養教育センター専任教員としてボランティア学を担当。NPO法人のらんど代表理事、見沼・風の学校事務局長などをつとめる。

著書に、『むらと原発——窪川原発計画をもみ消した四万十の人びと』（単著、農山漁村文化協会、2015）、『復興に抗する——地域開発の経験と東日本大震災後の日本』（共著、有志舎、2018）、『分解者たち——見沼田んぼのほとりを生きる』（生活書院、2019）、『ボランティアってなんだっけ？』（岩波ブックレット、2020）など。

執筆者紹介（執筆順）

福井公子（ふくい・きみこ）

1950 年生まれ。徳島県阿波市在住。重い自閉症で知的障害のある 46 歳の次男と暮らす。2005 年から阿波市手をつなぐ育成会会長。月に一度、地元の保健センターで「おしゃべり会」を開催し、親同士の自由な語り合いの場や家族支援ワークショップなどを企画している。2018 年・2020 年「ケアラー支援」講演会を開催、2022 年ケアラー手帳「障害のある人をケアしているあなたへ」を発行。

著書に、『障害のある子の親である私たち——その解き放ちのために』（生活書院、2013）。

根本希美子（ねもと・きみこ）

1978 年生まれ。淑徳大学社会学部社会福祉学科卒。身体障害者療護施設（現在の障害者支援施設）に相談員として勤務。社会福祉士。現在は主婦。息子に重症心身障害があり医療的ケアを必要とする。特定非営利活動法人かけはしねっと代表理事。

たっくんママ（たっくんまま）

1979 年生まれ。三人きょうだいの母。お兄ちゃん（小学校 3 年生）・たっくん（特別支援学校に通う自閉症、知的最重度。小学校 1 年生）・妹（年中 5 歳）。2017 年より日々の障害児育児をブログで発信中（ハンドルネーム ktc811）。

浅野美子（あさの・よしこ）

1961 年生まれ。よかネットあいち（愛知県障害児の地域生活を保障する連絡会）会長。障害のある子どもの父母のネットワーク愛知（父母ネット愛知）、特定非営利活動法人成年後見もやい、特定非営利活動法人ボラみみより情報局などにも参加し活動している。

著書に、『放課後等デイサービス·ハンドブック——子どもたちのゆたかな育ちのために』（分担執筆、障害のある子どもの放課後保障全国連絡会編著、かもがわ出版、2017）。

編著者紹介

児玉真美（こだま・まみ）

1956年生まれ。京都大学文学部卒。カンザス大学教育学部にてマスター取得。中学、高校、大学で英語を教えた後、現在、著述業。一般社団法人日本ケアラー連盟理事。長女に重症心身障害がある。

著書、訳書に、『私は私らしい障害児の親でいい』（ぶどう社、1998）、『アシュリー事件――メディカル・コントロールと新・優生思想の時代』（生活書院、2011）、『新版 海のいる風景――重症心身障害のある子どもの親であるということ』（生活書院、2012）、『死の自己決定権のゆくえ――尊厳死・「無益な治療」論・臓器移植』（大月書店、2013）、『生命倫理学と障害学の対話――障害者を排除しない生命倫理へ』（共訳、生活書院、2014）、『殺す親　殺させられる親――重い障害のある人の親の立場で考える尊厳死・意思決定・地域移行』（生活書院、2019）、『私たちはふつうに老いることができない――高齢化する障害者家族』（大月書店、2020）、『〈反延命〉主義の時代――安楽死・透析中止・トリアージ』（共著、現代書館、2021）、『見捨てられる〈いのち〉を考える――京都ALS嘱託殺人と人工呼吸器トリアージから』（共著、晶文社、2021）など。

増補新版　コロナ禍で障害のある子をもつ親たちが体験していること

発　行――――　2023年6月5日　増補新版第一刷発行
編著者――――　児玉真美
発行者――――　髙橋　淳
発行所――――　株式会社　生活書院
〒160-0008
東京都新宿区四谷三栄町6-5 木原ビル303
TEL 03-3226-1203
FAX 03-3226-1204
振替 00170-0-649766
http://www.seikatsushoin.com
印刷・製本――　株式会社シナノ

ISBN 978-4-86500-154-9